城市更新

URBAN REGENERATION

秦虹 苏鑫◎著

中信出版集团·北京

图书在版编目（CIP）数据

城市更新 / 秦虹，苏鑫著 . -- 北京：中信出版社，
2018.9（2022.7重印）

ISBN 978-7-5086-9379-8

Ⅰ. ①城… Ⅱ. ①秦… ②苏… Ⅲ. ①城市发展战略
Ⅳ. ①F291.1

中国版本图书馆 CIP 数据核字（2018）第 195139 号

华高莱斯为本书提供部分图片。

城市更新

著　　者：秦　虹　苏　鑫
出版发行：中信出版集团股份有限公司
（北京市朝阳区惠新东街甲4号富盛大厦2座　邮编　100029）
承 印 者：北京诚信伟业印刷有限公司

开　　本：787mm × 1092mm　1/16　　印　　张：20.75　　字　　数：160千字
版　　次：2018年9月第1版　　印　　次：2022年7月第7次印刷
书　　号：ISBN 978-7-5086-9379-8
定　　价：65.00元

序 一

城市更新是研究城市发展最重要的一个课题。本书是 2017 年我们与高和资本合作，研究城市有机更新课题的成果。

2017 年 9 月，我们城市更新课题组赴英国伦敦考察调研，看到了一个具有 2000 年历史的伦敦在城市更新下正焕发着新的活力。伦敦市在 18 世纪初时就是全世界最大的城市之一。到 1939 年伦敦市人口已经达到 800 万，但之后的 30 年间下降到 660 万人。在过去的 10 年，是伦敦人口增长最快的时期。据伦敦当局数据，2015 年伦敦市人口已达 860 万，创 70 年来最高纪录。人口增长最主要的原因是国际移民的增加。伦敦市长预计，到 2050 年伦敦市人口将达到 1100 万人。伦敦这座古老的城市虽然旧街道、旧建筑随处可见，但依然散发着迷人的魅力，这让我们不禁要去探索城市更新的奥秘和规律。

在课题研究中，我们研究了英国、法国、德国、美国、日本、韩国和中国台湾的城市更新政策演变和著名案例，并从制度层面分析了城市更新的支持政策和保障措施。通过研究得出很多体会，值得我国在城市更新的实践中借鉴。

第一，城市更新是永续不断的过程。城市更新实际伴随城市发展的始终。世界各国各地区城镇化过程的开始时间、发展速度和已达到的水平存在着悬殊差距，但世界城镇化过程并非没有一般规律可循。从发展阶段看，城镇化大体经历了“城市化—大城市郊区化（城市空心化）—城市更新（城市复兴）”的发展过程。但这三个阶段之间并非存在完全清晰的划分界线，城市化、郊区化、城市更新在城市发展的某一时段可能同时进行。从发达国家的发展历程看，城市更新呈现如下规律：由拆除重建式的更新到综合改造更新，再到小规模、分阶段的循序渐进式的有机更新；由政府主导到市场导向，再到多方参与的城市更新；由物质环境更新到注重社会效益的更新，再到多目标导向的城市更新。2017 年我们考察伦敦也感受到城市更新的永续性。站在伦敦桥上向泰晤士河北岸看去，目光所及的塔吊就有 25 个之多，泰晤士河北岸是伦敦发展充分成熟的地区，这些塔吊的存在基本都是区域的更新项目建设。我们居住的泰晤士河南岸沿途都是城市更新的建筑，考察的 BDP（百殿建筑设计咨询）建筑事务所是在一个酿酒厂的原址上改造成的办公楼，KPF（康沛甫）设计公司办公地也是在一所旧厂房改造而成的建筑。虽然伦敦近年城市更新的速度加快，与 2009 年 4 月二十国集团在英国伦敦举行的，向国际社会发出了团结一致和合作应对国际金融危机的强有力的信号，提振市场信心的第二次峰会有关，也与 2012 年伦敦成功举办第 30 届夏季奥运会有关。但千年城市要焕发活力唯有持续不断地更新却是一条永恒的规律。正如 BDP 规划师所说，“到 2030 年，伦敦将会发生翻天覆地的变化，但唯一不变的是城市的文脉，这是更新之后的伦敦仍是伦敦的关键所在”。

第二，成功的城市更新特别注重城市遗产的价值。从形式上看更新后的城市是新与旧的完美结合。如在伦敦我们满眼看到的都是在街道上新旧建筑的交替显现。英国的古典建筑给我们留下了极为深刻的印象，从城堡到教堂，从酒店到住房，从办公楼到公共建筑，英国建筑因为其风格独特、保存完好而成为人们生活和记忆中美好的一部分。建筑是美的表达。在英国人的价值观里建筑、音乐和文学是同等重要的艺术载体。而在传统建筑之间，混杂着许多新式的建筑，或独立成楼，或混成一体。新旧建筑之间，古老的美与现代的美相映成趣，绝大多数是协调完美的（少数也不尽然）。这种新旧结合的表现形式实际是城市更新要彰显城市遗产价值理念的表达。旧有建筑是城市的基因，承载着一座城市的历史文脉，具有重要的历史文化价值，只有充分“尊重”它们才有成功的“更新”。在这样的理念下，城市没有被推平，而是在保护和传承中更新，城市里新旧建筑产生了协调的美。在这种理念下，建筑师的创造力、艺术家的想象力得以获取最大的尊重。

第三，城市更新要平衡政府、投资人、民众三者的需求。政府是城市更新的规划决定者，投资人是主要实施者，民众是最重要的受益者，成功的城市更新要形成三者共同参与的机制。如政府要制定因时制宜的法律法规、实施灵活的弹性规划管理、利用财政资金提供多元支持、构建多主体合作的体制机制、执行多种政策优惠的新区制度、采用独特的城市更新管理框架等。在伦敦考察还体会到另类思维的管理理念。例如，用视角走廊管理建筑高度，而不是遵循僵硬的建筑规范；用少建停车场和收取拥堵费的办法解决市中心的交通拥堵，而不是拆房拓宽马路、破坏城市原貌；采取灵活积极的政策支持城市更新，充分发挥社会捐助、公益基金的作用，而不是政府包办；决策采取政府、社区、投资者相互协调平衡的办法，而不是由一方的利益决定，虽然损失了效率，但却可以获得共识和共赢。

第四，城市更新彰显设计的力量。设计是城市更新投资者与社会各方沟通最有效的工具，而创意是设计的基础。城市更新一定会对城市的原貌有所改变，这些改变涉及形状、颜色、功能等，这些改变是否成功，要看设计的功力，通过设计来表达城市更新投资者的理念和愿景，再用新的材料和方式予以实现。所以成功的城市更新无处不显示艺术、创新、创意的贡献。在伦敦，处处可以看到城市更新中体现创意的设计。如河边的座椅一改单调款式，而被设计成彩色波浪形的、扬帆的帆船形的、弯曲手臂形的，与河的流动和游人的向往相互映衬；住宅被设计成全玻璃透明的，在现代建筑材料的装饰下增加了街道的美感；废弃的塑料瓶做成艺术品对外展示，处处提醒人们节能环保的理念；公共建筑的屋顶都是设计成可以观光的，体现城市是属于每一个居民的价值观；路口的建筑多是流线形状的，广告设计几乎是与建筑融为一体而难以分开的，绿色景观如同是自然天成的，难怪人们称伦敦是艺术的天堂。后来我们了解到，伦敦之所以成为全球城市更新的一个典范，得益于创意产业的高度发达。在伦敦，专门设有创意产业局，创意产业为伦敦提供了50万个工作岗位，所创造的财富仅次于金融服务行业，位居第二。没有创新、创意，何来成功的城市更新？发达国家成功的城市更新正是在有效的机制下，激发灵感、跨越障碍、颂扬差异、融合发展、创造财富，有许多值得借鉴的地方。

如同西方城市更新走过的发展历程，目前中国的城市更新已然进入了有机更新的新阶段。从传统的物质层面、拆旧建新式的城市更新，发展到承载新内容、重视新传承、满足新需求、采用新方式的反映新时代要求的城市有机更新。承载新内容体现在，目前中国的城市更新已不再仅是街道或建筑表面的改变，而是紧扣产业升级和消费结构升级，再造城市空间；重视新传承体现在，开始注重历史传承与文脉延续、用文化创意引领更新，再造城市活力；满足新需求体现在，满足城市由扩张型转向内涵式发展的需求、房地产存量盘活，再造城市价值；采用新方式体现在，投资经营者采用新的融资方式、新的经营模式、新的开发理念改造传统办公区域，再造城市品质。总之，我国的城市更新已进入有机更新的新阶段，在新的发展阶段实现我国城镇化从重数量的外延式扩张转变到重质量的内涵式发展的新型城镇化。我国的一些特大城市在这一趋势中已经做了有价值的实践。本书在这方面也进行了研究探索，希望对读者能有所启发。

秦 虹

序 二

中国最近几十年的城市化进程让人惊叹。我从20世纪90年代开始盖房子，从海南到北京，从北京到上海。这些年，我亲身经历了这几个城市的发展变化，也亲眼看见了中国大大小小城市里翻天覆地的变化。我想，这些巨大的变化里一定有房地产业的一份功劳。房地产业改善了人们的居住、办公、购物的环境，对城市建设功不可没。

中国的房地产业发展实在是太快了。仅2016年一年，全国房屋竣工的面积就超过了10亿平方米，这意味着城市里一个人的平均住房面积在这一年里就增加了2平方米。房地产行业占用了大量的资金、钢筋、水泥、土地等资源，在有些城市房地产相关行业的GDP（国内生产总值）占比甚至达到了60%。

硬币的另外一面是，最近10年房地产快速发展的背后也积累了不少问题。其中最严峻问题是，建的楼越来越多，空置率也越来越高。在许多二、三线城市，办公楼的空置率已经达到了50%。整个房地产行业非常畸形：房地产企业的负债率很高，回报率却很低。但即使在这样的市场环境下，房地产企业还在不断拿地，不断建房子，这无异于饮鸩止渴。

我和许多人一样都在关注中国房地产的走势，关注中国的城市变革进程。很多一路狂奔的中国城市确实发展到了需要更新换代、优化再造的时候。这本书发掘并分析了世界各地的城市更新案例，给了我们一个很好的思考机会。书中预言中国已经迎来了城市有机更新的新阶段，对于这一点我深有体会。

其实，城市更新是一个紧跟时代变化、持续连贯的过程，我们盖房子也要跟着市场走、跟着客户的需求走。10余年前，我们推出了精装修的办公楼SOHO现代城。5年前，我们在SOHO的办公楼里引入了PM 2.5新风过滤系统和直饮水系统，向在这里办公的人们提供健康的空气和干净的水。最近两年，我发现移动互联网的迅速发展让人们对办公又有了新需求，网络和手机信号成为最受关注的因素。所以，我们盖房子的时候、提供服务的时候，都要把这些不断变化的新需求考虑进来，这也是城市更新的组成部分。

我常常在思考中国究竟应该如何进行大规模的城市更新。在我看来，共享经济是一条出路。房子是用来住的，不是用来炒的。而只有提高每栋房子的使用率，才能回归房子的真正属性，减少浪费。放在全球范围内去类比，优步（Uber）和滴滴解决了大量的闲置汽车资源，爱彼迎（Airbnb）消化了全世界许多闲置的住房。共享经济也会一定程度解决目前办公和住宅大量空置的问题。这是我个人的一点点见解。这本书通过大量的城市案例，向我们展现了很多实际可行的城市更新方案，值得每一个生活在城市里的人认真读一读。

潘石屹

序　三

从 2011 年开始，高和资本与住建部政策研究中心，每年都对房地产行业的焦点或趋势问题，进行联合调研并撰写报告。这些报告依托住建部政策研究中心的全面系统的分析研究能力，并辅以高和资本在微观市场中的实践经验。从微观市场到宏观脉络，对行业问题进行科学严谨的研究探索。起初只是作为行业实践参考分享给同行，但这些报告经媒体的引用传播，不仅地产行业从业者喜欢阅读，还越来越受到政府、金融机构、学术组织、行业协会、媒体人士以及对此话题感兴趣的大众群体的关注。2017 年，我们以目前在中国的一些重点城市中如火如荼进行的城市更新为主题，借鉴国际著名城市的发展经验，撰写了与此有关的报告，并将此报告委托中信出版社出版发行，以期奉献给感兴趣的读者。

有人说今天的互联网就像是当年的电，它深刻地影响着每一个行业。房地产业也不例外。在中国的一些重点城市中，房地产已经进入到“存量时代”，并且面临着人们日益增长的对美好生活的强烈需求。这种需求推动着房地产业进入了一场城市更新的浪潮之中。无论是住宅地产，还是商业地产，城市更新的气象正在席卷着这些古老而又年轻的中国城市。而这次浪潮里翻滚的浪花，有科技之光、艺术之魂、文化之脉、年轻之气。裹挟在这场浪潮里的角色有消费者、本地居民、开发商、建筑师、运营者、艺术家、科技达人、金融机构、政府部门等，几乎涵盖了城市里的每一个人。无疑，城市更新已经成了当今中国城市发展的恢宏气象。但是如何能够让城市更新更加有序、有新、有质地开展，需要我们在吸取国际优秀经验的基础上，考虑中国国情并发挥中国人的智慧，去拥抱这次浪潮，造福国人。

作为一名亲历者，我怀着兴奋、激动而又备感荣幸的心情，与诸多志士同人，忘掉小我。在中国复兴的道路上，贡献自己的一份力量。

由于无法很精确全面地阐述这个话题的内涵，仅将最近我对于“城市更新”的思考和在相关会议上的讲话，精简整理出来，供大家参考指正，以此作序。

城市更新让城市生活更美好

有人问：为什么要做城市更新？一个人的成长过程，从婴儿成长为青年、壮年，再逐渐衰老，慢慢会出现一些疾病。一个城市也是如此，随着发展，慢慢产生出“大城市病”。当现有城市机体出现了问题，原有城市功能已不能满足现在的城市人群的消费需求，就需要更新改造。城市更新就是城市发展到一定阶段的必然结果。

同时，城市更新也是一个多方博弈的过程。核心参与方主要有三类：政府、老百姓和投资方。对于政府而言，城市更新改善了城市的面貌，增加了政府税收；对于老百姓而言，消费升级后的需求得到了满足；对于投资方而言，通过提升租金从而使资产价格上涨，最终赚到钱，而博弈的结果是三方共赢。简言之，城市更新不仅仅是对老旧建筑的改造，也是消费升级背景下的新零售、新办公。

让我想起了讲述乔布斯创业初期经历的一本书——《重返小王国》。这本书描述了年轻时的乔布斯与他的朋友都喜欢玩电脑游戏，但是当时只能在机房里，穿着白大褂玩，十分不便。于是他们几个人就成立了自制电脑俱乐部，相互切磋攒电脑的相关技能。起初只是想自己有一个家用电脑玩游戏，但后来梦想升级了，俱乐部组织的宗旨变为：让全世界的人都拥有自己的电脑！所以才有了乔布斯，才有了苹果。如今我们这些人，也有一个梦想，像乔布斯当年一样。我们分属不同的年龄层，不同的行业，互相鼓励、互相竞争，为了共同的梦想——让城市生活更美好，组建了城市更新论坛。我们无法预知未来谁是其中的佼佼者，但我们中间必将出现改变城市面貌的引领者，因为我们相信城市更新不是房地产业，城市更新是消费升级的风口。

2035 投资未来让大象奔跑起来①

房地产业发生了巨大的变化。有三个趋势：第一，由开发向存量转化；第二，由制造业向服务业转化；第三，由线下向线上转化。

① 2018年4月24日，在北京中间剧场举办的“2018年高和投资人大会”。

而其中最大的机会就是万亿级市场——城市更新，也就是今天的“大象”。

城市更新在当下的中国有三股核心的推动力量让其持续稳定地发展。第一股力量是城市转型。十九大提出要解决老百姓对美好生活的需求。第二股力量是消费升级。在上海，会看到遍地都是网红奶茶店，而且每家都排队，这说明消费升级的时代真的来临了。第三股力量是存量盘活。住房已经建了这么多，很多都是低效的，缺少内容的，怎么盘活它，这正是城市更新所要解决的问题。

城市更新如何把低效的资产启动起来？这需要三把动能钥匙。

第一把钥匙是体验。例如，亚马逊（Amazon）的无人超市。它让我意识到传统的办公和商业竞争力下降了。新的零售代表未来，因为它们才能满足未来消费升级的需求。而城市更新就是需要用新的空间来提供更高的效率和更好的体验。我认为体验是最重要的，因为只有好的体验才能激发我们内心的需求。

第二把钥匙是场景。在一次关于城市更新的海外游学中，我对一个伦敦的“Citizen M 酒店”产生了特别深刻的印象。这个酒店房间只有十几平方米，但把酒店大堂变成了共享办公的场所，使它的房价跟旁边的希尔顿酒店不相上下。所以资产的价值不在于装修得多么豪华，而在于如何把这个空间变成一种场景。

第三把钥匙是情怀。这个词与稻盛和夫的一个故事有关。稻盛和夫在年轻的时候为发明出一种特殊材质的陶瓷，非常努力工作，直接睡到了实验室。他想找到陶瓷中的一个填充物，但经过上千次的实验都没有成功，他接近崩溃了。一天他在实验室里醒来，碰倒了一个罐子，里面流出了一种液体，他就把这种液体填入陶瓷中。这个偶然的行为使新型材料的陶瓷研制成功。后来稻盛和夫回忆此事总结，“情怀之所以能产生巨大的能量，成为一把动能的钥匙，就是因为它不仅能够感染自己，有时还可以带来好运”。

城市更新与未来城市①

移动互联时代，城市正在发生巨变。现在我们想获取知识可以听 App（应用程序），我们购物支付可以用手机，我们与人交往可以用微信。移动互联时代，我们的生活正在发生着巨变，手机已变成了“人体的器官”。而城市也随之在发生着变化，这种变化有三个趋势：碎片化、组织化、分布化。

碎片化是互联网时代的最大特征。我们到了一个新城市，会有朋友推荐好的咖啡厅或酒吧。这些场所可能已经不在大商场中，可能在胡同里。移动互联使城市碎片化，只要有好的商品，在任何位置都可以，不一定需要在市中心。

组织化。意味着在互联网时代通过网上工具，可将分散的信息和空间整合起来。譬如我们熟悉的爱彼迎，它就将散落的空间加以结合利用，将民宿发展成了能够与酒店竞争的产业。

分布化的趋势尤为明显。移动互联引起的分布化，特别是外卖将商圈的范围扩大到了几十千米之外。

城市更新的核心动力来自消费升级和新科技的推动。把握消费者的心理，对空间进行创新再造，并将科技和艺术结合，增强消费

① 2018 年 5 月 27 日，在上海同济大学的“‘未来生活’设计论坛”。

者的体验感。消费者的体验是未来的一切。

城市更新首先需要城市创新。城市创新中重要的一点就是让实空间和虚空间实现无缝连接。实空间是“资源、信息、人际”的联结点，高科技使实空间脱媒，变成虚空间。与5年前相比，我们使用互联网的时间越来越多了。会不会有一天现实社会根本就不需要了，我们只要活在虚拟世界里面。现实社会只是让我们维持基本的生理需求，我们所有的精神需求，如社交、恋爱等都通过网络进行。我不知道这一天会不会真的到来，但是毫无疑问，虚空间会深刻地改变我们每个人的生活。

从实空间场景来看，有三种类型：新办公、新商业以及混合空间。

新办公强调空间的效率和人本服务。“Hi Work”（海沃克）是我们进行新办公实验的写字楼服务品牌，提供面向传统办公的升级服务，共八项升级服务：共享大堂、健身空间、共享办公、配套商业、可变办公、共享会议室、企业服务和城市广场。其中可变办公，就是可变空间的精装办公，可以帮助租客节省装修成本和时间，最终能够营造一个全新的办公体验。

新商业的内涵也很难定义，借用一句话来表示：让慢的更慢，让快的更快！“快”和“慢”都是让人获得更好的体验，比如，盒马鲜生超市，可以让消费者在超市里购买，由超市物流直接送货到家，做到线上线下一样便捷；又如，无印良品，它已经变成了一种生活方式，有超市、酒店、书店，还有菜市场，最终是营造一种文化消费体验。

城市创新的方法需要用“低维创新＋高维创新”。什么是低维创新呢？就是基于现实的底层创新，并不断往上走，形成规模消费、商业模式、创新市场。什么是高维创新呢？从未来看现在，看消费者需求的必然趋势，然后用现代金融的手段和商业扩张的方法去布局。只有将低维创新和高维创新两者结合才是未来的方向。

城市是我们每个人的城市，城市的美好需要我们大家共同努力，希望我们每个人都满怀激情地涌入这段奔向未来的赛道，成为城市更新的创造者。

苏 鑫

目 录

第三部分 制度：城市有机更新的支持和保障

第四部分 金融：融资模式创新

第一部分

规律：永续过程和有机更新

第一章　城市更新是城市发展的永续过程

城市更新符合城镇化发展的阶段性规律，贯穿于城市发展的各个阶段，同时内涵也在不断丰富，是必然且永续的过程。

一、城市更新符合城镇化发展的阶段性规律

城镇化是由社会生产力的变革所引起的人类生产方式、生活方式和居住方式发生转变的过程，是非农产业发展，人口集中化、集约化、高效化以及传统的乡村社会向现代的城市社会演变的自然历史过程。世界各国各地区城镇化过程的开始时间、发展速度和已达到的水平存在着悬殊差距，但城镇化过程并非没有一般性的规律可循。从发展阶段看，城镇化大体经历了“城市化—大城市郊区化（城市空心化）—城市更新（城市再开发）”的发展过程。需要注意的是，这三个阶段之间并不存在完全清晰的分界线，城市化、大城市郊区化、城市更新可能在城市发展的某一时段同时进行。

1. 城市化阶段

在城市化阶段，人口从农村流向城市，城市人口快速增加，新增人口的住房需求带动城市和房地产市场快速发展。

这一阶段一般又可细分成两个阶段：第一个阶段是城镇化率从30% 提高到 50% 这个阶段，人口迁移以农村迁入城市为主；第二个阶段是城镇化率从 50% 提高到 70% 这个阶段，人口迁移以城市之间的相互移动为主。第二个阶段的基本特征是，人口迁移以从小城市迁入大城市为主，以从农村向城市迁移为辅，城市进入规模结构优化时期。农村人口一方面填补小城市人口迁出留下的空白，另一方面直接迁入大城市寻找就业机会。

2. 大城市郊区化（城市空心化）阶段

当城镇化率超过 70% 之后，人口迁移以从大城市城区迁入大城市郊区为主，部分大城市郊区人口甚至超过城区人口。事实上，早在城市人口超过 50% 的时候，少数大城市就已经开始了郊区化进程。这一阶段伴随产业转移和交通发展，人口流入郊区带动郊区发展，与此同时，在大城市中心出现“城市空心化”现象。

在我国，部分特大城市的城镇化与郊区化呈现同时进行的特点，即一方面农村人口向城市迁移，另一方面城市人口流入郊区。

部分国家和城市郊区化发展案例

美国郊区化过程中形成“边缘城市”。二战后，美国是一个典型的郊区化国家。到 1970 年，郊区人口比例已经超过中心城区，各种社会经济活动随之进入郊区。由于汽车与高速公路发展，城中心人口大量外迁，加快了郊区城镇的开发力度，使制造业、零售业、服务业，甚至金融业也纷纷出现在郊区。据统计，美国大约有 200 个边缘城市。全美 2/3 的写字楼都建在了边缘城市，而且多数写字楼是在 20 世纪 80 年代中后期开始建设的。

英国伦敦通过疏散人口和产业形成新城。为了解决伦敦内城人口过于密集带来的一系列问题，英国政府根据霍华德（Howard）的“田园城市”理论，在伦敦周围建设新城以疏散伦敦中心城区的人口。1940 年的大伦敦规划设想在农业区建立 8 个分散的新城以吸收人口和产业，之后新城建设被不断完善和调整。英国的新城开发可分为三个阶段：第一个阶段从 1946—1955 年，以哈罗（Harrow）为代表的第一代新城。目的是吸引大城市的过剩人口，主要特点是城镇规模较小、密度较低、功能分区清晰、较多考虑社会效益而较少考虑经济效益。第二个阶段从 1956—1966 年，以郎科恩（Runcorn）为代表的第二代新城。主要特点是城市规模扩大、城市功能分区趋向于综合功能分区的格局。第三个阶段从 1967—1976 年，以密尔顿·凯恩斯（Milton Keynes）为代表的第三代新城。这一时期的新城大部分由在老镇基础上开发新的工业区和居住区形成，对于不适合单独扩展的小镇进行了成片合并。英国伦敦从最初规模小、注重功能分区、强烈依赖中心城市的第一代、第二代新城发展成规模较大、淡化功能分区、提供大量就业机会并有反中心城市“磁力”的第三代新城。

法国巴黎以周边小城镇为基础发展新城。法国在二战胜利后也遇到了和英国政府同样的难题，即战后城市人口拥挤的问题和战争导致的城市无序发展问题。此外，由于战争中大量逃离家园的巴黎人重返巴黎和许多乡村居民涌进巴黎，造成了巴黎的城市和乡村之间人口分布极不平衡。巴黎市政府为了改变这种状况，于 1965 年提出《巴黎地区政治和城市规划指导方案》，该方案在巴黎市区周边建设新城，改变了长期以来以巴黎为核心、环形辐射状过度密集发展所造成交通拥挤不堪的状况。不同于英国郊区新城模式，由于巴黎市区周围的小城镇相对比较发达，巴黎市政府在其基础上增建和改建了包括住宅区，涵盖商业、服务业、娱乐业等一系列产业，使之形成了一个全新的城市建设中心，并对其周围形成一定的吸引力和辐射作用，形成新的城市网。为了以分散工业带动新城发展，政府禁止在巴黎新建和扩建工厂，同时修建了众多深入到农村和落后地区的公路和铁路，从而大大刺激了周边新城的发展。

3. 城市更新（城市再开发）阶段

城市更新（城市再开发）是在城市郊区化之后，针对城市内城或中心城区出现的空心化现象，通过内城复兴计划或城市再开发等活动，将经济发展和城市建设重心重新转向城市中心城区。

以英国为例。从20世纪70年代后期起，英国主要城市开始出现不同程度的衰败，英国新城的功能也由此转向协助大城市恢复内城经济。新城的开发不再局限于大城市的城市区外围地区，而是扩充到整个区域范围，城市规模也显著扩大。

20世纪90年代，日本泡沫经济崩溃以后，城市中心地区居住人口减少，店铺出现关门歇业现象。为防止城市中心地区空洞化现象的蔓延，使城市经济得到复苏与振兴，日本政府提出了城市中心城区经济活性化的方针。在20世纪末，日本政府对《城市计划法》进行了修改，又颁布了《大规模小卖店铺立地法》和《中心市街低活性化法》。2002年，又颁布了《城市再生特别措置法》，进一步促进城市中心重新焕发活力。

二、城市更新贯穿于城市发展的各个阶段

在人口城市化阶段，人口大量从农村流向城市，城市人口快速增加，新增人口住房需求带动房地产市场快速发展，城市规模不断扩大。在大城市郊区化（城市空心化）阶段，伴随城市化率逐步提高和城市规模不断扩大，“大城市病”开始凸显，人口密集、交通拥堵、环境恶化、社会问题突出、生活品质下降等问题逐步显现。此阶段为解决这些问题而在郊区建设新城或卫星城，加上产业转移和交通发展，人口向郊区流动，城市发展表现为郊区化，大城市中心则出现“城市空心化现象”。这两个阶段中，在城市建设发展的同时，城市更新也同时存在。例如，城市美化运动、消灭贫民窟、旧城改造等，实质都是城市更新。

到了第三阶段，为了解决城市中心区衰败问题，发达国家从城市可持续发展角度提出和实施“城市更新”“城市再开发”等理念和措施，旨在通过城市资源的调整、整合和更新，使城市得到改善和提高，从而实现城市的永续利用。

因此，城市更新贯穿于城市发展的各个阶段，融汇了社会、经济、自然环境和物质空间的全面复兴和可持续发展，能够使城市变得更有生机和竞争力，是城市发展的永续过程。

三、城市更新的内涵也在不断丰富

随着城市的发展，城市更新的内涵也在不断丰富，从最早的城市美化运动、消灭贫民窟、旧城改造等逐步发展为城市更新。特别是相对于之前的旧城改造理论和实践，城市更新的目标更为广泛，

内容更为丰富，更注重运用综合手段实现繁荣经济、增加就业、完善城市基础设施、美化改善城市市容、恢复旧城区活力等多重目标。如伦敦规划顾问委员会的利歇菲尔德（D. Lichfield）在《为了 90 年代的城市复兴》一文中，将“城市复兴”一词定义为：以全面及融汇的观点与行动为导向来解决城市问题，以寻求使一个地区得到在经济、物质环境、社会及自然环境条件上的持续改善。罗伯（Robe）概括“城市更新”为：“城市更新是用一种综合的、整体性的观念和行为来解决各种各样的城市问题；致力于在经济、社会、物质环境等各个方面，对变化中的城市地区做出长远的、持续性的改善和提高。”

一般认为，“城市更新”（Urban Regeneration）和“城市复兴”（Urban Renaissance）两个概念基本类似，大部分情况下多数学者都混用。也有部分学者认为，两者之间有细微的区别，“城市更新”往往和经济增长紧密联系在一起，而“城市复兴”主要和更宽泛的可持续社区联系在一起。

随着城市的发展，城市更新的定义不断丰富。其是建立在过去半个世纪以来发达国家城市的发展变化和政策调整之上的。目标可以概括为：重新吸引市民与游客，让金融财务机构变得发达，繁荣经济活动，增加就业机会，美化和改善城市市容，完善城市基础设施，恢复旧城区的活力，最终使城市变得更有生机和竞争力。

第二章　有机更新是城市更新的发展方向

一、欧美国家城市更新的发展阶段

西方国家的城市更新进程受规划思想、经济发展、城市困境的影响，在不同的发展阶段重点有所不同。二战前，城市更新的形式主要是城市美化运动。受形体主义规划思想的影响，城市更新主要是在街道、城市雕塑、公共建筑、公园、娱乐设施、开放空间等方面以达到美化效果为主。次序、规则、唯美成为早期城市更新运动的主要指导思想。二战后，西方城市更新发展历程大致可分为四个阶段，各阶段在美国、英国和其他西方国家都有所体现，尽管体现方式和推进时间有所不同。

1. 20 世纪 40—50 年代：清除贫民窟为代表的物质更新

由于受到 20 世纪 30 年代经济大萧条的打击和战争的破坏，西方国家（主要是欧洲国家）在战后普遍开始了大规模的城市更新运动，并拟订了雄心勃勃的城市更新计划。该阶段城市更新内容主要为城市中心区改造与贫民窟清理，目的是振兴城市经济和解决住宅匮乏问题。

为了改变城市形象并提高城市土地利用效率，许多城市展开了大规模的清理贫民窟行动，通过新建购物中心、高档宾馆及办公楼来取代过去的贫民窟。例如，英国大规模的清除贫民窟运动始于 1930 年的《格林伍德住宅法》，是世界上最早开始实施城市更新的国家。美国在 1937 年出台的《住宅法》目标就是改善住房，其城市更新运动也从大规模清除贫民窟开始。

推土机式推倒重建是这一阶段城市更新的最大特点。即通过大面积拆除城市中的破败建筑，来全面提高城市形象。另外，焕然一新但多有雷同的城市面貌不仅使城市居民觉得单调乏味和缺乏特色，而且还带来大量的社会问题。因此，有些西方学者甚至将这一阶段的城市更新运动称为相对于战争而言的“第二次破坏”。清理贫民窟运动也造成类似问题。当时采用的是所谓“消灭贫民窟”的办法，即将贫民窟全部推倒，将居民迁走，并在原贫民窟旧址上建起大量新建筑，以获取较高的财税收入。当时在美国的纽约、芝加哥和英国的曼彻斯特等贫民窟较多的城市，这种做法比较普遍。然而几年以后人们便发现，大规模清理市中心贫民窟的同时，对迁居者的住房安置计划却进程缓慢，原居住者的生活反而变得更糟。一方面是由于更新改造计划多发生在城市中心区中楼宇老化、设施缺乏并居住大量低收入阶层的地区，他们中的很多人无法支付改造后高档住宅的租金，因此被迫外迁。另一方面是由于城市更新改造具有一定的开发周期，其间的住房紧缺状况无法得到有效解决。因此，雅各布斯认为这种城市更新只是把贫民窟从一处转移到另一处，更糟糕的是它摧毁了已有的邻里和社区关系。

2. 20 世纪 60—70 年代：更加关注社会公平的综合更新改造

在第二次世界大战后的复苏期之后，西方国家在 20 世纪 60 年代进入了经济快速增长时期，长期的经济繁荣，加上对前一阶段清除贫民窟行动的反思，城市更新运动的重点也随之变化，主要体现在三个方面：一是更加强调对综合性规划的通盘考虑。如在城市更新政策的实施中，吸取了战后初期阶段的教训，不再单纯考虑物质因素和经济因素，而是综合考虑就业、教育、社会公平等多种因素。二是更加关注社会公平和福利，人们认为向居民提供更好的公共服务是政府的责任。因而，此时期的城市更新制度更加注重对弱势群体的关注，强调通过改造提升被改造社区的社会福利和公共服务水平，从而解决社会问题。三是对更新改造地区，从推倒性拆除重建逐步转向注重对现存建筑质量与环境质量的提高。

例如，20 世纪 60 年代中期美国的模范城市计划制订了一套综合方案来解决大城市中几个特定地区的贫穷问题。该计划资金由联邦政府补贴 80%，地方政府补贴 20%。项目实施的 7 年时间中，共花费约 23 亿美元，其中绝大部分政府补贴被用于改善城市更新区低收入社区的教育、医疗、就业和公共安全问题，其余部分补贴用于改善基础设施和居住条件。20 世纪 60 年代中后期，英国政府也开始实施以复兴内城、提高社会福利及更新物质环境为目标的城市更新政策，同期有 3750 个类似的贫困社区社会改造项目在实施。其他欧洲国家如瑞士、荷兰、法国和德国等，以及加拿大与以色列等也开展了带有福利色彩的社区更新。

随着这一阶段城市更新运动的关注点由单纯物质更新转向社会效益的综合平衡，相应的城市更新法规也随之出台。1966 年，美国出台了《模范城市与都市发展法案》，该法案严格限定了联邦和地方政府资助模范城市计划资金的使用范围，并通过各种附加条件强调中低收入者的公众参与，同时还提出了对城市肌理的保护和改善。

1974年出台了《住宅和社区发展法》，该法案允许为污水处理、社区娱乐设施、住房等一系列项目提供基金，并要求社区开发资金按照一个固定公式进行分配，其中大部分资金用在服务低收入人群和中等收入人群。在每个社区开发项目中至少应包含一个房屋援助计划。在英国，1974年《住房法》标志着英国城市更新政策的重点从城市物质形态的改善转移到对社会问题的关注上，其后颁布的《内城区法》，对内城更新过程中的居民就业、住房、教育、交通等问题都给予了高度重视。上述一系列城市更新政策、法规的颁布实施，反映了这一时期西方城市更新运动重点的转变。

3. 20世纪80年代：市场导向的旧城再开发

20世纪70年代末至80年代初，以石油危机为导火线，西方主要发达国家普遍陷入"经济滞胀"困境，很多城市陷入了严重的经济危机。伴随全球经济结构性调整，刺激经济增长成为西方国家政府的首要任务，也促使人们对城市更新运动做进一步反思与调整。再加上70年代后期英、美两国政府换届，当时上台的英国首相撒切尔夫人和美国总统里根大力推行反国家经济统治的新自由主义政策，成为西方城市更新政策转变的催化剂。

这一时期，自由市场主义成为政策制定的主要依据，强调自由市场作用的新古典主义发展模式成为20世纪80年代西方城市更新政策体系的基石。受其影响，城市更新政策发生以下调整：一是从政府导向的福利主义社区重建，向以市场为导向、以房地产开发为主要形式的旧城再开发转变；二是逐渐从以往关注大规模的综合性更新改造转向较小规模的项目改造；三是由政府主导转向公、私、社区三方伙伴关系为导向，更新周期长、需要庞大资金支撑的更新项目越来越难以实施。

例如，20 世纪 80 年代的英国城市更新以各种地产开发项目，特别是商业、办公及会展中心、贸易中心等旗舰项目为主要特色。公共部门的作用不断被淡化，其主要职责在于为私有部门的投资创造良好的宏观环境，而私有部门成为城市更新的主角和主要力量。为适应这种政策转向，英国在 1980 年出台了《规划和土地法》，该法案允许设立城市开发区和企业区，并鼓励公私合作的股份制公司（如城市开发公司等）参与城市更新，以此来激活内城的萧条地区。与此类似，美国联邦政府虽然制定并实施城市更新政策，但逐步取消或减少了对模范城市计划的资助，而由州政府和地方政府承担更多资助责任。

4. 20 世纪 90 年代至今：以人为本和可持续发展导向的有机更新

进入 20 世纪 90 年代以来，城市更新的指导思想开始转向人本主义思想和可持续发展观，对人居环境的重视度不断提升，强调从社会、经济、物质和环境多维度综合治理城市问题，以及重视社区角色共同参与。人们逐步认识到，城市更新不仅仅是房地产的开发和物质环境的更新，还应该是对社区的更新；同消除衰退、破败现象一样，保护社区历史建筑、保持邻里社会肌理同样重要。

1991 年，英国的“城市挑战政策”中最早体现了这一城市更新理念，英国中央政府将 20 个与城市更新有关的基金合并为“综合更新预算”圈，强调综合性，体现可持续发展的理念。同时，强调居民广泛参与，鼓励那些拥有原有产权的居民自愿将他们的所有权联合，进而在所有开发收益中按比例分享收益。

到 20 世纪 90 年代后期，西方国家的城市更新运动又和国际范围内广泛兴起的可持续发展思潮相融合，从而出现了更加注重人居环境、生态环境和社区可持续性发展等新的政策取向。1996 年 6 月，联合国在伊斯坦布尔召开的“人居二”（HABITAT Ⅱ）会议确立的 21 世纪人类奋斗的两个主题——“人人有合适的住房”和“城市化世界中可持续的人类住区发展”——也明确指出了当前城市更新政策的价值取向。

在这种价值观引导下，法国于 2000 年颁布了《社会团结与城市更新法》，该法案将城市更新定位为以推广节约利用空间和能源，复兴衰败城市地域，提高社会混合特性为特点的新型城市发展模式。英国于 2003 年制定了“可持续发展社区规划”，主张在以人为本的原则下，通过社区的可持续发展与和谐邻里的建设来增强城市经济活力，并重视从战略和区域的角度来解决城市问题。这标志着西方城市更新运动已进入以可持续发展和多目标（社会、经济、环境等）和谐发展的新阶段。

二、欧美国家城市更新的主要规律

综上所述，从以上西方国家城市更新发展历程看，其发展呈现如下规律。

1. 由拆除重建到综合改造再到小规模、分阶段的循序渐进式

第二次世界大战后，城市更新的形式主要是拆除重建。为了改变城市形象并提高城市土地利用效率，西方各国展开了大规模城市更新运动。更新政策着重于物质环境的更新，主要是对城市中心区土地的强化利用，开展了清理贫民窟行动。通过新建购物中心、高

档宾馆及办公楼来取代过去的贫民窟。进入 20 世纪 60—70 年代，通过对前一阶段清除贫民窟行动的反思，城市更新政策不再单纯考虑物质因素和经济因素，而是综合考虑就业、教育、社会公平和福利等多种因素，特别是更加关注社会公平和福利，城市更新由单纯物质更新逐步转向综合改造。

在以上两个阶段，城市更新以大城市的大规模更新改造为主。原因是大城市的快速发展导致了城市更新的内生性需求增长。由于城市建设用地开发强度的不断提高以及对社会、环境等因素的综合考虑，城市更新改造的成本迅速提高，而规模效应有助于降低成本。

进入 20 世纪 80 年代，西方城市更新政策更加强调自由市场作用，由政府导向的带有福利色彩的大规模的综合改造逐渐转为市场导向的较小规模的项目改造。进入 20 世纪 90 年代，西方城市更新以小规模、分阶段的循序渐进式的有机更新为主。

2. 由政府主导到市场导向再到多方参与

在实施主体方面，欧美国家经历了从中央、地方政府为主，到政府与私人投资者合作，再到政府、私人部门和社区等地方团体三方共同进行和控制城市更新开发的过程。

在二战后，城市更新的第一阶段和第二阶段，无论是拆除重建、清除贫民窟行动，还是带有福利主义色彩的综合开发，均是政府主导。政府成立对城市更新授权、执行政府的财政措施的组织，对授权区的土地、基础设施进行经营开发，实现更新改造的目标。

在第三阶段，由于自由市场主义盛行，公共部门的作用不断被淡化，其主要职责是为私有部门的投资创造良好的宏观环境，而私有部门成为城市更新的主要力量。再加上更新周期长、需要庞大资金支撑的更新项目越来越难以实施，逐渐转向以市场为导向的房地产开发。同时，政府鼓励公私合作，开展城市更新。为确保城市更新进程，欧美国家提供财政补贴（如英国的城市发展基金、美国开发活动津贴等），利用资金的杠杆效应力图以较少的公共资金带动私人资金投入到城市更新中。

在第四阶段，伴随以人为本理念提出，城市更新更加强调社区参与，通过开展社区规划，实施社区复兴。所谓“社区规划”，是由社区内部自发产生的“自愿式更新”。在社区里长大的第二代、第三代人，接受教育以后社会地位有所提高，有一定的经济实力，渴望改善原有的居住条件，同时又希望保护社区文化以获得个人认同。他们不再满足于对规划提出修改意见，而是要求直接参与规划的全部过程，希望由自己来决策如何利用政府的补贴和金融机构的资金。通过社区规划，社区居民参与进城市更新之中。

3. 由物质环境更新到注重社会效益再到多目标导向

在第一阶段，城市更新的最大特点是推土机式推倒重建，即通过大面积拆除城市中的破败建筑和清除贫民窟，来全面提高城市的物质形象，达到物质环境的更新。

在第二阶段，城市更新运动的关注点由单纯物质环境更新转向社会效益的综合平衡。城市更新政策不仅考虑物质因素和经济因素，还有综合考虑就业、教育、社会公平和福利等多种因素，强调通过改造提升被改造社区中原居民的社会福利和公共服务水平。

到第三阶段和第四阶段，在“人本主义”规划思想影响下，城市更新有了质的变化，从单纯的物质更新发展到基于经济、社会、文化等多元层面的整体更新，城市更新日益强调城市功能，特别是城市的商务、零售、娱乐和休闲功能，通过对居住环境、历史文脉、文化氛围的更新和塑造，使城市中心地区成为地区发展潜力的集中区。拆除重建式的城市更新逐渐过渡到以保护、传承、提升为主要内容的有机更新。

特别是进入21世纪后，城市更新进入多重目标的发展阶段。西方更加重视可持续发展理念，通过各种城市更新政策纲领的制定，以改善环境、创造就业、繁荣经济、促进邻里和睦为主要目标的“社区规划”已成为西方国家城市更新的主要方式。

第三章　我国大城市进入有机更新的新阶段

如同西方城市更新走过的发展历程，我国的城市更新已然进入了有机更新的阶段，从传统的物质层面的城市更新发展到反映新时代要求、承载新内容、重视新传承、满足新需求、采用新方式的城市有机更新的新阶段。

一、进入新阶段

对比国外城市更新发展，我国的城市更新也经历了从大规模旧城改造到实施有机更新的发展阶段。可分为如下三个阶段。

1. 旧城改造为主的大规模、快速化阶段

在改革开放后各地进行了几轮旧城改造，进行了大规模、快速化城市更新，基本上采取的是“拆一建多”“退二进三”的推倒重建式的更新方式。这种方式虽然使城市空间职能结构、城市环境等问题得到一些改善，但也产生了大量负面影响，如城市肌理被破坏，各类保护建筑遭到毁坏，城市文脉被切断，城市特色消失，造成千城一面等。

2. 城市有机更新理论提出和初步应用阶段

从 20 世纪 90 年代开始，吴良镛教授通过思考北京旧城改造的实践提出城市有机更新理论。吴良镛教授提出，无论从城市到建筑，还是从整体到局部，城市都如同生物体一样是有机联系、和谐共处的整体。因此，城市建设应该遵从城市内在的秩序和规律，顺应城市肌理，采用适当规模和合理尺度，依据改造内容和要求，妥善处理现在和将来的关系，在可持续发展的基础上探求城市的更新发展，不断提高城市规划的质量，使城市改造区环境与城市整体环境相一致。城市有机更新是对城市中已不适应一体化城市社会生活发展的地区进行必要的改建，使之重新发展和繁荣。主要包括对建筑物等客观存在实体的改造，以及对各种生态环境、空间环境、文化环境、视觉环境、游憩环境等的改造与延续。

然而由于过去 30 多年来，城市的快速扩张，新区建设的突飞猛进，城市有机更新理论只是在部分历史文化城市的保护中得到小规模的运用，但在大规模的城市更新中，尚没有得到真正全面、系统性的实践。

3. 我国城市更新正进入有机更新的新阶段

近年来，随着城镇化水平的提高，大城市边界的扩张受到限制，城市内相对容易拆除重建的地区已经完成改造。如同西方城市走过的发展历程，我国的城市必将进入有机更新的新时期。这体现在进一步提升城市更新的质量，从传统的物质层面、拆旧建新式的城市更新发展到以人为本、反映新时代要求的，涵盖满足经济社会发展、传承历史文化文脉等综合层面的城市有机更新。当前，部分城市中出现了一些经典的有机更新案例，就是客观发展之必然。

二、注入新内容

随着我国经济发展和产业转型升级，新的产业不断出现和发展。与此同时，城市居民消费需求也在升级，从简单的物质需求逐渐转向丰富多元的精神需求和文化需求等。新产业、新经济的发展为城市有机更新注入了新的内容，反过来城市有机更新又为新产业、新经济提供了新的载体。

1. 与产业升级紧密结合

城市发展面临产业升级的新需求，实施“退二进三”，大力发展服务业是基本趋势。要承载这种产业的变化，适应新产业的需求，必将为城市更新注入新内容。

以“楼宇经济”为例，其核心是作为承载现代服务业及先进制造业的，需求不断被增加的商业写字楼。而随着城市规模的扩大，大城市写字楼市场目前正面临全方面的结构性调整，北京、上海等一线城市的核心区域已不再准许兴建新的商办项目，满足核心区域的写字楼市场需求只能依靠存量市场。而由于写字楼有着显著的集聚特征，且多集中于具有地域优势的核心地区，所以城市核心区域写字楼最多、建筑密度最大、最引人注目，但历史形成的建筑多是传统业态，难以满足新型企业的办公需求，大量旧业态楼宇需要改造更新。特别是在互联网时代，办公环境要求开放、交往、多元、融合，传统的封闭式的办公写字楼必须加以改造更新提升才能够适应新需求。存量写字楼要不断创新才能满足市场需求。

众创空间，就是顺应网络时代创新创业特点和需求，通过市场化机制、专业化服务和资本化途径构建的低成本、便利化、全要素、开放式的新型创业服务平台的统称。这类平台为创业者提供了工作空间、网络空间、社交空间和资源共享空间。目前，国内许多创客空间、共享办公等均是在对既有建筑更新的基础上发展起来的，如优客工场、氪空间、洪泰创新空间、3Q 等。

对投资商来说，旧建筑更新、存量提升、功能改善就是投资机遇；而对政府来说，对核心区域存量楼宇升级改造，改变其趋于老化的现状，最大限度挖掘区域价值，提升核心区域形象，吸引优质企业落户，提高政府税收，则是发展楼宇经济。

2. 与消费升级紧密结合

消费升级是中国目前最为明确的一大趋势。消费正从价格敏感型向价值敏感型转换，对优质产品及服务的需求巨大。城市更新作为未来城市发展的重要内容，要适应消费升级的趋势，通过更新旧建筑满足消费升级的需求。

以存量商业地产为例，永远存在着变化的新需求，通过持续的更新改造不断提升价值。在消费社会的时代，新生代人群对消费内容提出了更高要求，原有的物质消费早已让位给精神消费、文化消费和休闲消费，对文化产品及其带来的身份、团体归属感的需求成为消费社会的主流需求。因而，有远见的运营商都会阶段性地对写字楼、商场、公寓进行适当的提升改造。改造中更加注重创造楼宇的个性化、生态、节能、环保、开放、交往、互动、共享、文化、舒适。在欧美商业地产市场，对已经建成并使用多年的商务楼宇收购、改造，将其重新定价出租，提升价值后，再销售给投资者已经是一种普遍运作模式。而在我国这种模式则处于刚刚起步的初级阶段，可以预见未来具有广阔的发展空间。

又以居住为例，租房需求开始升级，过去那种分散的、以私人提供为主的租赁住房已不能满足租赁者的需求，长租公寓应势而生。目前已出现新派公寓、新起点公寓、优客逸家、魔方公寓、YOU+国际青年社区、高和海德公馆、链家自如寓等租赁品牌。在这些长租公寓中，绝大部分都是通过有机更新方式，对既有建筑（包括住宅、厂房、商业用房等）进行改造更新形成的。

三、重视新传承

1. 注重历史传承与文脉延续

在消费社会的时代，新生代人群对消费内容提出了更高的要求，原有的物质消费让位给精神消费和文化消费，对文化产品及其带来的身份、团体归属感的需求成为社会的主流消费需求，特别是对体验式消费、休闲消费的需求不断增长。城市更新应顺应这种趋势，注重挖掘历史遗产的价值。

目前，国内部分城市越来越重视历史文化街区的保护和发展。探索在延续历史文脉、保存建筑特色的同时，通过城市有机更新将历史文化街区建设成为集文化消费、休闲消费、体验消费于一体的风情街区。尽管还有值得探讨和完善之处，但总体上仍受到消费者的欢迎。目前一些历史文化街区已经成为新的“城市名片”，如上海田子坊、北京南锣鼓巷、成都宽窄巷子等。

2. 大量用文化创意引领更新

从发达国家的房地产市场发展来看，作为城市基础产业和经济发展载体的房地产业态与城市功能紧密相关。伴随文化创意产业在世界范围内的快速发展，国内文化创意产业也正方兴未艾。房地产业进入存量房时代，当文化创意产业成为城市产业未来发展的主导方向时，文化产业集聚区成为文化主导城市更新的新形式，存量房地产被大量改造更新，成为文化经济集聚中心区，实现了更新地区的文化、创意式转型，促进了城市文化产业空间布局的调整，为新兴产业起步发展提供了孵化空间，房地产的价值重新得以提升。

在实践中，我国城市有机更新经常与文化创意产业发展紧密联系在一起。国内许多城市通过有机更新，将原有工业园区或厂房改造为文化创意园区，使其“浴火重生”，重新焕发活力。例如，北京尚 8 文化创意园区、北京莱锦创意产业园区、上海 1933 老场坊、上海 8 号桥、广州红专厂文化创意园区等。

四、满足新需求

1. 满足城市由扩张型转向内涵式发展的需求

从城市发展阶段看，我国城市已进入从对外扩张转向内部挖潜的阶段，城市更新替代城市扩张已成必然趋势。过去 30 多年来，城市的快速扩张，新区建设的突飞猛进，城市有机更新理论只在部分历史文化城市的保护中得到小规模的运用。在大规模的城市更新中，尚没有得到真正全面、系统性的实践。

近年来，随着城镇化水平的提高，大城市边界的扩张受到限制，城市内相对容易拆除重建的区域基本完成。对城市化先进地区的大城市政府来说，城市发展的关注点已从外延式的发展转向了城市内部空间质量的提升，并研究包括城市空间结构、经济产业结构、文化延续性、自然景观等社会、经济、文化多元复合和分步实现的城市更新目标体系，进而指导城市有机更新实践。一些有条件的城市开始强调城市化的质变，强调城市有机更新机制的形成。表现为在城市空间得到一定扩展后，通过优化城市空间结构（自然和社会）、提升城市环境、强调城市文化等手段，逐步实现城市的质变、综合竞争力的增强。通过城市有机更新，一方面促进了经济发展，另一方面也改变了城市面貌，实现政府所倡导的人与环境和谐共处的发展理念。深圳、广州、济南等大城市纷纷成立城市更新管理机构，在部分城市出现了一些经典的城市有机更新案例，都充分说明开展城市有机更新是客观发展之必然。

2. 满足存量房时代房地产发展的需求

从房地产发展阶段看，目前我国各地房地产市场已经不同程度地步入了存量房时代。一方面，一、二线城市新房市场空间已经越来越小，旧建筑更新需求大；另一方面，处于城市核心地段的旧建筑客观存在与土地级差地租同步提升的经济空间。对投资者来说，城市有机更新也将成为进入存量房时代后房地产投资的新热点，投资方向从新建开发转向旧建筑价值提升，进而转向城市内部更新。

五、采用新方式

1. 采用新的融资方式

推倒重建式更新实质是传统的房地产开发。在大规模、快速化的以旧城改造为主的阶段，基本上采取的是“拆一建多”“退二进三”的推倒重建式的更新方式。这种更新方式主要由政府资金支持。

与推倒重建相比，城市有机更新需要对产业基金、资产支持证券（ABS）等新方式给予更多支持。一是破解启动资金难题需要城市更新基金支持。城市有机更新项目在前期启动阶段的融资相对最难，主要是要解决资本金问题。目前，部分城市已成立政府性质或政企联合的城市更新基金，为城市更新项目的启动提供融资。二是破解资产长期持有所需的资金难题需要资产支持证券的支持。目前来看，当城市有机更新项目运营进入成熟阶段，能够产生稳定的现金流后，可以通过资产支持证券的方式为持续运营提供长期的持有资金，同时实现前期投资的退出。与城市更新需求相适应的方式逐步成熟，支持城市有机更新的金融创新面临新的发展机会。

2. 采用新的经营模式

破解运营难题需要新的经营模式，如轻资产运营方式。传统的推倒重建式更新主要通过卖方售楼回笼资金。而有机更新主要“出售少租赁多”，往往需要长期经营，实践中很多企业已开始探索轻资产运营方式。无论是城市更新基金的退出，还是轻资产运营方式，都需要解决谁持有资产的问题。目前来看，当城市有机更新项目运营进入成熟阶段，能够产生稳定的现金流后，可以通过资产支持证券的方式，实现前期投资的退出，为持续运营提供长期的持有资金。因此，运营显得尤为重要，城市有机更新需要对新的经营模式给予支撑。

总之，城市更新是一个永续过程，我国的城市发展已进入有机更新的新阶段，在新的发展阶段实现我国城镇化从重数量的外延式扩张到重质量的内涵式发展。这种新型城镇化，我国的一些城市在这一趋势中已经做了有价值的实践。

六、呈现新趋势

结合各地实践，我国城市有机更新开始呈现多元化的新趋势，主要体现在三个方面。

1. 城市有机更新的主导者多元化

从城市有机更新的主导看，包括政府主导型、市场主导型和政府与企业合作型。政府主导型的城市更新福利色彩较重，资金大部分来源于政府公共部门，政府提供补贴，对更新区域和更新过程有很高的决定权。市场主导型和政府与企业合作型更注重提升商业价值、优化重组和利用资源、注入时代元素、再造区域繁荣。

2. 城市有机更新的内涵多元化

从城市有机更新的内涵看，既有转换建筑用途的更新，如仓库更新为办公楼、工厂更新为公园、办公楼更新为公寓、商场更新为酒店等，也有在建筑原用途不变基础上的功能提升。

3. 城市有机更新的外延多元化

从城市有机更新的外延看，既有单体建筑的更新，也有社区、片区的更新。单体建筑的更新主要是写字楼更新或公寓更新等，写字楼更新项目如上海高和静安大厦、北京高和新街坊等，公寓更新项目如新派公寓等。社区、片区的更新主要是历史街区改造和设立文化创意园区等，如上海新天地、成都宽窄巷子、南京 1912 街区、北京莱锦创意产业园区、上海 1933 老场坊等。

第二部分

经验：回顾部分国家和地区的城市更新

第四章　英国城市更新及案例

一、英国城市更新政策演变

英国城市更新源于住房短缺。在英国年代久远的住宅有很多，居民的居住条件不甚理想、亟待改善，家庭小型化使住宅需求大增，这些共同促成了一系列的更新活动。英国城市更新大致可分为三个阶段：第一阶段是20世纪80年代以前，以住宅区更新为主阶段；第二阶段是20世纪80年代以后，郊区化导致城市中心区衰败，由于经济衰退、财政危机，英国政府缩减公共支出，下放权力和引入私人资本，促成了以房地产为导向的城市中心区更新阶段；第三阶段是20世纪90年代，英国重新审视大型项目带动的城市更新，提出了全方位的、基于多方面合作伙伴的城市更新行动阶段。

1. 政府主导的以住宅区更新为主的城市更新（二战后至20世纪80年代）

20世纪50年代之前，政府致力于大规模拆除贫民窟和旧房，在区位条件好但日渐衰败的市区，中产阶级家庭逐步取代无力进行住宅维护的低收入家庭。中产阶级家庭改善了住区的物质条件，提升了街区品质，但低收入家庭却承担了由此产生的社会成本。20世纪 50 年代以后，大规模的拆除旧房逐渐被社区改善所取代。1964 年《住宅法》提出“改善区”的概念，集中对非标准住宅进行改造。随后，政府针对日益严重的内城问题，提出了优先教育区的内城发展政策，旨在通过划定不同类型的改善区来缓解住宅短缺的问题。1968 年，针对内城社区逐渐衰败的问题，政府试图通过改善建筑物，为社区居民提供就业培训，以及对一些社会项目提供财政补助，来满足社区的社会需求。1969 年的《住宅法》又引入了“一般改善区”的概念，进一步扩大范围，侧重于改善内城区住宅。住宅质量较好的区域不会被列为城市再规划和再开发对象。政府拨款对该区域居住条件进行改善，包括环境整治、管道设施修缮以及单栋住宅整修等。这一时期的更新依然主要集中在物质环境层面，对于社会问题考虑较少，以至于出现采用强制手段改善住房设施的状况。1974 年《住宅法》提出了“住房行动区”的概念，根据地区综合战略实施逐步更新政策，将政策实施的重点集中在有特定住房压力的地区。选取补贴对象首先考虑社会因素，将领取养老金家庭、多子女家庭、单亲家庭、家庭顶梁柱为失业者或低收入者家庭等有特殊住房困难的家庭集中的区域列为“住房行动区”。政府被赋予了更多附加的权利，如强制购买、更新和改善环境、资金援助等。

1977 年，英国颁布了《内城政策》白皮书，明确提出内城应大力发展经济，改善城市物质环境，缓和社会矛盾，在住房、土地、教育、环境、社会服务等方面支持内城发展。1978 年，中央政府颁布了《内城区法》，将最衰落的 7 个地区纳入“内城伙伴关系计划”，该计划成为 20 世纪 70 年代末的实验项目。

2. 以房地产为导向的城市中心区更新（20 世纪 80 — 90 年代）

20 世纪 80 年代以后，英国的城市更新政策发生了很大变化，从以政府计划为主转向以市场为主，地方政府及公共部门的影响缩小，私营企业及资本逐渐成为城市开发公司的“旗舰”。内城的城市更新政策也逐步转向以房地产开发为导向，强调市场需求。保守党上台以后，为了复兴城市衰退地区，决定大幅放宽政策，大力吸引私营企业参与城市再开发，并给予参与企业税费减免政策。对于那些失业率高的、荒废的区域，政府采用城市开发援助金的办法鼓励私人资本参与开发，以帮助其商业、住宅等方面的开发投资。1982 年出现的“企业区”政策（后转变为“简化规划区”）以及之后相继出现的城市开发项目、城市再兴项目等更新计划都是这段时期更新政策的极好体现。与 20 世纪 70 年代较为关注内城社会问题的更新政策相比，代表英国整个 20 世纪 80 年代城市更新主要政策思路的城市开发公司是以市场机制为导向，认为通过改善物质环境，促进经济增长，失业、贫困、教育等社会问题就会随之得到解决，因此将目标定为实现区域振兴、鼓励工商业发展、创造良好的投资环境、提供良好的社会服务和宜居的住宅。

1986 年的《住宅与规划法》赋予地方政府设置简化规划区的权力，通过采取与企业特区类似的区划式开发控制方法，检验简化的规划程序是否有助于吸引投资并刺激经济发展。提出在简化规划区内的开发除了享有企业区开发的优惠政策之外，还可以免除其他一些开发限制条件。例如，允许一些特殊的工业项目在规划区内开发等。这一时期的企业区和简化规划区政策，以减免税收和简化开发限制条件为主，主要目的是探索一条鼓励私人投资的有效途径。1989 年《地方政府和住宅法》提出在内城衰退现象严重的地区设立住宅更新区，对典型的旧住宅区进行修复和选择性开发，规模比以前的一般改善区和住房行动区要大。1997 年的平均规模为 1526 户，是一般改善区和住房行动区的两倍。住宅更新区的入选条件为：该地区低于国家规定标准的住宅占比为 50%、缺乏基础设施等。

3. 基于多方合作伙伴制的城市更新行动（20 世纪 90 年代以后）

到了 20 世纪 90 年代，英国城市发展开始转向再生经济活力，恢复社会功能，以及改善环境质量和促进生态平衡等方面。除了继续鼓励私人投资以及推动公私合作以外，它更强调本地社区的参与，强调公、私、社区三方的合作，同时强调更新的内涵是经济、社会、环境等多重目标的综合更新，而不是地产开发主导的单一目标更新。1991 年，英国政府开始启动“城市挑战政策”，试图将规划和更新决策权交还给地方政府，鼓励地方权力机构与公共部门、私人部门和志愿团体从区域发展战略的高度建立合作伙伴关系，加强中央政府对计划实施的控制以及推动部门之间的竞争，使更新目标更具社会性。1993 年，国家环境部提出“专项再生预算”，希望能够跨越传统部门界线，充分协调各部门，有效聚拢各方预算。专项再生预算继承了“城市挑战政策”中鼓励地方伙伴关系的基本理念和由地方团体竞投中央基金的运行模式。

2000 年以后，英国政府开始重新审视过去分散的城市政策，认识到只有在保有城市特征和保障生活质量的基础上才有可能实现城市更新。因此，政府的注意力开始集中于棕地（废弃控制地或受污染的土地）和空置地产的重新使用上。政府对清理污染的企业降低税收，鼓励运用新技术进行修复并建立数据库；同时政府还创立新的城市更新公司，希望借助私人和公共部门的合作来吸引更大的投资。2000 年，英国发布了《我们的城镇：迈向未来城市更新》城市白皮书，提出处理城市生活、社会、经济、环境等方面问题的政策措施，包括鼓励循环使用城市土地、运用税收和财政政策（对闲置土地征税）来鼓励开发废弃的土地等。2004 年的规划强调政府效能的发挥以及社会公众的参与，更加注重可持续发展理念的贯彻，对于英国原有的城市规划体系的改变起到了重要的作用。

二、科文特花园——从“蔬果市场”到“特色商品市场”

1. 科文特花园的前世今生

（1）科文特花园早期历史。

占地约 16 万平方米的科文特花园（见图 4-1）位于伦敦威斯敏斯特市，是伦敦市中心的重要组成部分。虽然科文特花园归属教会的具体时间已不可考证，但它在 13 世纪和 14 世纪时就已经归属教会。直至 1536 年 6 月，亨利八世凭借宗教改革运动，以伯克郡的一块土地作为交换，才把科文特花园从教会手中收回。此后，科文特花园被英国王室赏赐给贝德福德伯爵（Earl of Bedford），成为私产。17 世纪初，第四任贝德福德伯爵在科文特花园建造了一个贵族居住社区。最终的社区中间是公共区域，公共区域的东面和北面为风格统一的居住区，西面是一座教堂，南面紧靠伯爵的私人花园。科文特花园居住区的设计受意大利建筑风格，如莱格霍恩广场的建筑风格的影响。

1670 年，英国王室允许第五任伯爵在此运营一个市场。事实上，此前科文特花园就已经是一个非正式的交易场所。起初所有合法和不合法的产品都可以在这里销售。在相当长的时期里，这里以不体面的商业活动而闻名。即使在这一区域是上层人士居住的富人社区时也是如此。这一区域的阶级分化根深蒂固，各阶级之间的界线也十分明确。为贵族服务的仆人和劳工并不住在社区的规划范围之内，附近的脏乱院子是他们的栖身之所。由于市场逐渐吸引了大量的商贩来此谋生，贵族逐渐发觉这一区域已经不再适合居住，便陆续搬往城市更加西边的区域居住。更多的工人、作家、戏剧工作者不断涌入该区域，填补贵族搬离而留下来的空白。因此到了 18 世纪，科文特花园期最初的贵族社区属性已经完全发生了改变。

图 4-1　科文特花园

（2）科文特花园的繁荣与衰败。

18 世纪是科文特花园最富有浪漫主义气质的时期。许多著名的作家和艺术家都曾居住于此，或者是这里的常客。现存的几处具有悠久历史的酒吧和书店都是这些名人曾经时常出入的场所。这里具有非常浓厚的艺术气息。戏院、沙龙、书店、酒吧以及各类特色工艺品商店等使这里成为独具魅力的空间。而到了 19 世纪，本土生产的蔬菜、水果、鲜花成为科文特花园市场的主营产品。科文特花园市场发展逐渐成熟。随着海运技术的发展，科文特花园市场再次升级，销售来自世界各地的水果鲜花，成为伦敦这个国际化大城市的重要组成部分。尽管科文特花园市场得到了巨大发展，在 20 世纪 20 年代达到了鼎盛，但同时也伴随着大量问题的出现，昔日繁华的市场也逐渐衰落。科文特花园的居住条件差，简直就像“另外一个时代的，糟糕的历史遗迹”。① 并且这里的犯罪率也很高，“在天黑以后行走在科文特花园的七面钟区域是一件除了疯子之外谁也不会做的事”。② 事实上，科文特花园已经逐渐成为伦敦市中心充满暴力和犯罪的贫民窟。虽然在战争期间，这里遭受了猛烈的空袭。但是战后的科文特花园市场很快恢复了繁荣，为市民提供了大量的就业机会。然而这种繁荣表象背后已经暗藏危机。科文特花园成为伦敦市中心规划建设发展的“老大难”问题。③

（3）城市更新与建筑保护时期。

面对衰落的科文特花园市场以及民众对贵族私人占有土地的日

① Savitch H V. Post-Industrial Cities: Politics and Planning in New York, Paris, and London［M］. Princeton University Press, 1988:29.

② Paterdon M. Inside Dickens' London［M］. David &Charles Publishers, 2011:87.

③ Savitch H V. Post-Industrial Cities: Politics and Planning in New York, Paris, and London［M］. Princeton University Press, 1988：32.

渐不满，土地的拥有者贝德福德家族决定将土地出售。他们理想的买家是伦敦市政府，因为他们认为这一区域亟须政府的监管，但政府并不愿意接手这个“烫手的山芋”。于是贝德福德家族选择分批分块出售该区域的房产，最后该区域被比切姆地产公司买下，直到1964年大伦敦政府才拥有这块土地的所有权。

20世纪60年代末，伦敦交通拥堵现象十分严重，拥挤杂乱的科文特花园市场严重影响了该区域的可持续发展。随着果蔬鲜花市场的外迁，科文特花园90%的房屋闲置。尽管科文特花园在1971年被划定为保护区，但由于地理位置优越，具有极高的商业价值，将该地区开发为商业办公区的呼声一直很高。因此，新一轮商业再开发计划被提上议事日程。但是这项计划遭到了该区域的商人、居民以及文物保护者的联合反对，他们担心科文特花园的历史文化建筑会因为商业开发遭到破坏。在遭受公众的强烈抗议和舆论的广泛关注之后，科文特花园市场数百栋建筑于1973年被注册为历史文化建筑并得以保存下来，市场的商业再开发项目规划方案被要求重新制定。经历此次事件后，大伦敦政府负责科文特花园的团队与科文特花园联盟（由代表各利益团体的30名民选议员代表组成）共同提出科文特花园方案计划，并于1978年得到政府批准。新计划撤销了原计划中的新建高楼和道路体系，提出重点保护科文特花园区域的城市肌理和历史特性，在不破坏历史建筑的前提下鼓励与新型商业业态混合使用。该项计划成功保护了科文特花园独特的历史环境并带动了该区域的经济发展。科文特花园在社区组织、公众、政府和非营利性组织的共同努力下，逐渐形成了独特的保护更新方式。

2. 极具历史文化价值的建筑瑰宝

科文特花园悠久的历史积淀形成了独特的深厚文化底蕴，承载了伦敦众多的历史记忆。科文特花园集中了大量的历史建筑古迹，包括了一些名人故居、著名建筑师的作品等历史建筑典范，例如，圣保罗大教堂、皇家歌剧院和伦敦交通博物馆（见图 4–2）等。科文特花园的建筑以乔治亚风格[①]和维多利亚风格[②]为主，也不乏新古典主义风格等。

图 4–2　伦敦交通博物馆

① 乔治亚风格是 1741—1811 年流行于欧洲大陆和英国的建筑风格。乔治亚风格既有巴洛克的曲线形态，又有洛可可的装饰要素，其主要特点有：帕拉迪奥的古典比例，罗伯特·亚当油漆金丝装饰；门廊要素，门头的扇形窗、六嵌板的标准门形式，廊檐下有长方形团状排列，屋檐上有齿状装饰；窗户为 6 对 6 的标准分割，简化了窗棂线脚的处理，推拉窗的普及；采用欧式家装传统的三段式墙面的风格方式即墙裙、墙面和檐壁，壁炉成为装饰的重点。

② 维多利亚风格是 19 世纪英国维多利亚女王在位期间形成的艺术风格。它重新诠释了古典的意义，扬弃机械理性的美学，开始了人类生活中一种全新的对艺术价值的定义。

图 4-3 科文特花园的塔斯干柱廊

科文特花园沿东西轴方向采用类似圣保罗教堂前的塔斯干柱廊（见图 4-3）进行合围，科文特花园的北侧和南侧是统一的骑楼式建筑。科文特花园周围街道的大量建筑在 18 世纪和 19 世纪进行了重建，但仍保留了初始的建筑风格，风格各具特色。最著名的莫过于国王街和亨利艾塔街。国王街在贝德福德四世时是科文特区域最重要的街道，用于纪念授予他在该区域建设权的英格兰国王查理一世。该街道两侧的建筑大多出自建筑名师之手，最有影响力的建筑莫过于 43 号建筑，该建筑是巴洛克风格建筑的典型代表。亨利艾塔街始终保持初建时期的街道宽度，街道两侧的建筑采用尺度相近和风格类似的山墙和阳台设计，建筑形象统一、整齐。科文特花园的建筑不仅具有极强的艺术价值，而且具有悠久的历史，有极高的历史价值（见图 4-4）。

3. 可操作性强的法律法规保护体系

1967 年，在英国的《城市文明法》中正式提出了“保护区”概念，定义为“其特点或外观拥有保护价值或予以强调的、具有特别的建筑和历史意义的地区”。该法案明确指出地方政府要提出所辖行政区域内的保护区，同时指出中央政府也有权力越过地方政府直接把任何具有历史、文化、艺术价值的建筑群列为保护区。1974 年，英国对《城乡规划法》进行了修订，相应地增加了对保护区内建设活动的控制和管理的相关条款。起初在英格兰共划定了四片以历史城镇为主要特色的保护区，到 2010 年英格兰一共划定了 9300 多处保护区。保护区的类型不断增加，从起初的历史城镇中心区域逐步扩大到村庄，一些居住社区以及大型的开放式空间也被划为保护区，规模在不断扩大。

图 4-4　科文特花园市场内部

英国十分重视在规划层面对保护区进行严格的控制和管理。英国保护区的规划主要由三个层面的规划体系组成。第一个层面是地方发展框架，该体系主要确定保护区的总体发展框架，包括保护区的可持续、历史文化建筑的保护、公众参与等方面的内容；第二个层面是区域行动计划，该体系主要是针对一些特别需要改变或者需要保护的区域提出规划框架，以及提出一些具体保护政策和措施；第三个层面是补充规划文本。

除了英国国家层面、区域层面的法律法规体系以外，威斯敏斯特市政府还针对科文特花园颁布了更为详细的政策和措施，具有极强的可操作性。例如《科文特花园行动计划》《科文特花园保护与管理指南》《商业用途规划指南补充说明》等，它们都十分有效地对科文特花园整体景观进行了保护，同时促进了人文环境与经济环境的发展。

4. 非营利及民间组织在更新中发挥重要作用

英国的文化遗产在保护管理体制中采用的是一种将自上而下和自下而上相结合的综合性组织模式。除完善的法规体系外，非营利性保护组织和民间力量也是科文特花园保护区成功的必要条件。

在科文特花园保护区的管理运作体系中，威斯敏斯特市政府作为保护更新的主导，负责城市更新宏观层面的政策法规制定和大部分资金拨款。然而政府并不能保障长期稳定地运作资金。如 1990 年由于政府资金有限，科文特花园的保护工作暂停。1995 年英国的“遗产彩票基金”及时为科文特花园注入资金，这才使科文特花园保护更新项目重新扬帆起航。“遗产彩票基金”是在政府拨款之外，提供了重要的遗产保护资金。

对科文特花园保护区而言，没有英格兰遗产委员会就没有今日的科文特。英格兰遗产委员会是有关历史文物古迹的法定组织，官方名称是英格兰历史建筑和古迹委员会，是非政府部门的公共机构，由英国文化部赞助。

科文特花园保护区内外的民间组织为保护区的保护和发展贡献了巨大力量。科文特花园地区信托基金会（Covent Garden Area Trust）是对保护区保护与更新贡献最大的民间公益性组织，自成立以来，一直是保护区日常管理的主要机构。同样也是作为保护组织的科文特花园社区协会成立于1971年，40多年来一直致力于保护和提升科文特花园的环境和价值。

5. 保留历史风貌，激活市场活力

威斯敏斯特市政府联合科文特花园地区信托基金会，根据科文特花园的具体情况制定科文特花园建筑修复指导方针，要求保护区内的所有历史建筑保护修缮工程都要按此标准进行。

历史建筑的日常维护。包括屋顶和排水设施、墙体、门窗、商铺门脸等的修复和保护。例如，为了保障排水沟等排水设施处于良好的运行状态，每6个月就对屋顶和排水沟等设施进行排查和清洗。对历史建筑墙体的修复十分谨慎，由专业的建筑工人进行施工，采用石灰砂浆或者与水泥的混合物对老建筑进行勾缝（不能单独采用水泥砂浆，以避免对砖墙的损害）。此外，科文特花园最独具品质的部分主要来自历史建筑的门脸，因此，日常的维护十分重要。在20世纪早期以及之前的历史建筑中，门脸的窗户往往采用古典因素设计一个建筑框架。这些立面特征要予以保留，如果有破损，要按照原有的风格进行修复或者替换。在具体的修复过程中，尽最大可能根据原建筑的信息进行细节修复。如果原建筑损毁严重或者无法找到可供参考的依据，通常根据相邻的建筑风格进行修复。修复工作开始前，建筑物保护的情况和任何细节都应进行评估和记录。一些可能对科文特花园历史特征造成破坏的现代材料被禁止使用。此外，科文特花园市场有限公司也制定了两份设计指南，以确保市场的日常运营对建筑的历史文化价值和建筑价值不产生负面的影响。

公共空间的复兴。在城市保护区中，有计划的文化活动可以激发公共领域的活力，其中包括编排节目和公开展示，进而鼓励人们在公共场所中参观、购物和漫步。科文特花园鼓励积极利用建筑底层，如开设手工品店、酒吧、画廊及其他文化设施。它们有助于活跃街道，提高街道吸引力。此外，丰富的街头表演（见图 4–5、图 4–6）也有助于激活科文特花园的活力。

图 4–5　丰富的街头表演

图 4-6　地下广场商家的音乐表演

经济的振兴。科文特花园通过对历史建筑的修复、功能置换以解决区域在物质上和功能上的过时；改善和整治街区环境使街区焕然一新；充分利用保护区在城市中心的区位优势，试图建立和保持其消费娱乐旅游中心的地位，使科文特花园成为对投资者极具吸引力的地方。高端零售品牌和餐饮场所的引入使历史建筑得到充分利用，并进一步刺激了资产价值的增长，带动街区的房地产发展。历史街区的保护要实现历史保护与传承、文化延续和传播以及经济复兴三者的融合和互动。历史街区更新过程中最大的困难是要实现保护和开发的统一，科文特花园的适度开发实现了历史文脉和活力的完美融合。科文特花园的历史建筑得到了良好的维护并引入了新的功能，街区中出现了餐馆、咖啡厅、商店和陈列室，开展了各种城市活动，整个街区变得生机勃勃，成为伦敦西部最著名的景点（见图 4–7、图 4–8）。

图 4–7　商品多样的街边小摊

图 4-8　充满活力的科文特花园市场

科文特花园的保护体系经过几十年的发展，已经形成了独特的发展模式。这一模式最重要的一点就是将政府、非营利组织、公众都纳入保护体系中，共同实现对科文特花园的保护。政府在制定更新政策过程中，充分尊重了公众的意愿，积极倡导非营利组织以及社区共同监督和管理更新工程，实现了保护区的历史文化特色的保护和传承。在科文特花园的保护更新过程中，地方政府对该区域还进行了特色评估，并根据评估结果对该区域制定了专门的更新保护条例和准则，为保护区的保护和适度开发提供了法律依据，具有较强的可操作性。

三、伦敦道克兰——废弃码头到新兴金融区的华丽转身

19 世纪的道克兰处处是一片繁荣的景象，但到了 20 世纪 60 年

代，该区域逐渐衰落，并由此引发了一系列的社会经济问题。为了复兴这一区域，英国于 1981 年成立了伦敦道克兰开发公司。该公司于 1998 年完成更新使命，道克兰也恢复了往日的繁荣。在从成立之初到退出的 17 年里，该公司所采取的各项更新改造措施可以被视为英国城市更新政策变化的一个缩影。

1. 几近废弃的繁忙港口

道克兰曾经是世界上最繁忙的港口之一。该港口一直以传统港口产业（包括船舶修理、食品加工等）为发展基础。工业发展依赖烟草、木材等原材料的进口。19 世纪 30 年代中期，道克兰繁荣达到顶峰，有 10 万余人在这里工作，其中 3 万余人直接受雇于港口。然而随着社会的经济发展，港口需要掌握复杂技术和拥有管理经验的高素质人才，该地区不能满足需求，逐渐衰落。

20 世纪 60 年代到 70 年代，道克兰的衰落开始加剧，环境破坏严重，人口流失严重，交通条件落后。特别是在 70 年代，道克兰缺乏投资，大量的企业倒闭。英国政府于 1977 年颁布白皮书，表明内城的衰落问题已经得到英国政府的关注，但由于缺乏资金，一些重大项目实施起来较为困难。

尽管从地理位置看，道克兰紧靠伦敦市中心，但由于交通系统问题，实质上使其远离市中心，导致该地区日益贫困。1981 年，伦敦道克兰城市开发区成立，开发区陆地面积达到 22 平方千米，滨水岸线达 88.5 千米，水域面积 162 平方千米，同年 6 月英国成立伦敦道克兰开发公司，以其作为道克兰城市开发区的开发主体，开始了其长达 17 年的工作。将一个几近废弃的老区改造成伦敦一个全新的金融商务区。

2. 私人资本积极参与的区域整体复兴

1979 年撒切尔夫人上台以后，城市建设政策转向以市场为主导的城市更新，鼓励私人资本参与城市更新。1980 年《地方政府规划与土地法》获得通过，该法授权成立城市开发公司负责城市开发区工作，并赋予城市开发公司一系列的权力，其中最受争议的一项是城市开发公司可以不经公众质询，强制获得公共部门土地。第一批成立的城市开发公司有两个，其中一个就是伦敦道克兰开发公司。该公司的主要目标就是有效利用土地和建筑鼓励现存产业和新的工商业发展，确保优质的住房和经济社会发展环境。伦敦道克兰开发公司完成的主要工作包括土地整理、住宅建设、改良市政设施、商业开发、改善生态环境和带动私人投资。

土地整理。从 879 万平方米的废弃的棕地中整理出 826 万平方米的建设用地。

住宅建设。1971 年至 1981 年，道克兰常住人口下降了约 20%。区内约 85% 的人住在政府提供的社会住房里，整个社会中的 20% 的人居住环境极差，不适合居住，5% 的人处于拥挤状态。1981 年伦敦道克兰开发公司对道克兰分批进行改造。从 1981 年至 1998 年的 17 年里，共累计完成了 24042 套住房。

改良市政设施。道克兰的交通状况十分恶劣，泰晤士河将整个区域分割成块状，但却没有一座大桥连接区域之间的道路。区域内的两条铁路并不直接通往市中心，乘客需要通过地铁换乘才能到达市中心。1998 年，交通基础设施建设为道克兰创造了 2 万多个就业机会，也使交通状况得到大大改善（见图 4-9、图 4-10）。投资 1.86 亿英镑用于道路建设，占道路总投资的 72%。投资 1.59 亿英镑用于排水、电力管网建设。

图 4-9　穿梭于办公楼间的轨道交通

图 4-10　办公楼旁便捷的地铁站

商业开发。1961 年道克兰约 60% 的陆域和水域被废弃，不临水的物业平均价格仅为每平方米 25 英镑，商业租金也是伦敦最低的区域。2001 年对写字楼的需求明显增加，道克兰的甲级写字楼达到了历史上的最高水平，租金每平方米达到 420 英镑 / 年。道克兰的金丝雀码头已经成为伦敦新的金融商务中心，汇丰银行、花旗银行等著名银行以及每日电讯、路透社及镜报等著名媒体机构均落户在此地。公共空间设计的雕塑作品见图 4–11。

图 4–11　公共空间设计的雕塑作品

改善生态环境。人们能够到达的海岸线从 6 千米达到 50 千米，沿岸建有舒适的步行系统，水边设有水上项目（见图 4–12）。在规划设计中还考虑到了野生动物的习性，为野生动物设置了栖息场所。规划了 9 万平方米的开放式公园，种植了约 16 万棵树。

带动私人投资。政府财政投入 1.86 亿英镑，并带动私人资本投资额达 7.2 亿英镑，主要用于餐馆、办公、娱乐设施。1981 年以来建成了 230 万平方米的建筑。

图 4-12 优美舒适的办公区自然环境

3. 市场占主导的城市更新模式

以市场为主导，鼓励私有资本参与城市开发。建立以市场为主导的城市更新模式，政府适当参与，调动私人企业积极性，鼓励私有资本介入城市开发建设。首先，解决市场失效问题。1981 年，位于道克兰地区的所有市场都缺乏或失去了经营和管理土地、商业房屋及私人住房的活力。伦敦道克兰开发公司花费 10 年时间，采取有效对策进行了治理。如今道克兰进一步形成了更为广泛的伦敦劳动力市场，并且在失业状况呈下降趋势的同时，仍具有较高的劳动力市场活力。其次，建立城市开发公司，确保本区域内城市更新，使土地和建筑发挥使用效益，为企业营造良好的环境，以吸引私人部门投资建设。

通过企业区鼓励私人投资。为鼓励私人投资，设立了企业区，引导投资从富裕地区进入本地区的开发与建设中来。如道格斯岛企业区于 1982 年 4 月创建，存续了 10 年。企业区内部设立规划控制部门，开发公司可以继承企业区内空置土地并利用其土地所有权，与企业区一起制定区域发展规划方针。

四、伯明翰布林德利工业区——衰败的工业区转变为多功能的区域核心

1. 走向衰败的金属工业贸易区

布林德利（Brindle）工业区位于伯明翰中心城区西部，占地约 10 万平方米，是典型的工业革命产物。在 18 世纪后期，伯明翰成为以贸易业和金属工业为主的城市。为了便于运输工业原材料和金属产品，在 1768 年开凿了伯明翰运河，布林德利地区紧邻运河，成为以金属工业为支柱产业的区域。该地区布满专业码头和工厂。但 20 世纪 50 年代以后，受国际竞争压力的影响，该地区的金属贸易逐渐萎缩，工厂和码头全部关闭，到处呈现衰败、萧条的景象。

20 世纪 70 年代，为了重振伯明翰昔日的雄风，寻找新的经济增长点。复兴计划之一就是在伯明翰建设国际会议中心，使之成为全国最大的会议场所。布林德利作为国际会议中心的配套区域进行了城市更新。

2. 规划设计践行“混合使用”理念

布林德利工业区是内城更新运动中采用“混合使用”理念进行

开发的项目之一。项目从规划设计、建造以及后期使用都遵循了“混合使用”理念。这一理念使该地区从布满码头和工厂的衰败区域，变成了由住宅、商店、办公楼和文化设施组成的富有魅力的精美建筑群（相关规划见图 4–13）。

图 4–13　布林德利工业区商业休闲娱乐设施空间布局图

1993 年，约翰·查特文（John Chatwin）在总体规划的基础上进行了修改。新版的总体规划仍然是要创造一个能够自然融入城市肌理的新城区。规划对建筑的总体高度进行了控制。规划考虑了 3 条轴线，使步行街与广场同传统步行系统相联系。西部是迈尔斯·戴维斯（Miles Davis）设计的一组雕塑，同样体现了历史风貌，传承了布林德利的历史。新版的总体规划在以下几个方面有所变化：对开发地块的布局进行调整，以便更好地适应不同风格的建筑形式，不再简单规划大体量的办公建筑。调整机动车流线，使在本地工作和来旅游的人能够通过机动车方便到达。在显著的位置安排休闲娱乐设施。根据周边地区的变化和公交系统的规划，调整布林德利地区的步行系统。布林德利工业区相关情况见图 4–14、图 4–15。

图 4–14　布林德利工业区优美的自然环境

图 4–15　布林德利工业区步行街的简易雕塑

3. 建筑设计：技术与文脉的完美结合

面对经济衰退，开发商无法采用整体开发的形式，必须采用分期滚动方式进行建设。该地区最具典型的更新项目是滨水综合区的更新。滨水综合区于 1993 年开始建设，在 1995 年正式投入使用。该区正对国际会议中心，位于运河的西岸。它由酒吧、餐厅、咖啡厅以及特色商店组成，分为上下两层：底层紧临老河道的纤道，与运河中的游船相映成趣；上层则是一层狭窄的步行商业街，并有多条步行桥横跨两岸，将滨水区两岸的休闲区和设施联系起来（相关景色见图 4–16、图 4–17）。

建筑设计保留了原来河岸分为上下两层的特点，但是用敞开的店面取代原来生硬的河堤，使上下两层都充满了活力。建筑细节的处理很多部分都采用了传统码头及工厂原有的构件，例如，烟囱、铁构件（见图 4–18）、煤气灯造型路灯，使人们常常想起布林德利的历史。

图 4–16　滨水区桥上风景

图 4-17　滨水区河畔风光

图 4-18　滨水区保留着工业遗留下的铁制构件

五、伦敦巴特西电站——欧洲最大的砖式建筑魅力重生

1. 位置优越的废弃发电站

巴特西发电站（Battersea Power Station）是英国伦敦一座退役的火力发电站，位于泰晤士河南岸的巴特西区，曾经是欧洲最大的砖式建筑（见图 4–19、图 4–20）。它包括两个独立的发电站，发电站分两个阶段建设，其中巴特西 A 电厂建于 20 世纪 30 年代，巴特西 B 电厂建于 20 世纪 50 年代，两站采用了相同的设计，形成四个烟囱的整体布局。1983 年巴特西发电站停止发电。

巴特西发电站位于泰晤士河畔，毗邻切尔西斯隆广场及国王路，与切尔西皇家医院隔河相望，河对岸不远处就是哈罗德百货及海德公园。电站处于伦敦九榆树区（Nine Elms）的核心位置，九榆树区是伦敦中心区域最大的重建开发项目。巴特西电站地区交通便利，从巴特西电站可方便到达伦敦中心区域的众多景点。项目配套有一个地铁站和轮渡，提供便利的轨道和水上交通服务，距离核心城区的航程仅 15 分钟。巴特西电站周边高校林立，毗邻伦敦帝国理工学院、伦敦国王学院、伦敦政治经济学院等，均可方便到达。

随着时间的推移，电站在运行近 30 年后，逐步衰落，产能下降，运营成本增加。1975 年 3 月，运行了 40 年的 A 站关闭。3 年后，大家普遍认为 B 站也将很快关闭。在此期间，1980 年该电站被认定为历史遗产，试图加以保护和传承。1983 年 10 月，B 站也结束了其 30 年的运行，正式关闭。

图 4-19 巴特西电站全景图

图 4-20 巴特西电站侧影

2. 电站的重建计划多次失败

无法实现共赢，方案多次流产。自从电站关闭之后，电站所有权几次易主，在此期间各所有者也提出了许多电站再开发的方案，但最终都无法得到相关方的一致同意而最终都没有付诸实施。2004年，侨福国际（Parkview International）提出的再开发方案陷入停滞，2006年12月爱尔兰公司REO（Real Estate Opportunities，房地产机会）花费4亿英镑买下电站，计划将电站翻建，并计划在电站地区建设3400套住房。由于英国和爱尔兰国有银行追溯REO公司的债务问题，该计划最终破产。而后在2012年，该电站地区又被推向市场，通过房地产中介机构莱坊（Knight Frank）挂牌销售，再次面临易主。该电站已经吸引了来自世界各地的诸多开发商的兴趣，大多数感兴趣者都寻求将该结构全部推倒拆除或部分推倒拆除。由于该电站存在7.5亿英镑的债务问题，同时要求提供另外2亿英镑的资金捐款来修筑伦敦地铁，而且要求对遗弃电站外壳进行保护，并有效处理废墟转运站和临街前沿的水泥厂，这些现实需求使该地点的商业发展面临重大挑战，也最终导致多次更新方案被否决。电站的重建计划一拖再拖。

3. 协调各方需求的规划之路

（1）主题公园的建议。20世纪80年代末期，电站顶部被拆除，计划将其建设成为一个主题公园。1983年，在重建竞标中，以开发商大卫罗希为首的财团胜出，该财团提出了一个室内主题公园、商店和餐馆的构想，计划耗资3500万英镑，每年需要超过200万游客才能获得利润。该项目的成本在当年1月迅速升级，从3500万英镑增至2.3亿英镑。由于缺乏资金，该项目于1989年3月被叫停。

1990 年 3 月，这个提议又被改成了办公室、商店和酒店的综合建筑，并在 1990 年 8 月获得了规划许可，但遭到了包括英国文化遗产组织在内的 14 个独立组织的反对。因此，由于实施者的资金问题、独立组织的反对，该方案最终破产。

（2）侨福的提议。2003 年，侨福国际公司获得了该电站的全部所有权。之后，侨福开始了一个 11 亿英镑的项目来试图恢复该建筑，并计划将该电站重新开发成一个零售、住宅和休闲中心。其中有购物中心，有 40~50 家餐馆、咖啡馆和酒吧，180 家商店，还有夜总会、喜剧剧场和电影院等。车站的涡轮大厅将被改造成商店区，锅炉房将会被涂上釉面，用作公共空间进行安装和展览，同时沿河建造从滨河公园到巴特西公园的人行道。但该建议遭到巴特西发电站社区组织的反对，认为这是“一个非常缺乏吸引力的项目，在 38 英亩（约 15 万平方米）的土地上没有任何可负担的住房，没有体面的工作给当地人，也没有可靠的公共交通战略”，并主张设立一个以社区为基础的方案。最终由于无法得到一致意见，该计划也最终破产。

（3）REO 的提议。2006 年 11 月 30 日，由爱尔兰商人理查德·巴雷特（Richard Barrett）和美国财政部控股的房地产企业 REO，以 4 亿英镑的价格收购了巴特西发电站和周围的土地，并宣布了新的重建计划，这个宏伟计划的核心是建设一个约 300 米高的“生态塔”，但该方案受到政府和居民的反对，最终该计划也未能实施。

（4）特里·法雷尔（Terry Farrell）及其合伙人公司的城市公园计划。2012 年 2 月，特里·法雷尔的建筑公司提出了一项建议，将发电厂改造成一个“城市公园”，并逐步开发住房。在这个设想中，法雷尔提议拆除所有的中央锅炉大厅和烟囱，并将开关设备从“豆荚”的控制室中显示出来。然而，由于保护历史遗产的要求，这个计划未能进入最后的候选名单。

（5）2012年重建计划。2012年9月电站出售给马来西亚财团的交易完成。进而提出新的再开发方案，再开发将利用维诺利（Vinoly）总体规划，旨在将发电站定位为重建约16万平方米土地的中心焦点，将商店、咖啡馆、餐厅、艺术馆和休闲设施、办公空间和住宅设施混合在一块。全面的再开发由七个主要阶段组成，其中一些阶段计划同时运行。包括恢复电站本身，在北部的发电厂新建一个新的河滨公园和设置一个新的大街入口以连接未来巴特西电站与地铁站。重建工作希望能将现有的滨河公园加以延伸，并直接从发电站延伸到巴特西公园和切尔西桥。2013年开始了57项工作，包括在内部和外部修复装饰艺术风格的建筑，改造烟囱，翻新历史上的起重机和码头，改建一个新的出租车停靠站。计划还包括了建设800多套不同规模的住宅。该计划汇集了各方需求，最终得到政府、投资人、民众的一致同意，该计划最终落地。

2013年7月4日，在巴特西电站落成80周年之际，巴特西电站修复改造项目工程开工。在经历了近30年的废弃和方案的不断变化后，电站更新项目最终在得到各方一致同意后开始实施。同年10月，巴特西电站楼体修复工作也正式启动。据估计，巴特西电站将于2020年再次对公众开放，而项目预计整体竣工时间为2025年，届时一座重新焕发生机的标志性建筑将完全呈现于世人面前。

4. 废弃发电站实现魅力重生

平衡了政府、投资人、民众的需求。该电站的规划过程中，政府总体指导、实施者提供方案、民众充分发表意见，在经历一轮轮的规划、修改后最终得以落地。政府实现了保护历史遗产和城市更新的双重目的，投资者获得了规划的认可并取得了较好的收益，民众充分表达了意愿并取得了令他们满意的效果，最终实现了多方共赢，推动了项目进程。

坚持恢复和重建的原则。项目核心是对巴特西电站楼体进行艺术复原、设计重建，以使其在集商户、写字楼及公寓等功能于一身的同时，更能重现 80 多年前其作为伦敦天际线重要组成部分时的宏伟风貌，为公众提供全新的体验。

构建起综合性的新型社区。项目将以巴特西电站为中心建成集住宅、商户、餐饮、写字楼及约 7 万平方米公共空间于一体的社区，成为该地区的全新核心（改造完外景见图 4–21）。巴特西的屋顶花园是伦敦最大的屋顶花园之一，整个花园贯穿楼宇，是集餐饮和休闲于一体的多功能社交空间。

打造宜人的生活和工作环境。区内布置了充满艺术氛围的咖啡馆、散发迷幻气息的酒吧、令人馋涎的私房餐厅（见图 4–22），成为新一代的餐饮圣地。区内有满足创业者和职场精英需求的工作空间（见图 4–23）。顶层公寓为两层楼的复式住宅，通过巧妙的阶梯设计，让彼此垂直的两个空间灵动相接，通过增加挑高空间让房型变得不同。楼宇的尽头则设计为转角公寓，有效的空间利用，让看似普通的位置焕发出更具个性的空间能量。

提升了城市活力，吸引人才会聚。坚持人才战略，吸引全球人才提升城市活力。通过完美大气的入口、通透的玻璃幕墙（见图 4–24）、美轮美奂的中庭、共享的协作空间等设计，提供了完善的配套设施（见图 4–25），舒适的办公环境，吸引着全球高端人才会聚于此。位于电站大街的豪华精品酒店，与电站建筑遥遥相望，景观客房拥有绝佳视角，可以让住户领略到巴特西电站及周边的风景（见图 4–26）。

图 4-21　巴特西电站改造后的商业广场室外景观

图 4-22　巴特西电站改造后的餐厅

图 4-23　巴特西电站改造后的底层商铺

图 4-24　改造后的外部景观

图 4-25　改造后商业广场上的室外休闲场所

图 4-26　更新改造后的外部景观

六、伦敦奥运会场馆——注重长远且与时俱进的规划

1. 没落史特拉福的机会来临

2005年，伦敦、巴黎、马德里、纽约和莫斯科为了申办2012夏季奥运会各显神通，竞争激烈程度前所未有。7月6日主办城市结果揭晓，伦敦以“为下一代留下资产”为主题，取得主办权。2012年伦敦奥运场地位于伦敦东部的史特拉福，在拟定奥运举办策略之初，伦敦就以“Legacy”（资产）这个关键词定下基调，选定贫困破败的东区作为举办奥运的场地。

史特拉福是二战后发展而成的工业区，不仅没有便利的公共交通系统，也没有美丽的草地公园，甚至过去200多年来一直是垃圾填埋场和化学工厂的所在地。该区域的河流和土壤长期受到严重污染，废旧的工厂中住着社会底层人民，社会问题严重，犯罪事件频发，是许多伦敦人不愿驻足的地方。伦敦政府的此举用意非常明显，意在通过这次机会开启一轮东区的城市更新。

2. 长远的规划策略

英国人从申办奥运的第一天起就打定主意，所有的建设必须以赛后使用为优先考量，从长远角度将申办主题定位为“为下一代留下资产”，这也成为其在激烈竞争中胜出的重要原因。奥运主场馆的设计采取了“拥抱临时性”的策略，这是伦敦奥运规划中令人称道的创举之一。伦敦奥运建设局向所有参与奥运场馆设计的建筑师提出要求：“场馆设计必须符合赛事期间及赛事之后所扮演的不同角色。”所有场馆都将在赛后重新塑身，以服务于当地社区的居民。

伦敦奥运会的成功申办推动这次英国有史以来规模最大也是最重要的城市更新项目付诸实施。规划设计的准备工作广泛征求了公众的意见，承载着附近市区居民的热切期望。本次复兴规划的真正成功之处在于全面且深入地探讨研究了有关社会、环境、交通、规划和设计等方面的多重议题，形成了条理清晰的战略决策。

根据《2012 伦敦奥运会总体规划暨城市再生计划》，到 2012 年伦敦奥运会结束，史特拉福改造计划只是完成了第一阶段。未来 16 年，史特拉福将鼓励家家户户栽种盆栽、照料花园，延续“城市花园”理念。规划用 25 年，分为 6 个阶段将史特拉福打造成为自给自足的“循环生态城”。具体的主要规划要点如下。

更新内容及理念。伦敦奥运会首先最被看重的是一个社区复兴的项目，规划了 5 个各具特色的城市居住片区，估计有 11000 套新住房。伦敦奥运公园建设看重场馆、空间今后的使用，规划之初就提出口号“每个人都是运动员”，并把这一理念贯穿在整个奥运场馆建设和使用过程中。

交通规划。伦敦奥运公园要求交通可达性极好。规划建设 9 条地铁通过该区，并和 2017 年完工的史特拉福站联通，目标是伦敦 30% 的站点与之直接联系，20 分钟到达机场，20 分钟到达 M25 高速公路。

公共服务配套设施。伦敦奥运公园要考虑公共服务设施配套的完善，包括对学校、商店、医疗机构等的布点和服务半径的考虑，有 11 个学校和儿童室、3 个健康中心等。

城市特色保护与设计。伦敦奥运公园是个新旧文化交融的场所，在设计中强调了新旧取向，对旧的历史文化提出保护，如片区内的乔治亚风格和维多利亚风格建筑，保障其与公共空间的可达性；对于新的建筑，创造新的商业、休闲和生活氛围，强调运用可持续新技术。

远景规划：到 2020 年奥运公园将成为伦敦 5 个顶级的旅游目的地之一，到 2030 年超过 20000 位居民在此就业。

奥运会结束后，场馆进行大体量的“瘦身挪移”，将大型的体育设施小型化改造后向当地社区居民开放，整体将近缩减到原来的 1/3，腾挪出大量公共空间供附近居民使用（居民活动见图 4–27）。2012 年伦敦奥运会 34 个比赛场馆，只有 14 个新建体育馆，其中 8 个临时场馆，6 个永久性场馆。大量使用现有场馆，建设临时性场馆，成为伦敦奥运“可持续性”理念的体现。

图 4–27　奥运村园区内嬉戏的孩子

奥运会主场馆“伦敦碗”下层的 2.5 万个座椅为固定座椅，外围架设一个可拆卸的轻质铁架作为附加的 5.5 万个座椅的看台。奥运会结束后，这些座椅将会被拆除，“伦敦碗”将瘦身为一个小得多的体育场。

距离“伦敦碗”不远的奥运会游泳馆“海浪”，奥运会时为 1.75 万个座位，结束后仅留下 2500 个。场内的 3 个大型泳池，将被重新划分成 5 个泳池，向公众开放。移除了两侧观众席的座位，转换成社区活动中心，有托儿所、适合家庭使用的设施，以及咖啡厅等社区空间。

曾经明星云集的奥运村重新装修，铺上新地板，设置厨房，变成 2818 套单元房。其中 1379 套单元房将作为保障房。意味着有近 50% 的奥运村住宅将向穷人开放，另一半向私人销售。第一批房客已于 2013 年下半年入住。

拥有 1.2 万个座位的伦敦奥运会自行车馆，奥运倾斜赛车馆，其中 6000 个座位为临时座位。在奥运会后，这里的赛道进行适当改建，以便同山地车道及其他自行车运动道结合，建成一个面向社会的“自行车运动园”。水球馆和篮球馆等临时性场馆被拆除，移至另一个城市重新组装利用。

此次伦敦奥运所有场馆的建设和使用，奥运资产的后续管理以及与所处地区的“互动配合”，成为这次伦敦奥运的一大亮点，是史无前例的创举，为伦敦奥运规划团队博得了不少掌声，也为以后的奥运场馆规划设计提供了值得借鉴的案例。

3. 动态适时的规划调整

伦敦奥运赛后区域由一个规模较大、擅长环境与基础设施规划的跨国工程咨询公司负责规划，他们提出了“赛后区域再生总体框架”，这是一个为期 30 年、逐步实现整个城市区域更新的分期发展框架。该框架涉及建设多处居民社区、创意商城、娱乐中心和体育设施等，具体详细的规划设计方案会在未来 30 年，根据实际情况动态调整。

七、伦敦泰特现代美术馆——从一座破旧的发电厂到现代艺术博物馆

1. 创意促进发电厂重生

泰特现代美术馆（Tate Modern）由河岸发电厂（Bankside Power Station）改造而来的。该发电厂建于 1947—1963 年，在 1981 年停止了发电，由著名的建筑师贾尔斯・吉尔伯特・斯科特（Giles Gilbert Scott）爵士设计。在闲置近 30 年后，经过多方协商，改造为美术馆的方案被最终采纳，这座气势宏大的河岸发电厂被逐步改造，大烟囱得以保留并成为它的显著标志（见图 4–28）。

泰特现代美术馆位于泰晤士河南岸，与圣保罗大教堂隔岸相望，由横跨泰晤士河的千禧大桥将它们连接。美术馆在 2000 年 5 月开张，建筑由褐色砖墙覆盖，内部是钢筋结构。现在已由破旧发电厂发展成为全球最负盛名的当代艺术中心，同时也是新想法、新创意和为艺术家和观众带来新可能的发动机。自艺术馆开馆以来，每年来自世界各地的旅游参观人数突破 460 万，大大超出了最初预期的每年 180 万人，平均每天的参观者约有 1.3 万人。

整体空间的更新。从内部空间看，为了满足古典美术馆的展览需要，设计者通过增加非直角结构、立柱等，打造出大小多样的展示空间，同时扩大了内部可用空间，增强当前建筑的艺术潜能和美术魅力。巨大的建筑结构突出于以前的锥形建筑之上，在五楼的高

度处架设了一座天桥，由此，一条仿佛悬于空中的宽阔大道横穿于整座新的建筑之中并穿越几个重要的地理位置。并且这些区域中串联着一些“关键性空间”。从外部空间看，通往南面的门户和通道的开通，人们就可以横跨泰晤士河，穿越泰特现代美术馆中的涡旋厅（Turbine Hall，见图 4–29），越过新的建筑后就到达位于夏日之路的新广场。

图 4–28　泰特现代美术馆外景图

图 4–29　泰特现代美术馆涡旋厅内部景观

涡旋厅是由涡轮车间改造而成。它既可举行小型聚会、摆放艺术品，又具有主要通道和集散地的功能。改造后在主楼顶部加盖有两层高的玻璃盒子，不仅使美术馆有充足的自然光照，还为观众提供咖啡座，人们在这里边喝咖啡边俯瞰伦敦城，欣赏泰晤士河的美景。在巨大烟囱的顶部，加盖了一个由半透明的薄板制成的顶，打造出著名的“瑞士之光”（见图 4–30）。这已成为伦敦夜景不可缺少的一部分。

西半部分的更新。为适应21世纪现代艺术馆的需要，设计者转变思维方式，借助已有的储油罐，不需要将新的建筑建造于地面之上，而是可通过沿此处以向下挖掘的方式向下建造。这种设计方法和涡旋厅的最初的向下建造的设计方法是一致的，既充分利用了已有建筑，又降低了施工风险，更新方案得到多方的共同认可。

图 4-30 泰特现代美术馆的“瑞士之光”

2. 创意照明设计增光添彩

室内照明设计充分考虑自然光照和人工照明的配合。基于展馆空间和展品的多样性，室内照明设计足够灵活、有创意，不仅适应了各种变化和安装需求，还能有效引导参观者，同时考虑其他设备（如烟感探测器、出口指示灯等）的安装位置以及与照明相关的维护措施。为满足不同展览主题的需求，经过特别设计，展厅中的照明灯箱与轨道射灯结合。从外面看，灯箱是平滑的发光面，但其玻璃前盖采用合页设计，无须取下整个灯箱，就可以换灯泡、修电线。另外，安装灯具的背板也是可拆卸的，可通过拆卸此处获得较大空间作为检修之用。

在五层展厅，有一个巨大的酷似灯箱的自然采光系统，从美术馆上部将自然光线引入馆内。考虑到室内光线的控制需要，天窗配有自动百叶窗遮阳系统，来控制室内光照强度。另外，所有的窗户都配有“黑窗”装置，保证在闭馆时能够有效遮挡室外光，以保护艺术作品（见图 4–31）。

图 4–31　泰特现代美术馆内部天窗及展示的中国元素

每个展览区内的背光天花和天窗内的照明均由两条控制回路控制。每条控制回路控制不同色温的灯具，使展厅内的灯光色温及光输出可调节。照明采用数字化控制系统，灯光强度从 1% 到 100%，可依据展览需求任意调整组合。

3. 废弃发电厂实现华丽转变

创造出创意十足而又不失历史感的时代新地标。坚持保留修复原则，在电厂改建中，没有全部拆除，保留了发电厂的大烟囱，使该烟囱成为现在泰特现代美术馆的外部标志，也成为地区的标志性建筑。同时，经过完美的设计，将152米长、24米宽、30米高的巨大涡轮空间，改造成了既可举行小型聚会、摆放艺术品，又具有主要通道和集散地功能的场所，成为最具魅力的共享空间和集散大厅。泰特现代美术馆现在已成为全球最负盛名的当代艺术中心，成为修复保护进行城市更新的典范。

第五章　法国城市更新及案例

一、法国城市更新政策演变

法国的城市规划立法相对较晚。法国实行双重管理的地方行政管理体系（代表国家整体利益的地方政府和代表地方居民利益的由居民直选的“地方集体”共同管理地方事务）在欧洲引人瞩目[①]。因此，法国的城市更新历程和政策重点与其他国家有所不同（见表 5–1）。

1. 城市更新以大规模的开发和修建为主（二战后至 20 世纪 60 年代）

二战后，法国政府采取了积极的城市化政策，对城市开发进行直接和广泛的干预，实施“修建性城市规划”（满足开发和修建需要的城市规划行为）。1950 年颁布的法律提出实施房屋建设的财政资助制度以应对战后住房短缺问题。同年设立法国城市发展基金。1953 年颁布允许法国征用土地开发住宅及工业区的《地产法》。这些举措都促进了住宅的开发建设。1954 年，法国采取了两项措施控制巴黎地区的进一步扩张（将航空工业迁往法国南部地区，将通信工业迁往布列塔尼地区）。1954 年，法国实施疏散政策，严格控制了

---

① 阳建强．西欧城市更新［M］．南京：东南大学出版社，2012:89.

表 5-1　法国城市更新相关立法一览表

发展阶段	法律名称及颁布年份	备注
1944—1954 年 战后重建时期	《地产法》（1953 年）	《地产法》的颁布方便了公共机构对新建建筑群体的选址和布局的直接干预
1954—1967 年 工业化和城市化快速发展时期	《城市规划和住宅法典》（1954 年） 《分区保护法》（1960 年） 《马尔罗法》（1962 年） 《保护历史地区法》（1967 年） 《土地指导法》（1967 年）	建设城市基础设施和有计划开发的建设过程是这一时期城市更新的重点，《土地指导法》的颁布成为国家政府尝试与地方集体合作的转折点
1967—1982 年 国家计划性规划时期	《布歇法》（1970 年） 《城市规划法典》（1972 年） 《建筑与住宅法典》（1972 年） 《行政区改革法》（1972 年） 《土地改革法》（1975 年） 《自然保护法》（1976 年） 《权力下放法》（1982 年）	20 世纪 70 年代是法国城市化管理的关键时期，国家结束了大规模建设时期并开始检讨和思考过失，《权力下放法》的颁布为这一时期画下了句号
1982—1999 年 权力下放和社会住宅政策时期	《城市指导法》（1991 年） 城市规划行动（1993 年） 《规划整治与国土开发指导法》（1995 年）	这一时期，环境方面的价值取向得以强化，“市镇群共同体”的建立使城市发展突破原有行政限制，促进了国家—地方的团结和整合
2000 年至今 整个各种公共政策，推广新型城市发展更新模式时期	《社会团结与城市更新法》（2000 年）	《社会团结与城市更新法》的颁布标志法国城市规划法制建设迈入新阶段

资料来源：阳建强．西欧城市更新［M］．南京：东南大学出版社，2012:90。

巴黎、马赛、里昂三个地区以及法国东部和北部工业区人口和工业的集中程度，鼓励这些区域的企业向落后地区搬迁，并大力发展交通，平衡法国生产力布局。1957 年有关房屋建设的法律和 1958 年颁布的两项对“修建性城市规划”进行法律解释的法令，确定了“优先城市化地区”和“城市更新”这两个修建性城市规划制度的法律地位。

2. 城市更新强化旧城区的保护和新城建设（20 世纪 60—70 年代）

20 世纪 60 年代，法国城市更新政策开始强调保护旧城区和建设新城。如 1960 年颁布的《分区保护法》和 1967 年颁布的《保护历史地区法》都强调了对特定历史文化区域的保护。作为对优先城市化地区和城市更新政策的重要补充，1962 年颁布的《马尔罗法》对老城区的房屋修缮做出了相应的规定，允许将内城作为历史文化遗产加以保护。1965 年制定的巴黎大区整治和城市规划指导方案开始了法国的新城建设的政策。1967 年《土地指导法》提出在多元利益主体共同协商原则基础上，设立协议开发区[①]制度，以取代原有的优先城市化地区和城市更新制度。1967 年以后，政府开始注重城市管理与城市发展两者之间的关系，优化城市基础设施和交通系统，城市规划法规体系逐渐从重视城市数量向重视城市发展质量转变。

① 协议开发区，由国家企业或团体进行组织，由不同开发商参与的对成片地区的开发。它是委托城市规划设计部门制定专门的土地利用规划，以保证公众利益为原则，从而使开发区规划控制在此框架内进行。法国对成片地区的改造和开发都是通过协议开发区的方式来完成的。一般是由国家完成对土地的收购，再由不同的开发商对其中的各个地块进行分别开发，开发必须是在协议开发区的指导下进行，位于城市重要地段的协议开发区，通常由市政府组织规划设计竞标。

3. 城市更新更加注重社会问题的解决（20 世纪 70 年代以后）

20 世纪 70 年代中期以后，经济危机导致社会危机，改善现有城市生活环境取代新建、扩建成为必然的选择。1972 年的《行政区改革法》、1975 年的《土地改革法》以及 1976 年的《自然保护法》都提出了环境保护的内容。1977 年，国家设立城市规划基金，专门用于历史文化传统街区改造。1991 年法国通过的《城市指导法》关注居民的生活质量和城市的服务水平，公平参与城市管理等方面。1993 年，政府发起了城市规划行动，目的在于恢复衰败区域的活力。1995 年和 1996 年颁布有关住宅发展和重新推动城市发展的多项法律文件，鼓励住宅发展的多样化，扭转社会住宅不断集中的趋势，避免居住空间的分化。2000 年颁布的《社会团结与城市更新法》以更加开阔的视野看待土地开发与城市发展问题。在探讨城市规划的同时，还涉及城市政策、住宅以及交通等内容，意在对不同领域的公共政策进行整合。根据此项法律，未来的城市政策致力于推动城市更新、协调发展以及社会团结。其中，城市更新是指集约利用土地、能源等资源，让衰败的城市和区域重新充满活力，提高社会混合特性为特点的新型城市发展模式；所谓社会团结是指通过对社会住宅的强制性规定，促进城市化密集区、街区、市镇等不同地域的多样化发展，避免社会分化现象。

二、法国南特岛复兴——废弃船舶工业基地的完美蜕变

1. 衰落的船舶工业制造基地

南特岛位于法国西部艾特河与卢瓦尔河的交汇处，是法国近现代重要的船舶制造基地，其造船业和航运业的历史最早可追溯到古

希腊时代。18—19 世纪，在工业化和城市化迅速发展的背景下，南特岛的船舶制造业和仓储物流业发展迅速。然后随着港口的功能逐渐被位于卢瓦尔河入海口的圣纳泽市取代，南特岛的船舶制造业逐渐衰退。1987 年，以迪比容（Dubigeon）造船厂的倒闭为标志，南特岛的船舶制造业逐渐走向衰落。南特岛的船舶制造业在历经沧桑的百年历史后，留下了许多珍贵的工业遗产。在造船厂倒闭的同一年，南特岛的复兴项目正式启动。该项目经过 15 年的前期项目研究和论证阶段，于 2002 年正式启动（见图 5–1）。

图 5–1　南特岛的历史与现状

图片来源：冷婕，陈科．城市复兴背景下的工业遗产保护与再利用［J］. 新建筑，2012（2）:38-43。

南特岛的更新项目总体目标是：通过改造达到经济、社会、环境等方面的全面复兴。对南特岛的船舶制造工业遗产而言，仅依靠单纯的冻结式保护是不够的，只有充分挖掘其文化资本价值，才能对南特岛的全面复兴起到催化作用。同时，为了实现南特岛的全面复兴，在更新改造过程中又不可避免地会对工业遗产造成一定程度的破坏，从而影响到遗产的文化价值。因此，南特岛的更新改造提出了“尊重与改变”并重的理念，即通过再利用来积极回应城市更新所提出的要求，改变其中不适用、不合理的部分，充分挖掘、展示并创造性地利用遗产所具有的文化内涵，使其全面推动城市更新。[①] 同时，改造过程中的任何改变都是谨慎、循序渐进的，以确保对工业遗产的破坏程度降到最低。

2. 更新实施动态弹性保护规划

（1）相关法规。从立法层面上看，法国并没有针对工业遗产保护进行单独立法，但在各类不同法律中都体现了保护遗产价值的思想。法国拥有完善的法律体系，并实行中央集中管理的保护制度，文化部下属的工业遗产保护小组专门负责对工业遗产的保护和管理。

（2）动态弹性的保护规划。整个项目的更新以时间轴展开，随着区域研究的深入，分阶段进行。因此，规划设计的图纸不是一次性定案，而是以每 3 个月更新一次的平面导图呈现。同时，为了尽可能减少规划失误，即便已经确定的规划方案，也有可能随着区域研究的深入而再次进行调整，甚至对已经建成的建筑做出调整。

（3）更新项目分阶段实施。结合动态弹性的保护规划，项目根据进展以及资金情况分阶段实施。规划图纸上明确表示分阶段建设

---

① 冷捷，新科 . 城市更新背景下的工业遗产保护与再利用——以法国南特岛复兴项目为例［J］. 新建筑，2012（2）.

的状况，以颜色的深浅表示不同的建设状态，颜色越深表示近期实施的可能性越大。不同颜色表示不同的建设项目，红色表示已经修复的历史建筑，粉红色表示现存的建筑遗产，蓝色表示已经完成的项目，紫红色表示 2008—2009 年完成的项目，绿色表示在 2010—2013 年完成的项目。

（4）历史遗存的调查评估。在规划设施阶段，首先对地面的固定建筑物进行详细调查，并编写调查报告。调查报告对建筑物的现状和位置、区位环境以及对现有建筑物的评价将作为项目后续开展的基础。专业的管理部门将在详细调查评估的基础上列出具有历史文化价值的建筑分布。

（5）各方人员参与决策。为了尽可能实现全面复兴的目标，并尽可能减少决策失误，项目决策的团队中有各类专业人员，如景观设计师、规划师、建筑师、艺术家、经济学者、政治学者和社会学者等，此外还充分吸纳了当地居民意见。

（6）其他规划要求：为了最大限度减少对历史建筑的破坏，在规划上要求要避免大规模拆除重建，尽量利用现有资源，新的建设主要采用插入的方式；对尚不确定的区域建筑，通常先空置，不急于拆除或盲目改动。

3. 更新南特造船厂和滨水公共空间

（1）功能重新定位。建设紧凑型、功能混合社区发展模式，将居住用地与办公、休闲、服务设施等混合，以及营造多样化、充满活力的城市生活，促进人与人之间的交流。南特岛的整体更新目标从一开始就强调功能的复合型和多元化。南特造船厂区域更新项目结合区域内大量的工业遗产，引入新的创意文化产业和景观，使其成为南特岛内集休闲、观光、集会等为一体的艺术文化活动中心。包括结合“岛屿机械”的南特造船厂，已经改造为现代艺术馆、酒馆和夜总会的香蕉仓库，由工业遗产改造的滨江公共活动场所，以及成为集文化、办公、居住、产业等为一体的混合功能区的密特朗码头。

（2）滨水公共空间改造。由工业遗产区域改造的滨江公共活动场所，强调区域的历史文脉特征，改善生态环境。在中心岛的西侧将水系重新引入岛屿，构成中心岛西部的景观中心，同时也作为造船厂历史文脉的延续，增强城市的历史归属感。强调滨水公共活动空间的亲水性、连续性和生态性，引入新的文化活动和城市景观。

4. 打造充满蒸汽朋克风格的“机械城”

（1）“岛屿机械”——南特造船厂更新项目。挖掘城市内部土地潜力，通过功能更新对土地循环利用，是值得探索的路径。对工业遗产进行更新改造，保留和传承历史文化，同时也有节约投资的积极意义。南特岛上拥有大量的工业遗产，这些建筑遗产让人联想起南特岛作为重要的机械制造基地的历史，“岛屿机械”项目恰好融合并传承了其工业制造的文化特点，与其制造业的历史一脉相承。

结合造船厂区域的整体定位。2005年，在景观设计师弗朗索瓦·德拉罗齐埃（Francois Delaroziere）和皮埃尔·奥雷费斯（Pierre Orefice）的倡议下，南特岛启动了名为“岛屿机械”的新项目。该项目不仅塑造了新的城市地标，吸引了大量的观光游客，其引入的顶尖创意机构还带动周边的娱乐文化产业的发展，极大地增加了区域的活力。

该项目紧密结合造船厂改造，不仅保留了工业建筑的主要特征，历史文化也得以保护和传承。该项目能够取得成功主要有两个原因。

第一个原因是将新的创意与历史文脉紧密结合，传承独特的城市历史文化。南特岛曾经是法国著名的船舶工业基地和港口，岛上拥有大量的工业遗产，这些建筑遗产让人联想起南特岛作为重要的机械制造基地的历史，“岛屿机械”项目恰好融合并传承了其工业制造的文化特点，与其制造业的历史一脉相承。此外南特岛也是被誉为“科幻小说之父”的著名作家儒勒·凡尔纳（Jules Verne）的故乡，“岛屿机械”项目中充满机器大生产时代的形象特征，让人自然而然地联想到凡尔纳的作品，引发共鸣。事实上，凡尔纳充满非凡想象力的科幻形象，也恰恰是“岛屿机械”项目设计师灵感的源泉。另外，工业遗产区独特的物质环境也为“岛屿机械”塑造了良好的氛围。“岛屿机械”与造船厂的原有功能高度匹配，减少了对造船厂的破坏，保持了其工业特征。因此，项目的创意一出现，就得到了人们的广泛认同。新标志与老标志并置，相得益彰，真正起到了保护和传承历史的作用。

第二个原因是在具备可识别性的前提下适当改造，塑造富有魅力的城市公共活动空间。新的艺术工作室是一个集创作、展示、体验等为一体的创意空间，结合新功能，设计师对现有空间进行了重新划分和空间组织。一层包括机械巨象陈列区、机械艺术馆、咖啡厅及制造工厂，二层设有制造现场参观平台以及厂房改造影像展示区。除机械制造区、陈列区外，造船厂原表面的维护结构被完全拆除，以增加建筑的公共性和开放性，便于人们自由进出。同时为了增强建筑的吸引力，还在建筑的入口处进行了色彩处理。

（2）滨水公共空间的重塑项目。除了“岛屿机械”的南特造船厂改造项目以外，造船厂区域中面向卢瓦尔河的13万平方米大型滨水公共空间是复兴项目的另外一个重点工程，从造船厂前区一直延伸至最西边的香蕉仓库。

保留重要工业要素，满足新功能，创造新景观。除厂房、仓库外，遗留的车间、设备和构件也是区域环境特征的重要因素。在滨水公共空间的重塑中设计师充分保留了重要的工业因素，将其有机融入新的设计方案中。长达100米的船台曾是船厂工人的骄傲，承载着船舶制造的深厚历史记忆。同时，这些船台成为场地内独特的景观要素和场地的天然分界，具有良好的亲水性，是场地改造的重要资源。因此，设计师保留了场地船台。其中，2号船台及3号船台的保存较为完整，设计师顺应其从水面逐渐升起的趋势将其定位为一个面向卢瓦尔河及场地的拥有开阔视野的观景台，船台下部空间用来举办当地船舶历史协会的活动，另外3个破败的船台改造作为种植的平台，将绿化从场地引向河岸。此外，巨型设备也具有特殊的景观价值。2号船台、3号船台的轻型起重机及西威尔逊码头的重型起重机均被完好地保留，作为场地标志。其他零散的工业遗迹，如吊车、老桥墩、局部的铁轨等或直接保留，或结合新的材料被设计成为发挥现代功能的景观小品和设施，它们时刻提醒人们这里曾经是工业制造场地。

引入新的景观要素，激发人们对历史的现实思考。为了唤起人们对城市的记忆，激发滨水区域的活力，滨水区域引入了一系列新的城市景观，港湾景观计划就是其中重要的组成部分。新的作品加强了历史与现实的联系，在深层次上实现了与历史的共鸣。

“环”（Anneaux）——设计师将18个直径3米的金属环沿河岸依次排列，指向河流的交汇处。连续的金属圆环作为独特的景观，岛屿上大量的工业遗产共同组成新的城市景观，像时空隧道一样连接着过去与未来。

“地平线”——设计师利用一系列红色三角形将码头区内的工业建筑以及其他一些设施有机地联系在一起，并将第二次世界大战期间德军潜艇作为全景视图的最高点。当游客登上潜艇时，不同历史时期零散的工业建筑构成了一幅完整的图画。不同时空再次交汇，给人留下深刻思考。

生态修复与环保教育。滨水区的部分住宅区的室外活动空间是利用废弃的工业用地改造而成，这片工业用地的土壤存在一定程度的污染，不能直接接触。设计师一方面通过保留原有场地植被并引入新的植被，来逐渐吸收、净化土壤中的污染物；另一方面在被污染的土壤上架设一个新面层，创造出可供使用的室外活动空间，新面层采用金属网，以便人们能够直接看到被污染的土地，同时结合指示牌，增强居民及游客对工业污染的认识，进行环保教育。

三、巴黎左岸地区更新——废弃铁路用地转变为具有独特魅力的文化艺术中心

1. 逐渐衰落的工业废弃地

巴黎塞纳河左岸即巴黎东部塞纳河南岸地区（俗称巴黎左岸），位于巴黎 12 区。在 19 世纪，巴黎东部沿塞纳河两岸地区的工业较为发达。自 19 世纪中期开始，奥斯特里茨火车站和托尔比亚克火车站综合楼建成，整个左岸地区逐渐变成铁路、仓储、物流用地，与在火车站西侧的巴黎植物园形成了强烈的对比。

二战后，这一区域开始逐渐衰落。主要原因有两个，第一个原因是现代化工业的飞速发展导致传统工业的衰落，第二个原因是法国国营铁路公司对私营铁路的合理化组合和现代化建设。这两个原

因使奥斯特里茨火车站周边的区域成为工业废地。同时，由于巴黎在战后的发展中，绝大多数的政府部门及金融机构均设置在城市的西部，政治经济活动偏于巴黎西部地区，造成了巴黎东西部地区发展的不均衡。巴黎包括左岸在内的东部区域，长期存在居住环境差、工商业萧条、人口老龄化等严重问题。

左岸地区最早的规划研究开始于 1980 年，当时是为了举办世界博览会和奥运会而编制的。虽然没有实现，但规划挖掘了该区域的用地潜力，促成了法国国家铁路公司接受改造方案。1990 年，政府着手制定左岸地区的改造规划（该项目最初命名为“塞纳河左岸”，后更名为“巴黎左岸”）。

1991 年，巴黎城市规划院关于左岸地区改造的总体规划方案得到了市政府的批准。规划的总体思路是在奥斯特里茨火车站和托尔比亚克火车站之间的废弃用地中，进行有步骤的整体改造建设，形成教育、文化、休闲、居住等功能融合一体的综合片区。为此巴黎划定了左岸协议开发区。

2. 三个分区规划组成的更新计划

巴黎左岸更新项目在规划阶段就将建设混合型功能社区作为开发的重要目标。通过置入高等学校，强化社区文化教育功能。通过引入科研以及各类中小型企业，促进就业的多样性。在居住方面，充分考虑商品住宅、社会住宅、学生公寓的比例，满足不同人群的居住需求。建筑上层一般作为居住或者办公用途，底层沿街设置商业服务设施，同时在每一个社区都配有文化、休闲娱乐等公共服务设施。功能的丰富多样性，保证了社区的活力。

巴黎左岸地区的更新改造包括 90 万平方米的办公楼，52 万平方米的住宅。同时，还包括22万平方米的现代工业及传统的手工业建筑，20万平方米的大学及1.75万平方米的河港建设。此外，公共休闲空间不少于30万平方米。共提供6万个就业岗位。

更新项目由巴黎左岸开发公司负责开发，总体规划方案由巴黎城市规划院负责编制。总体规划包括三个组成部分，即西部的奥斯特里茨火车站区、中部的托尔比亚克区、东部的玛斯纳区。三个分区规划在总体规划的指导下，工程建设分别围绕各自核心项目展开，并有各自不同的发展方向。

奥斯特里茨火车站区。该区域规划中包括奥斯特里茨火车站、车站周边的商务办公区。建筑师充分利用地基的地形特点，利用与塞纳河之间的高差，在建筑群体之间设置了多处朝向塞纳河的不同标高的坡道，形成了丰富的室外空间。对奥斯特里茨火车站进行了全面修复和内部的清理，内部新建的上面店铺位于火车站的北侧，恢复建筑的历史风貌。同时，规划将铁路编组站大部分覆盖，在覆盖面上建设道路、办公楼、广场，加强了塞纳河畔与地基内侧城市用地之间的联系，也取得了在城市空间形态上的连续。

托尔比亚克区。即国家图书馆及周边街区，包括图书馆东、西两个居住街区。国家图书馆由法国建筑师多米尼克·贝鲁尔（Dominique Perrault）设计，1998年竣工，是密特朗总统任期内的最后一个大型公共项目。图书馆主体是由四栋形如打开书本的塔楼围合在一个基座上，内围设计成一个大型下沉花园。

图书馆所在的基座是宽大的人行广场，通过大台阶向塞纳河与周边街区开放，巨大的建筑体量和别具一格的造型使国家图书馆成为左岸地区的标志性建筑。

在图书馆的东、西两侧，围绕中心花园的是两个居住街区，中心花园内活动设施齐全，并设有社区小教堂，住宅底层设置商业店铺、幼儿园等配套服务设施。住宅的设计添加形式丰富的阳台，屋顶及墙面的图案色彩组合也非常鲜明和生动。此外，玻璃墙上选择的图案与书法在白天和黑夜分别呈现出不同的光影效果，走在街区中，犹如置身于室外画廊。

玛斯纳区。该区域包括将传统巴黎面粉厂厂房改造后，安置地方大学及其他商业、住宅等项目。该区域由法国著名的规划设计师克里斯蒂安·德·包赞巴克（Christian de Portzamparc）完成，他的设计方案中体现了对传统城市肌理的理解以及对现代城市规划的探索。将狭窄的街道、围合的街坊以及建筑高度的序列变化（沿河逐渐降低）、开放的公共绿地、丰富的建筑立面造型等融合。规划中充分保留了原有的传统工业建筑，如巴黎面粉厂，并将其改造为巴黎七大教学楼，建筑面前保留了开放式绿地，并围绕绿地设计其他建筑。

3. 科学的规划措施和技术手段

“巴黎左岸协作开发区”项目对工业废弃地进行规划整治，需要对土地功能更新，工业遗产更新改造，新老城区衔接融合等复杂问题进行解决。尤其是地基内遗留的大片铁路网线横亘在规划区域中部，切断了十三区与塞纳河岸之间的联系。因此需要科学智慧的规划措施和技术手段应对。

（1）开放街区。欧洲传统城市街区路网丰富，沿街建筑底层设置商业、生活等设施，街道互动性强，富有活力。但传统的街区建筑通常呈围合布局，街区内部形成封闭式庭院，空间缺乏生气。基于对传统街区内部过于封闭，与外部空间缺乏互动交流等刻板式布局的反思，包赞巴克于20世纪80年代提出了“开放街区”的新理念：重视城市空间的连续性和开放性，在延续城市肌理的前提下，将传统的封闭围合式街区形态打破，促进私有空间与公共空间之间的交流，提升城市的空间品质。[①]

在马斯纳区，规划实践了“开放街区”的理念。在延续传统街区路网结构和围合式布局的基础上，赋予建筑单体一定的自主性，强调街道空间的连续性和开放性。每个街区都规划庭院等公共活动空间，通过建筑底层的架空、切角、扭转的等方式打破围合形态，为街区内部提供更多的阳光，打通内部空间与外部空间的通达性，同时为建筑通风、提供光照。另外，规划设计中特别注重混合型社区的营造，商业、居住、办公、休闲等功能都在规划设计中予以充分考虑。总建筑师负责区域整体的规划形态控制，制定相应规则，并组织协调。各单体建筑通过竞标方式由不同的设计事务所设计。规划被赋予适当的弹性，从而保证了建筑形态的多样性，甚至偶然性，避免城市面貌过于单调。

（2）历史建筑更新改造。左岸开发区内有众多废弃的铁路用房及工业仓储用房。对历史建筑进行更新利用，具有节约资源、节省投资的积极意义。在文化方面，具有保留城市历史风貌的丰富性及传承历史文化的多重意义。

奥斯特里茨火车站于1840年开始运营，是巴黎至奥尔良线路的始发站。车站大厅修建于1865年，长270米，跨度52米，其巨大的玻璃天窗是当时的工程杰作，1997年被列入历史文物名单。车站改造计划包括重新组织大厅地上和地下的联系，翻新车站建筑立面，并设计一个高10米，幅面达1000平方米的波浪形的挑蓬。挑蓬为

① 邹天宇．巴黎左岸协作开发区规划经验及启示［J］．中外建筑，2016（12）．

纤细的混凝土网结构，内嵌透光玻璃片。改造后的奥斯特里茨火车站成为巴黎左岸地区最富魅力的门户和重要交通枢纽。

托比亚克区的铁路用房哈利·弗雷西内（Halle Freyssiner）建筑建成于1929年，直到2006年前一直用作奥斯特里茨火车站的货物托运栈房。让-米歇尔·威拉默特（Jean-Michel Wilmotte）建筑事务所对建筑进行改造，利用老建筑内部宽敞的空间，赋予了其全新的功能，使其重新融入城市功能。改造后的建筑内部将容纳一个开放式的工作大厅，一个500座的报告厅，以及会议室、餐饮服务等配套设施，预计成为可容纳1000个创业单位共享办公孵化器。

马斯纳区拥有大量的废弃工业遗产，包括大磨坊、面粉厂大厅以及压缩空气厂。大磨坊建于1917年，一直运行到1996年。一些附属建筑被拆除，但其新古典风格的主楼和仓储大厅得以保留。大磨坊的东侧面粉厂大厅始建于1949年，2004—2006年被改造作为巴黎第七大学的教学用房，两栋建筑之间的空地经过整理后，作为大学区的公共绿化广场。压缩空气厂建于1891年，厂房的钢框架拱顶大厅和由红砖砌筑的烟囱于1994年被列入历史文化保护名单。2002年被改造作为建筑学院的新校区。厂房的拱顶大厅改造为带有中庭空间的“技术区”，容纳建筑学院的图书馆、材料馆及电教室，其南侧增建的建筑为学校的“理论区”，容纳教室及工作室。红砖烟囱经过改造后，内部设置有连接原建筑和新建筑的通道。改造后的学校建筑形态呈现多样化和不同材质构造成的“反体块”（anti-bloc），具有鲜明特色。

（3）铁路上盖。通过混凝土上盖铁路网线获取土地，将旧有的铁路用房和工业遗产改造成适宜新城定位的功能设施，将左岸地区荒废半个世纪的土地资源建设成为与城市有机联系的新城区。

巴黎左岸地区遗留的大片铁路网线是规划所面临的最大挑战。铁路网线横亘在规划区的中间，隔断了十三区老城区与塞纳河城区之间的联系。规划将铁路网线覆盖，在其上面铺设钢筋混凝土上盖，为新区的发展提供空间。铁路网线重新规划，运营高铁以及大区快线等轨道交通。铁路上盖的部分被规划为道路和绿地广场，上盖结构的夹层空间布置市政管线以及服务于上盖建筑的功能设备和停车库等。

上盖建筑根据场地条件采用了“标准建筑”、“连接建筑”和“桥梁建筑”三种类型。“标准建筑”与普通建筑无异，但建造需符合上盖建筑的约束条件。“连接建筑”是连接位于不同地形的新老城区。建筑跨越铁路网线，一半坐落于铁路上盖，另一半坐落于铁路沿线。建筑的首层是娱乐文化空间，上层为住宅。首层与上层的结构脱开，设计减震隔声构造。为了节省工期，同时最大限度地减小上盖的厚度，建筑的底层结合铁路上盖建造，上盖的结构梁如同桥梁作用支撑上部建筑，可以比喻为可居住的桥梁，即“桥梁建筑”。

第六章　德国城市更新及案例

一、德国城市更新政策演变

德国的城市更新政策与英国具有一定的相似之处，起初亦是关注战后重建问题，特别是对住房问题给予了高度关注。之后随着城市的发展，逐步转向城市更新和治理方面，制定了《城市更新和开发法》《住宅改善法》等多项综合政策。在两德合并之后，又制定了《过渡时期条例》，使德国的更新政策更为全面系统（见表 6-1）。

表 6-1　德国城市更新相关立法一览表

发展阶段	名称及颁布年份	备注
20 世纪 50 年代战后重建时期	《联邦住宅建设法》（1950 年）	《联邦住宅建设法》的颁布使战后的住房短缺问题迅速得到缓解
20 世纪 60 年代城市恢复、新城建设时期	《联邦建设法》（1960 年） 《联邦建设（修正）法》（1967 年）	《联邦建设法》是联邦德国成立后的第一部全国性的城市规划法。这一时期的城市建设以战后恢复新建为主，被称为“全面改造时期”

续表

发展阶段	名称及颁布年份	备注
20世纪70年代城市更新时期	《城市更新和开发法》(1971年) 《城市建设促进法》(1971年) 《特别城市更新法》(1971年) 《文物保护法》(1972年) 《联邦建设法补充条例》(1976年) 《自然保护法》(1976年) 《住宅改善法》(1977年)	《城市建设促进法》与《文物保护法》的颁布表明城市的发展重点已经由战后新建、重建转移到城市改造改建、内城更新和对城市问题的治理上
20世纪80年代城市改建时期	《城市建设促进法补充条例》(1984年) 《建设法》(1987年)	《建设法》奠定了德国城市规划的基本法律框架。这一时期的城市建设以旧房改造为主，被称为"生态改造"时期
20世纪90年代至今两德统一后的城市更新建设时期	《过渡时期条例》(1990年) 《减轻投资负担和住宅建设用地法》(1993年)	两德统一后，由于原民主德国的特殊条件，德国立法机构以原联邦德国的法律为基础制定了过渡时期条例，以有利于整个德国的和谐有序发展

资料来源：阳建强．西欧城市更新［M］．南京：东南大学出版社，2012:92。

1. 城市更新以拆除重建为主（20世纪50—70年代）

1945年，联邦德国成立以后，将战后重建工作集中于市中心的老街区，住宅建设是城市发展政策的主要出发点。1950年颁布的《联邦住宅建设法》将住宅建设作为全国的一项公共任务，规定各地都必须把住宅建设作为优先任务。同时，战后初期德国的法律较为混乱，迫于急切的重建问题，在20世纪50年代，除了巴伐利亚州和不来梅市，其余各地均采用了《战后重建法》。1956年，政府提出旨在"整修返新旧区（即更新历史性市镇中心）的适当措施"的设想。在1956年同时实施了"城市研究和示范项目"。旧城内部许多旧式建筑被成片清除，取而代之的是全新的居住街区。20世纪60年代，德国经济飞速发展，城市开始不断向外扩张。1960年颁布的《联邦建设法》针对这一形势确定了城市建设的基本框架，着重对土地的利用进行控制。在着力解决交通和基础设施问题、整治旧城的同时，城市更新的重点从20世纪50年代的战后重建转向在城市外围建设卫星城和新城，以此来分流人口。但由于20世纪60年代德国城市快速发展，部分城市旧城区面临大量拆建，《联邦建设法》制定的规划手段和规划法律已不能适应这种发展需求，迫切需要建立一种由公共财政手段支持的、对私人建设项目进行监督管理和利益补偿的法律手段。

2. 城市更新开始注重保护城市结构、维护和更新旧有住宅（20世纪70年代）

20世纪70年代中期以后，保留和维修城市历史街区，传承历史文化越来越得到重视。与此同时，由居民、住宅、邻里环境共同组成的社区单元成为旧城改造的重点，城市更新开始转向保留原有城市结构、维护和更新旧有住宅、重新恢复市中心活力等方面。1971年颁布的《城市更新和开发法》是一项涉及旧城区改造更新的综合性法律，包括建筑环境、旧城建筑、公用设施等方面的更新改造内容。同年颁布的《城市建设促进法》也提出住宅和城市改造的问题，制定了特殊的规划和财政资助条款，并要求土地所有者补偿由于旧城改造导致地价上涨而获得的收益。1976年为了保护并更新现有城市结构，政府又颁布了《联邦建设法补充条例》，扩大了地方政府对规划用地的预购权，同时也试图将公众引入规划制定的法定程序。1977年的《住宅改善法》提出了旧城改造的相关措施以改善区域环境和单体建设住宅，包括改善破旧住宅、绿地、停车场等公共设施。

这一法规根据城市更新的规模、财政筹措的资金以及可能提供的贷款等情况，给予税收优惠。并以适当的财政补贴或者贷款来支付部分更新改造中私人修缮住宅的费用。

3. 城市更新开始注重传统城市空间和城市文脉的延续与保护（20 世纪 80 年代至今）

随着德国城市用地向外扩张的趋势得到控制，城市的改建和更新又逐渐成为城市建设的主要内容。更新内容开始针对具体建筑的保护更新，尽可能地保持原有建筑风貌，在基础设施和环境改造上予以改善等。谨慎更新措施在 1984 年的《城市建设促进法补充条例》也有所体现，同时该条例还简化了旧城改造的法律程序。1987 年颁布的《建设法》在《联邦建设法》和《城市建设促进法》的基础上又有了新的发展，新增了城市生态、环境保护、重新利用废弃用地、旧房更新等内容。在这一阶段，对城市中心的再开发在许多地方同时进行，虽然各地手段和开发重点各不相同，但都比较重视老城的保护和传统城市中心活力的恢复。1990 年，两德统一后，德国立法机构颁布了《过渡时期条例》，以有利于民主德国过渡时期的城市建设和改造的有序发展。柏林作为新的首都进行了大规模的建设，将 20 世纪 80 年代联邦德国的城市更新经验推广到东部地区。面对东部地区的内城衰退、基础设施落后等一系列问题，城市更新的主要措施是：修缮城市历史地段，建设文化体育设施，解决住房短缺问题，改造和利用现有建筑和废弃工业用地，避免城市过度扩张，保护自然环境，通过城市功能的混合使用增加居住区活力。[①]

---

① 阳建强 . 西欧城市更新［M］. 南京：东南大学出版社，2012:94 .

二、杜伊斯堡内港改造——从废弃工业区到高品质科技文化娱乐区的完美逆袭

1. 鲁尔区“面包筐”的黯然落幕

杜伊斯堡内港的历史最早可追溯到 19 世纪，紧邻市中心老城区。1844 年连接莱茵河和鲁尔河的运河竣工。19 世纪末，由于受到汽车运输业的竞争，航运业逐渐衰落，运河也随之被填埋。保留下来的莱茵运河的延长线和新的港口被称为“内港”（见图 6–1）。在长达 150 年的历史中，杜伊斯堡内港在世界贸易中占据着举足轻重的地位，特别是在木材、香烟和粮食等方面，在粮食方面的贸易为杜伊斯堡赢得了鲁尔区“面包筐”的美誉。木材工业是最早落户内港的产业，为其建造的建筑直到今天依然引人瞩目。紧随其后的是许多粮食加工厂和粮仓。许多粮仓今天依然存在，其独特的建筑风格为内港地区增添了一分色彩。其中最著名是 24.75 米高的斯塔里索粮仓，曾经被视为内港地区建筑的典范（见图 6–2）。

自 20 世纪中期开始，越来越多的粮食加工企业停产。杜伊斯堡内港的经济地位开始下降，由原来的交易市场工业厂区逐渐变成存储用地，作为木材、粮食交易中心的辉煌时代也宣告终结，经济地位的衰落导致土地及建筑的闲置状况日益普遍。对内港的更新改造最早始于 20 世纪 70 年代。最初的改造工作仅停留在修理部分古城墙和建设单体住宅上。到了 20 世纪 80 年代，实现经济转型特别是加大第三产业的发展，被提上了议事日程。目标是通过对内港的改建和重建，建立杜伊斯堡和内港水域之间的联系，完成杜伊斯堡滨水城市的整体设计。

图 6-1　杜伊斯堡内港侧影

图 6-2　杜伊斯堡内港经典建筑

2. 私人资本大力参与区域更新

杜伊斯堡内港的复兴是由市政府和许多私人投资者共同完成的。几乎所有的工程项目和措施都是在双方合作的基础上完成的。1993年成立的杜伊斯堡内港发展股份有限公司对内港进行系统的改造。受杜伊斯堡市政府委托，该公司负责对内港整个区域的复兴和治理，提升港区价值，以彻底改变其形象，所采取的措施都是在埃姆舍公园国际建筑展（IBA Emscher）的指导下完成的。

拥有土地所有权是完成内港工业废弃地改造的前提。杜伊斯堡内港发展股份有限公司作为市政府的合作伙伴，接收了内港地区所有的土地，从而使该区域的发展成为可能。对内港区域的建设都是通过私人企业的参与完成的。

3. 更新利用废弃仓储建筑

杜伊斯堡内港的重新改造和利用是在国家建筑博览会——埃姆舍景观公园项目的基础上开始的。整个内港地区占地面积约85万平方米，长约1.8千米。内港的改造工程于1990年举行了一次竞标。最终伦敦的诺曼·福斯特爵士（Sir Norman Forster）规划事务所、北莱茵–威斯特法伦州发展联合会（LEG NW）以及皇家建筑技术公司（Firma Kaiser Bautechnik）夺得了内港总体规划权。在总体规划的指导下，内港改造工程力图实现在水边就业、居住、文化及休闲娱乐。

在此规划设计中，遵循如下原则：保留原来的粮食工厂及粮食仓库等有特色的建筑，使之成为带有办公等新功能的历史建筑景观；港区水面以小运河的形式向老城区延展，由此增加水边居住面积并且使港区与老城区的空间更加紧密地结合起来；为了改善水体质量，在港区的东面筑坝，防止港区外部棕色污染水体进入，保证港区内部水体的洁净；为了提升整个内港区域的品质设立高品质的景观公园；新建的建筑尺度以现有工业遗产建筑为标准，除了个别需要独特造型的建筑外，原则上所有的建筑都保持同样的高度；充分利用现有道路，改善道路及周边公共空间环境。

如何利用废弃、衰败的仓储建筑，是内港更新改造面临的主要问题。1991年，杜伊斯堡尝试将一座仓库改建成城市文化和历史博物馆。为了更好地利用这座老建筑，人们为它添加了以钢铁和玻璃为主的新建部分，从而达到了新老建筑的完美兼容（见图6–3）。在众多属于文物保护的老建筑中，有的被作为办公区域，有的被作为文化机构驻地，其中最著名的就是在仓库举办的“港口论坛”。这个仓库起初用于存储谷物，现在已经被福斯特改造为内港工程发展公司的总部，并有一些可用于出租的办公用房和餐饮用房。仓库是一个开放式的建筑，所有感兴趣的游客都可以来此参观，并且可在设立的信息中心内获得关于港口改建方案、港口基础设施和港口文化娱乐活动的信息。在建筑内部还常常举办各种文化活动和展览。

许多重要的仓库和早期的食品工厂都得到了成功的改造和利用。当初的规划要求是保护现有建筑（见图6–4）、企业和创造就业岗位。只要是新用途能够满足上述要求，就应该予以支持。除了对老建筑进行改造和重新利用外，在对港区进行整治的过程中还清理出了许多建筑用地，并逐步建设了新建筑（见图6–5）。

图 6-3　改造更新后的历史博物馆

图 6-4　保留下来的港口起重装备

图 6-5　改造更新后的游艇码头

内港公园的设计目标是将内港变成城市新的高科技经济中心与高品质的文化娱乐区。通过改造内港，进而整合城市工业与文化的转型是内港公园规划的一大特色。在环境治理方面，首先是对污染严重的水体进行净化，雨水将溢流至位于湖北面的地面渗水系统，然后回灌地下水，实现水体的生态循环。这种污水处理方法在向地下补充清洁水源的同时又提高了抗洪能力。在设计手法上，设计师融合了艺术、建筑和景观的各种创作语言。如已经成为北杜伊斯堡景观公园标志性之一的、由废弃铁板铺装而成的“金属广场”，就可以看到极简主义艺术风格的影子。公园中地形的塑造，甚至是废料等堆积物都可归纳为大地艺术作品（见图 6–6）。

图 6–6　被保留下来的工业遗迹

三、波鸿城西公园——废弃钢铁厂到惊艳的工业遗址景观公园

波鸿城西公园位于波鸿市中心区西侧，是一座由废弃钢铁厂改造而成的工业遗址景观公园。该工业废弃地于 1989 年被当地土地基金会收购，同时被整合进入埃姆舍景观公园项目中。城西公园首期 38 万平方米的工程于 1999 年完成并对外开放，周边项目于 2006 年完成。该项目获得了德国城市土地综合开发与建筑文化大奖。

1. 工业文明随产业调整走向衰落

波鸿钢铁厂于 1842 年在中心城区的西侧建立，1985 年倒闭，只有局部的厂房进行着小规模的生产。由于钢厂的倒闭，大部分的厂房设备都被拆除，厂址变成一处堆满建筑废料的废弃地，直到 1989 年启动公园项目。

波鸿城西地区与中心城区不同的是其因工业发展而兴，又随着产业调整而衰落。它与鲁尔等地区的工业发展模式一样，短时间内从农田遍地到工业烟囱林立，从荒无人烟到人烟稠密，城市面貌和密度都发生了翻天覆地的巨大变化，同时为了便于把工业产品输出外地市场，公路与铁路交通也随之迅速发展起来，二战后又经历了重建。然而自 1968 年工厂停工以后，周边区域的发展也随之停滞下来，这里成为四处封闭的孤岛，城西地区也成为最为落后的地区之一。主要表现在基础设施差、儿童及失业人口多，以及非德籍外来移民占总人口比例超过 25%。

历史是一个地区精神和居民认同感的重要来源之一。波鸿城西公园与钢铁厂共历兴衰，在公园的改造过程中如何珍惜这份历史，保存场所记忆变得尤为重要。

2. 多方位的景观转化更新设计

城西公园的改造方案经过反复讨论，形成了今日的格局。改造方案很好地体现了城市更新过程中景观多方位转化的综合考虑。

（1）地形高差的处理。波鸿钢铁厂在建立之初就形成了特殊的地形高差，工厂外围高出城市路面标高 20 米，主要的厂房大多坐落于高地内部的谷地中，使这样的人工地形得以保留，成为城西公园的特色之一，在保留场所记忆的同时又富有特色。但是，特殊的地形给交通规划带来了困难。但设计团队巧妙利用了地形，设计了形态各异的桥梁和台阶，将各个活动场所、商业办公区、文化场馆等各个公共空间联通起来，同时也很好地处理了与外界交通的联系，如公园道路与城市自行车道系统相连接。

（2）工业遗产的改建。钢铁厂核心区的厂房、水塔及炼钢炉等设施都被保留了下来，巧妙地组合成了如今的水系统景观，高耸的水塔配合美妙的灯光设计成为城市的新地标。废弃的铁路轨道和钢筋混凝土等建筑废渣配合着野生树林，形成了别具特色的工业荒野区。

百年会堂是工业遗产改造的成功典范。起初作为杜塞尔多夫工商业博览会的会馆，建筑师考虑到后期依然能够作为厂房使用，便将它设计成厂房的结构，其后作为生产铁钟的厂房，后停产。如今的百年会堂经常承办大型音乐会与艺术展，吸引了全球的文化艺术爱好者。百年会堂已经成为成熟的文化艺术平台，游客均可从其官网上查询到近期的文化演出信息。在非演出期间，会堂可作为餐厅使用。

（3）生态修复。废弃钢铁厂遗留下来的土地受到污染，不利于植被的生长，需要通过生态手段对受到污染的土地进行修复。生态修复的主要手段是重新覆盖土壤，再种上植被。在漫长的时间内，通过物理隔离、植物吸收等方法对土壤进行改良。另外引入桦树、柳树等树木，还引入了生命力极强的醉鱼草，丰富了公园的色彩。另外，把用于净化雨水的湿地植物种植于百年会堂前的方形水池中，不仅能够净化地表水流，还可以为野生鸟禽等提供栖息场所。当植被形成规模后，还引来了众多野生动物，除了野生鸟禽还有一些小型哺乳动物，如松鼠等。

工业遗产已经成为工业进步和地区发展的实物记录和精神财富，需要加以保护和更新，进而发挥更大的价值。德国对工业遗产的保护与更新开展得较早，特别是以大型的钢铁、煤炭等工业为主。杜伊斯堡内港以及波鸿城西公园的更新改造都是对废弃工业土地进行保护和更新的成功案例。这些工业遗产之所以能够得到保护和更新主要取决于两方面的力量。一方面是当地居民，特别是工厂职工对产业怀有深厚的感情，认为这些庞然大物及其他建筑物曾经是他们的骄傲，是共同的记忆和认同之所在。另一方面是艺术家和创意工作者，他们别出心裁、极富创意的创作，从整体效果上看到了这些资源是可以得到充分利用的，而且能够将艺术和创意结合在一起，创造出新的空间、景观和氛围。特别是埃姆舍公园国际建筑展，成为德国工业遗产保护的关键。此外，还包括欧盟及德国政府的资金与政策支持。整个更新的运作过程强调生态、社会、文化等方面的全面更新，强调整个区域的复兴。同时也要看到，德国的工业遗产更新不是一蹴而就的，而是采取循序渐进的方式，统一规划，分步实施。没有想好规划方案的，先保留下来，待机会成熟以后再启动。工业厂房的更新利用也是有重点的，而不是全面开花，并且特别注重工业厂房外观形象的完整性（见表 6–2）。

表 6-2　波鸿城西公园景观多维度总结

维度	经验	新问题
美学维度	工业遗址公园，设计具有现代感与后工业风格，利用地形高差，塑造具有特色又丰富的空间感受	整体上保持了鲁尔区工业遗址公园的统一风格，有一定自身特色，但不够鲜明
历史维度	工业遗址的保留与再利用有效地营造了场所历史感，继承了场所精神，有利于塑造地方与社区认同感	近些年来，在钢铁雕塑的维护及灯光上的支出渐渐引起人们对公园可持续性的质疑
经济维度	资金来源：土地收购，通过土地基金会收购土地是北威州土地发展公司及波鸿市政府等公共机构进行棕地改造的重要规划途径之一；项目资金，区域项目获得来自欧盟及国家层面的拨款，地方政府吸引新兴企业投资；公园建成后周边地价得到提升，希望办公商业区投入运营后带来经济效益，为获得可持续的收益留有余地	两者结合有效调动了公共及私有资金的支持，但拨款与投资不是长久之道；鲁尔区产业与人口的萧条状况在短时间内难以得到改善
政策维度	早期为自上而下的正式规划程序，实践德国典型的规划方法，为地区发展带来契机，保证执行力；后期结合越来越多的自下而上的非正式规划途径，公众参与及会谈，为德国政府决策，向公众参与规划提供实践平台	后期发展过程后劲不足，项目风格类型趋同，竞争激烈，忽略地方与社区需求，从而埋下隐患。公众参与的实施，需要经过长时间与现行规划整合的过程
社会维度	软性规划层面，致力于解决社会问题，如老人、儿童、失业人口及移民；公园建成后，提供开放交流场所，供居民及游客进行丰富多彩的活动；联系城市自行车系统及健身网络，非常符合德国目前的社会文化风尚	

续表

维度	经验	新问题
地理生态维度	宏观层面上，从区域层面规划公园绿地系统；微观层面上，利用德国在生态技术与雨水管理领域的优势	
文化维度	百年会堂文化中心，工业遗产之旅站点；结合文化元素，打造文化品牌	

资料来源：林乐乐．德国鲁尔区工业城市更新过程中的景观转化——以波鸿城西公园为例［J］．风景园林．2015（1）:112–116。

第七章　美国城市更新及案例

一、美国城市更新发展历程

美国城市更新之路历经百年，在不同城市发展阶段其城市更新内容不同，主要经历了以卫生环境改善为主导的城市美化运动（19世纪末至20世纪30年代初）、以经济振兴为目标的城市更新计划（20世纪30年代初至70年代初）、以人文复苏为方向的城市更新运动（20世纪70年代至今）这三个阶段。城市更新不同阶段的过渡和历史背景与美国的社会、经济、文化发展规律相契合，美国的城市更新之路是美国社会经济发展的一个缩影。

1. 以卫生环境改善为主导的城市美化运动（19世纪末至20世纪30年代初）

第一阶段：美国的快速城市化始于19世纪40年代，西部的待开发土地和南方实行的奴隶制是制约美国整体城市化的两大因素。横贯东西铁路干线的开通和南方奴隶制的废除，为美国城市化进程扫平了障碍，一大批新兴城市在铁路沿线发展起来，出现了其特有的人口由东部向西部迁移的“西进运动”，南方黑人奴隶也大规模流入南部、北部和西部的城市。[①]

伴随人口在城市的大规模集中，城市不可避免地出现了诸如住房拥挤、卫生条件恶劣、失业、贫困严重、犯罪率上升、公共基础设施不足等问题。由于城市人口的迅速增加和住宅的极度紧缺，一些城市兴起了一种简陋廉价的经济公寓。这种经济公寓空间狭小，通气性差，光线黯淡，甚至终年不见阳光，室内设备也很简陋，没有独立的厨房和卫生间，缺乏取暖设施。随着时间推移，这些经济公寓的所在地区逐步沦落为贫民窟，社会环境开始恶化。当时许多社会工作者和慈善家要求改善城市住宅条件，美国民间自发掀起了轰轰烈烈的社区改良运动。在1907—1917年，美国有50个大城市都提出了城市规划方案，“规则秩序唯美”成为当时城市改建的主要指导思想，纷纷强调改善城市卫生环境和美化城市，其目的是希望通过改善底层社区的居民生活和社会文化水平来改造贫民窟，倡导者则主要是中产阶级的知识分子。在这一阶段，美国城市改良的对象和范围主要集中在东北部和中西部城市的贫民窟。城市改良运动借助于社会文化手段和民间团体力量，开创了社区改良的实验，也推动了整个社会的变革。但是城市美化运动被称为富人的游戏，穷人的生活状况并没有得到改善，效果不尽人意。

2. 以经济振兴为目标的大规模城市更新计划（20世纪30年代初至70年代初）

20世纪30年代，经济大萧条，城市发展陷入困境，此时城市生活非常令人失望。罗斯福新政为解决城市问题，首先从住房入

① 吴晓，吴明伟.美国快速城市化背景下的贫民窟整治初探［J］.城市规划，2008，No.242（2）:78-83.

手，制订公共住房计划，并在1937年出台了《住宅法》。该法的目标就是改善住房，城市更新运动也从大规模清除贫民窟开始。《住宅法》规定，对那些有能力买房或建房的，政府给予抵押贷款；对那些负担不起自己住房的，政府提供公共住房。后者的做法就是简单推倒贫民窟，代之以政府提供补助的公房。这一清除贫民窟计划达到预期的效果，为穷人建造了约300万户公房。但由于遭到当地居民的强烈反对，公房只能建在贫民窟地区，社会底层的人别无选择，只能居住在这种管理极差的高层住宅中。在这一阶段中，清理贫民窟行动所花费的大部分资金来自政府投资。因此，政府在更新中居于主导地位，私有企业资金参与程度较小。随着经济复苏，这项清除贫民窟计划也就不再受人们欢迎，直接导致城市更新计划的改变。

1954年，国会通过一个住房法修正案《城市重建计划》，对城市更新的目标做了部分调整，将清理贫民窟和再开发城市中心区结合起来，并将拨款额提高到两年内4亿美元。修正案提出要加强私人企业的作用、地方政府的责任和居民的参与。大规模的城市更新运动使政府债台高筑、负债累累。许多美国学者认为城市更新运动明显失败了，不仅没有遏止城市中心区的衰败，反而刺激了富裕的中产阶级大规模迁往郊区，加速了城市中心区的衰败之势。

20世纪60年代，民主党人林登·约翰逊入主白宫，号召全国向城市贫穷开战。政府试图通过城市更新来重振城市雄风，恢复城市中心功能，同时也恢复市民的信心，联邦政府调拨大量的专款用于城市重建。1966年，又通过《模范城市和都市发展法案》，将一些城市的某些社区作为治理示范，加以推广，全面整治衰退的城市。该项目资金由联邦政府补贴80%，地方政府补贴20%。项目实施期间，共花费约23亿美元，由于政府资助力度有限，对陷于多重危机无力自拔的社区乃至整个城市来讲都远远不够，示范城市计划孤掌难鸣，很难取得实质性进展。在这一阶段，美国更新的目标和重点还是集中在了中心城区的各类贫民窟，但在手段和措施上却经历了一个由单一的物质性清理开发到兼顾其社会经济复兴需要的转型过程，在总体上也未达到预期的效果。进入70年代，政府大规模城市更新计划中断，1971年2月，尼克松总统正式宣布结束示范城市计划。

3. 以人文复苏为方向的城市更新运动（20世纪70年代至今）

尼克松总统上台，提出新联邦主义，主张还政于民，重新评估了城市更新政策并终止了示范城市计划，取而代之的是富有人文色彩的住宅与社区开发计划，以1974年《住宅和社区发展法》的颁布为标志。自此，城市更新运动开始转向目标更为广泛、内容更为丰富并强调社区“自愿式更新”的邻里复兴计划。该计划认为，过度城郊化带来的种种问题，实质上主要源于城市上层的经济结构和社会结构，而非物质形态空间本身的不完善和不适应。因此，废除了以往的城市更新条款，设立了社区发展基金和城市发展基金，提出社区开发计划，希望以提供投资和增加就业机会为主要手段，推动衰落的中心城区走向复兴，同时一并解决贫民窟问题。

社区开发计划主要关注两大内容。一是多目标性，提供社区开发的固定津贴，使地方政府开展广泛的活动，不仅限于以往城市更新的内容，固定津贴资金还可以运用在房地产征收、公共设施建设及改善、公园及嬉戏场地、残疾人中心、邻里设施、街道美化、公共服务、过渡安置与各种经济发展等方面。二是公众参与，这个计划与城市更新计划最大的不同在于注重人文环境，之前的城市更新计划是为更新衰败地区面貌而进行建筑拆建，强调城市更新是为了振兴城市经济所采取的手段，方式多为“清除—更新”。社区开发计划主要是进行社会救助，强调居民的公众参与和社会精力投入，对建筑的环境进行有机更新改造，注重城市人文环境的保护等内容，具有强烈的人文色彩。

从市场和政府角度看，20 世纪 70 年代开始，私人市场力量在复兴城市中心中发挥了关键作用，私人市场的缙绅化（贵族化）运动受到政府官员的欢迎，却带来了突出对立的社会问题，缙绅化运动使中产阶级开始入侵城市中心，较低收入的居民所居住的街区被替代。城市中心城区旧工厂、老码头、废弃仓库等成为改造再利用的目标，如曼哈顿的苏荷区。整个 80 年代缙绅化的城市更新是市场力量的主导，90 年代以来的精明增长则是政府从城市整体开发效率的角度做出的优化中心区空间的发展模式。如波士顿和巴尔的摩的旧城开发，政府和开发商结成的“精明增长联盟”的合作伙伴，在城市经济复兴、人文关怀和环境改善上取得平衡发展。

二、美国城市更新制度保障

不同于英国，美国的城市更新运动是自上而下开展的。它先通过国会立法，制定全国统一的规划、政策及标准，确定城市更新运动的重点及联邦拨款额度。而且，由联邦统一指导和审核更新规划，并资助地方政府的具体实施。更新项目的实施更加强调地方性，充分考虑不同城市的更新需求，由地方政府来提出和确定具体的更新项目。同时，美国在立法、金融、财税、规划等方面有一系列较为成熟的规定。

1. 立法方面

为了推进城市更新进程，1949 年美国《住房法》规定，清理和防止贫民窟，促进城市用地合理化和社会正常发展。城市重建的模式是将清理贫民窟得到的土地，投放市场出售。1954 年，美国对城市更新政策进行修正，提出要加强私人企业的作用、地方政府的责任、居民参与。一方面，联邦政府对用于搬迁的公共住房增加拨款；另一方面，允许将 10% 的政府资助用于非居住用地的重建，或者是开发后不作为居住用地，而是建设商贸设施、办公楼或豪华高层公寓。

20 世纪 50 年代起，联邦政府颁布了一系列法案政策，希望通过拆除重建实现社区改善、实现经济复兴和消除隔离，但在实施中，地方政府忽视居民需求，替代为追求经济利益的商业开发。这种忽视社会、经济及文化要素的物质更新毁誉参半。20 世纪 70 年代之前的旧城更新饱受诟病，在此背景下，各地居民、社团组织和规划师等发起了抗争活动，推动了城市更新政策法规转向人文色彩。国会于 1974 年起开始实行具有人文色彩的旧城更新政策，新政策通过联邦政府向地方拨款和赋权，促使旧城更新转向社区复兴，进入了以社区邻里环境整治和社区活力振兴为主的阶段。

1974 年的《住宅和社区发展法》实行了发放城市开发活动津贴来资助私人和公私合营的开发计划。新城镇内部计划即为其中一种，使私人开发商和投资者获得至少等同于投资在其他地方的回报。根据该法案，联邦政府还提供抵押担保，鼓励金融机构利用抵押贷款来资助城市开发项目（见表 7–1）。

表 7-1　美国旧城更新法律法规和政策

时间及名称	目标	主要内容	规划问题与相关策略
1949 年《住宅法》	优质居住空间	联邦贷款或补助更新事业，提出再发展计划，立法制定政府权限	过分追求经济利益，无法清除贫民窟和缓解经济衰败
1954 年《城市重建计划》	城市发展	允许将 10% 的联邦补助款用于住宅以外的计划，增加整治维护的方式	忽视多元目标和弱势群体
1964 年社区行动计划	外援和社区自助结合，缓解衰退	设置资金独立的社区行动代理处，要求社区成员最大限度参与	经常产生与政府对立的情况，资金使用缺乏监督规范，无法解决就业和隔离问题，公众参与仅为象征性
1966 年《模范城市和都市发展法案》	清除贫民窟，振兴衰退地区	整合政府部门及利益团体，建立法案落实公众参与的实质内容	资金过少，无法解决就业和隔离问题，社区自治发展有限
1974 年《住宅和社区发展法》	以发展社区为主	以社区发展补助取代传统再开发补助	逐步强调为弱势群体服务，明确公众参与，权力下放到地方政府
1974 年社区发展基金	改善中低收入社区居住环境及增加就业	资助项目涵盖社区发展各个方面	重视住宅整建维护，保护历史建筑及街区，建立实质的公众参与
1977 年城市发展基金	促进地方经济发展及公私部门合作	补助衰退社区，给开发商相关开发建设补贴或融资补助	解决失业问题，促进城市政府企业化运作，开拓多种融资方式

2. 金融制度

城市更新需要大量的资金支持，如何获取足够的资金，融资方式和制度非常关键。城市更新项目的总成本大致等于项目净成本和私人建设成本之和。新建公共建筑的成本通常包括在项目净成本之中。在美国城市更新计划的实践中，有 20% 左右的私人建设活动是商业和工业开发，这类建设活动是完全由私人和私有金融机构进行贷款的。剩余的 80% 主要是私人住房建设活动，因此符合联邦担保和联邦贷款要求。

据估计，近 79% 的私人住房建设活动由联邦住房管理局提供担保。在这些由联邦住房管理局提供担保的抵押契据中，55% 左右由联邦国家抵押联合会代表联邦政府购买持有。这就意味着城市更新地区近 43% 的私人住房建设成本是由联邦政府提供的。

如果将城市更新地区所有的私人建设活动作为同一类看待，那么，联邦政府（以联邦国家抵押联合会的名义）为城市更新地区 35% 左右的私人建设活动（包括商业和工业建筑）提供了贷款。

项目净成本是城市更新总成本的另一组成部分。项目净成本的 2/3 由联邦政府提供，剩余 1/3 由项目所在地的政府提供。在一些地方，州政府也会分担部分成本。

总体上看，城市更新总成本包括项目净成本和私人建设成本。项目净成本完全由联邦、州和地方政府支付。在此基础上，联邦政府还负担了近 35% 的私人建设成本。另外 65% 的私人建设成本由个人和私有金融机构承担。

根据美国联邦政府的报道，即 1 美元的公共资金投资能带动 3.65 美元的私人建设资金，可以得出如下结论。

第一，联邦、州和地方政府三者总共要承担城市更新总成本的 21%。其中，联邦政府要独自提供 14%，州政府和地方政府提供剩余的 7%。

第二，城市更新总成本的 27% 由联邦政府通过联邦国家抵押联合会提供贷款。联邦国家抵押联合会给私人开发商的贷款期限最长为 40 年。

第三，剩余的 52% 的城市更新总成本由私有金融机构和私人投资者提供长期贷款。一些长期贷款中的部分资金可能由联邦住房管理局提供担保。

因此，按照这个城市更新融资模式运作，且按美国联邦政府公布的每 1 美元的公共财政投入能带动 3.65 美元的私人投资计算，城市更新总成本中过半数的资金将由私人市场提供，另外近半数的资金由公共财政支出，其中联邦政府的支出为大头。

3. 财税制度

美国实施的是一种基于税收的奖励措施。基于税收的措施是相当完善的政策工具，其计划和实施是为了控制区域和地方经济以及发展变化。为了防止过于简单化，可确定以城市更新为目的的三种主要税收模式，并将其看作是对奖励措施的有效分类，以及在不同层面以不同方式的相互作用。这些模式包括以下几种。

授权区（Empowerment Zones，EZS），分别在联邦、州和地方层面上运作，将税收奖励措施作为城市更新的政策工具。

税收增值筹资（Tax Increment Financing，TIF），是州和地方政府使用的一种融资方式，目的是在特定地区吸引私人投资，促进地区再开发。税收增值筹资包括发售城市债券，筹得的资金可以用于改善公共设施，也可用于向私人开发商贷款进行划定区域的建设。城市债券通过 20~30 年期的地产税收入来偿还。税收增值筹资的重要特征是它是开放式的和可抵押的，地产税收入进入特定的税收分配资金中，用于公共设施开支，为地区吸引更多的私人投资。在地产增值并进入良性循环后，会带来更多的开发以及更高的地产税收入。税收收入的增加（从特定地区地产增值中产生）被称作税收增值。

商业改良区（Business Improvement Districts，BID），代表了一种地方政府和商业团体与地产商自愿联盟的资金机制。从 1994 年起，划定了 6 个授权区——亚特兰大、巴尔的摩、芝加哥、底特律、纽约和费城，为放宽管理实施联邦和州的财政奖励措施创造条件。授权区是在 20 世纪 80 年代流行的企业区规划基础上建立的。商业改良区是一种自愿的以抵押方式开展的自行征税，通常是用于特定区域物质环境的改善。在地方政府和公共资金提供的资金渠道以外，通过这种方式筹集扩展业务或改善设施的资金，其目的是提升商业改良区的居住、商业和零售业用地的价值。其附加功能还包括加强保安措施和警卫配置，维护和改善公共卫生，以及相关设施的有机更新和应对特殊事件。

4. 规划制度

美国纽约市旧城改造过程中，鼓励贫困社区所在的中小企业参与旧城改造。其目的不只是解决废弃房屋的维修与重建问题，更重要的是对贫民区进行综合治理。美国一般性城市更新项目从规划编制之初到项目完工这一过程基本需要 12 年时间。因此，城市更新进程一般推进相对缓慢。

20 世纪 70 年代以来，自上而下的物质更新规划逐步被自下而上的社区发展规划所替代。规划师由专家转变为私人顾问、非政府组织、社区设计中心及协助小组等，使政府和社区在同等平台上协作，促进公众参与和社区发展。此时期，城市更新采用了由地方政府支持的“社区行动规划”和由社区主导的“社区发展规划”两种形式。前者着重解决传统旧城更新规划忽略社区多样性，社区规划无法与相关规划协调的问题。借鉴“社区行动计划”理念，由政府出资资助公众参与和社区组织，促进公私部门合作更新。后者在总结“社区行动计划”经验基础上，提出应强化社区实际控制能力，成立由社区代表控制的非政府组织——社区发展公司，由其负责编制、实施规划，行使资金并使用权力，通过教育培训增强社区治理能力，地方政府主要履行监督责任。

在具体的项目中，地方政府广泛采用弹性规划制度，为实现土地的征收、房屋拆迁，以及设计方案的落实等，议会和市政府会给予特定区域、特定项目相关的规划政策，如土地发展权置换，容积率置换，容积率奖励等。如美国高线公园在更新时，建筑设计事务所的人员就非常注重铁轨两侧建筑的天际线设计，为了避免两侧高层建筑遮挡视线，造成压抑感，对业主或开发商采用土地发展权置换、容积率置换、容积率奖励等政策支持，将近处高层建筑高度降低，远处补给适当容积率，营造良好天际线。

三、美国丹佛联合车站案例——政府基金支持更新

丹佛火车站是一个投资5亿美元，受美国科罗拉多州政府和联邦政府多方、多个资金来源和融资计划支持的项目，该项目是全美第一个受联邦贷款——铁路重建和提升融资计划（Railroad Rehabilitation and Improvement Financing，RRIF），以及交通基础设施融资和创新法案（Transportation Infrastructure Finance and Innovative

Act，TIFIA）联合基金共同承担的重要基础设施项目[①]。

1. 更新目标

美国科罗拉多州丹佛联合车站重建项目（Denver Union Station Redevelopment，DUSR）是一个5亿美元的政府和社会资本合作项目，项目目标是创建一个现代综合交通枢纽和城市更新区[②]。

丹佛联合车站位于丹佛市中心，在20世纪40年代的全盛时期，运营6个不同路线，每天约有80列火车通过车站。然而，到了2000年，每天只有1列火车停靠在这个历史悠久的车站。2001年，地区交通区域（Regional Transportation District，RTD），丹佛的市、县交通局，科罗拉多州交通厅和丹佛地区政府委员会签署了一份政府间协议，共同商讨该车站的各种重建方案。根据协议，地区交通区域购买该站，由地区交通区域，丹佛的市、县交通局，科罗拉多州交通厅和丹佛地区政府委员会共同编制《丹佛联合车站重建规划》并发起活动。经过广泛的公众宣传和严格的环境审查，该规划于2004年获选民批准。

2006年11月，项目合作伙伴确定联合车站社区公司作为开发项目的主开发商。2008年7月，丹佛市议会成立了丹佛联合站项目管理局，负责资助、收购、保有、装备、设计、建造、翻新、运营和维护丹佛联合车站的再开发项目。丹佛联合站项目管理局是丹佛联合站项目的融资实体，也是建筑合同的承包单位。

公共基础设施的开发建设由一个专门的、具体的公共交通和重建局执行，当项目完成后，将移交现有交通运输管理机构，同时，公共

---

① 参见：http://unionstationindenver.com/。

② 参见：http://www.som.com/china/projects/denver_union_station。

交通和重建局将解散。两个私人房地产开发企业联合体，将开发五个片区共 20 万平方米。开发包括覆盖 12 万平方米的零售、住宅、酒店、商业和办公场所。使用高度为 61 米，总体规划还提供了 685 个停车位。重建的一个主要特点是对历史性的丹佛联合车站的改造和重用。丹佛站位于公共空间的核心连接点，连接着附近的体育场馆、娱乐区“LoDo”、中央商务区和普拉特河的开放空间。

2. 打造高度联通的现代化综合交通枢纽

历史上的丹佛联合车站大楼、铁路线路、毗邻的空地、街道的道路和城市轨道交通都集中在一个联运区，包括约 26000 平方米的居住空间，约 6500 平方米的零售物业，以及 93000 平方米的商业办公场所和酒店。丹佛的公交线路、轻轨、快速公交、常规公交服务和其他交通服务都将在该地区。因此，该重建计划的内容包括以下几点。

（1）轻轨和通勤铁路的建设。包括 8 条连接丹佛国际机场和 3 座城市的通勤铁路，3 条轻轨站连接到东南部、西南部和西部。

（2）一个拥有 22 个停靠站的地下公共汽车站。

（3）扩建第 16 街购物中心和延伸相关的航天飞机服务。

（4）提高市区的环形公共汽车服务，免费穿梭巴士。

（5）改扩建街道。

（6）重建停车场。

在最初规划阶段 9 年后，该项目于 2010 年 2 月开始动工。按照计划该项目于 2014 年完成。

3. 高效合作的政企合作（公私合营模式）组织架构

该项目采取公私合作的形式，由各级政府部门和私人企业共同组成项目组，依法设立项目组织结构（见图 7–1）。2008 年，成立丹佛联合车站项目管理局，一个由 57~187 人组成的部门，是科罗拉多州非营利性组织，人员构成主要来自丹佛区政府、科罗拉多交通厅、区域交通部门、丹佛各市县政府以及市区开发局。丹佛市区开发局，是提高税收能力的权威机构，位于中心地段，占地面积约 16 万平方米。

成立联合车站社区公司，作为主要核心开发商，负责私有土地的征收、建筑设计和建造，并参与交通和基础设施运营管理。

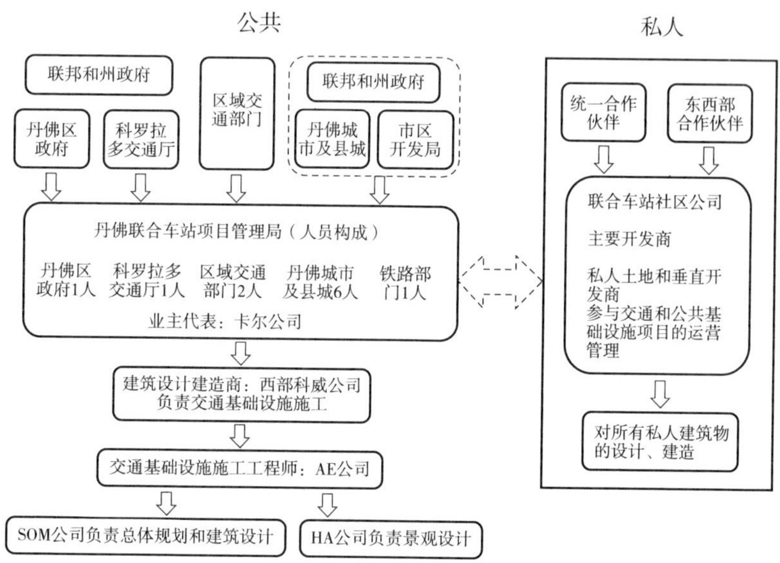

图 7–1　丹佛联合车站项目组织结构图

图片来源：课题组自绘。

4. 政府基金成为资金来源主要渠道

项目合作伙伴利用联邦和当地的资源为项目提供资金。来自交通基础设施融资和创新法案、铁路重建和提升融资计划的联邦贷款以低利率提供了 3 亿美元贷款，为修建公共汽车站和铁路设施提供资金，使项目合作伙伴能够投资他们编制的交通规划，并为该地区周边土地的私人开发提供便利。这个项目标志着交通基础设施融资和创新法案与铁路重建和提升融资计划第一次被用于资助一个重要的基础设施项目。剩下的 2 亿美元项目成本将来自相关收入和拨款。总体上，融资主要是由联邦和州政府联合资助、贷款和当地税收增加融资（Tax Increment Financing Programs，TIFP）二部分组成。资金来源和还款方式如表 7-2、表 7-3、表 7-4、表 7-5、表 7-6 所示。

表 7-2　丹佛联合车站重建项目融资和偿还方式

融资方式	金额（百万美元）
联邦和州补贴	109.3
房产销售	37.4
联邦贷款	300.0
合计	446.7

数据来源：Denver Union Station Project Authority。

表 7-3　出资方式及具体出资额

出资方式	出资人	出资（百万美元）
联邦和州补助金	科罗拉多交通局	50.0
	丹佛区政府和区交通局	28.6
	联邦运输部 FTA	9.6
	交通提升计划 TIP	2.5
	参议院法案（联邦政府）	18.6
	合计	109.3

数据来源：Denver Union Station Project Authority。

表 7-4 联邦贷款来源及贷款额

资金来源	来源	贷款额（百万美元）
联邦贷款	交通基础设施融资与创新法案（TIFIA）	145
	铁路修复与改造基金（RRIF）	155

数据来源：Denver Union Station Project Authority。

表 7-5 资金收回途径及销售额

资金来源	具体来源	销售额（百万美元）
房地产销售	北区	1.500
	南区	1.500
	三角区	3.000
	A 板块	10.000
	B 板块	10.000
	市场车站	11.436
	合计	37.436

数据来源：Denver Union Station Project Authority。

表 7-6 贷款偿还方式

付还	金额
归还贷款	1200 万~16500 万美元 / 年，15 年，5.65%
税收增加融资收入	13500 万美元，30 年
丹佛的城市贷款担保	提高到 800 万美元一年，以解决税收增加融资的不足

数据来源：Denver Union Station Project Authority。

丹佛联合车站的资金主要支持来源是美国交通基础设施融资和创新法案项目。联邦政府为州或当地交通基础设施每投资 1 美元，这个项目就提供高达 10 美元的信贷援助。交通基础设施融资和创新法案允许新项目早期“过渡期”使用税收增加融资的方式，以及其他创新的资金来源，从而从个人市场获得较低融资利率。

丹佛联合车站更新取得成功的关键经验在于丹佛联合车站经验适用于大型的以交通发展为导向的项目。因为，交通基础设施融资和创新法案是其使用的主要融资工具之一，它只适用于超过 5000 万美元的项目和作为联邦收入来源。重建和铁路提升融资计划基金仅限于铁路本身或相关设施，是一个融资和融资工具的例子，该融资工具可以通过为交通工具提供资金，从而使以交通发展为导向的基础设施项目成为可能，进而使其他可以应用到以交通发展为导向的基础设施的资金得到释放。

四、美国纽约高线公园更新案例——核心人物组建非政府组织成功推动城市更新的典范

1. 更新目标

高线（High Line）原是纽约西区货运高架铁路线（West Side Freight Line），建于 20 世纪 20 年代末至 30 年代初（1929—1934 年），目标是实现历史工业遗产的保护并为纽约市民提供舒适的休憩场所。

高线位于纽约曼哈顿岛的西侧，离地约 2 层楼高，长约 2.4 千米，宽约 15 米，局部略有宽窄变化，总面积约 2.7 万平方米，南北跨越了纽约市的 22 个街区。“高线”用作城市肉类食品运输线，旨在提高该区工业建筑间的运输效率，当时的工程造价超

过1.5亿美元。而仅仅在建成30年后，由于高速公路建设带动州际货运卡车的发展，以及新的高铁运输系统的发展，高线逐渐衰落。工厂开始离开西切尔西区，转移到布鲁克林和新泽西等地价较为便宜的地区。1981年，随着最后一列火车从高线铁轨上驶过，从此以后，铁路线就被废弃了。逐渐地，高线铁轨周边的社区转变成为衰败的废弃地。在20世纪80年代，高线下的空间被普遍认为是滋生犯罪活动的温床。因此纽约市规划局也支持拆除计划。

民间展开了关于如何保存这条旧铁道的热烈讨论。1999年，创业家汉蒙（Hammond）和旅游作家大卫（David）共同成立了非营利性组织——高线之友（Friends of the High Line，FHL），该组织提出将高线转变为公园，并开启了公私合营模式。高线的拥有者CSX铁路公司却决意拆除。但是两个关键性的因素，让抗议拆除者看到了曙光。一是CSX急于处理手中这块无用地产，内部也曾提出转型成空中停车场，或是出租墙面作为广告看板的想法。二是有人发现了一个名为《铁路银行》（Rail Banking）的联邦法案：当铁轨不能再使用时，任何民间团体、地方政府机关，都能和联邦铁路管理局达成协议，将现有的轨道用地改为公园或其他公共用途。CSX对外披露了这项法案，使保留铁路支持者有了法律依据，同时高线之友向CSX和纽约市政府提出保存再利用旧铁道的方案，市政府的态度也出现了转变，成为这项提案的助力。①

项目历经波折，2006年开工，10年后重生，变成了曼哈顿的热土，成为拉动沿线土地价值的黄金线，周边遍布大牌建筑设计师的

① 林盛夫主编．都市再生的20个故事［G］．台北：台湾建筑报道杂志社，2014.

作品，至少有29个大型开发项目动工。从2000年到2010年，新区与高线公园的组合使新区人口增加了60%，周边的项目总投资超过20亿美元，提供了超过12000个工作岗位，新建2558套居住单元，1000间酒店客房，超过约4万平方米办公空间和约8千平方米艺术展示空间。

2. 利用土地重划置换和建筑面积容积率奖励政策营造高品质公共空间

对于高线公园的保护和再利用，除了营建与其他公园相同的休憩场所外，还包括对土地和建筑的重新区划和管控。重新区划的范围是从西30街到西17街，第10大道和第11大道之间，区划的目标是鼓励和引导西切尔西区居住多样混合利用，鼓励文化艺术行业的发展，将高线公园从运输线路转型成为公共空间，通过对建筑形式和功能的管控，提高居住区特征和高线公园开放空间的品质。

区划的主要内容包括以下几点。

（1）区块调整，包括地块的重新区划和将高线铁轨部分转化为约24000平方米的开放空间。

（2）规划条例的修改，其中最重要的为高线公园选址和将废弃铁轨转化为公共空间的决定，确保整段高线公园将是公众开放空间。

（3）高线公园东侧第10大街办公楼的振兴。

区划通过建筑面积的奖励政策、容积率控制，以及建筑高度体量的控制来保证高线公园的高品质公共空间的实现。

随着高线公园的第一部分在2009年6月开放，高线公园慢慢成为纽约市的主要旅游景点之一。在公园里，随处可以听到其他国家的语言，尽管这只是一个社区公园。公园的第一区有许多特色区域，里面的线路时而弯曲，时而转向，时而一下子“滑”到3座不同建筑的底部，变成“地下通道”，接着又一下子豁然开朗，让你可以鸟瞰曼哈顿假日酒店或者哈得孙河的明亮美景。在高线公园穿过第10大道的时候，它又摇身一变，俨然成了一座悬在大道上空的圆形露天竞技场，可以尽情地俯视脚下穿梭的车流。

第20街以北是高线公园的第二区，较第一区的蜿蜒曲折，二区则更笔直。这样的笔直给了设计师新的挑战。设计师詹姆斯觉得，既然不能让那种狭窄的感觉消失，那么不如干脆“将计就计”，在第二区种植比第一区密集得多的植物，以突出这种压迫感，然后再迅速地把路线引入一片开阔的草坪。在这之后的是被设计师称为“起飞”的设计：他们用金属架子在公园的走道和地面之间稠密地种上一片绿地。在这一区域的北面，则是一片有座椅的休息区。从这片休息区向下看，是一片巨大的白色框架，象征着那些曾经装在周边建筑上的广告牌。再往前，一条长长的步道和丛丛的野花一同延伸到远方。

高线公园二期更新方案的详细描述如下。①

（1）野花花坛（见图7–2）。位于西26大道和西29大道之间的野花花坛由硬质铺地，并由耐旱性的草坪和野花构成，花坛中种植了种类繁多的花卉以确保四季能一直有花开放。简洁的直线形道路沿着两旁的野花延伸开来，繁花盛开的花坛点缀在旧铁路道上，让行人可以穿梭在城市之中时，尽情欣赏这道绿色风景线（见图7–3）。

① 参见：http://www.ideamsg.com/2011/06/the-high-line/。

图 7-2 步行小道与路边野花野草簇拥

图 7-3 公园步道与绿色植被

（2）放射状长凳。在西29大道，高线公园起始于一条绵长且微微弯曲的步行路，这条路一直通向哈得孙河，并作为西侧铁路站台的转换空间。公园的步道沿着曲线弯曲，并设置了一条同样蜿蜒绵长的木质长椅，这些长椅沿着步行路的西侧边缘排列。座椅前后还种植了绿色植物，增加了景观的整体层次。

（3）切尔西灌木丛。当参观者从切尔西草场向北移动时，一片茂密的花丛和低矮的小树林便映入眼帘，它们是高线公园另一个景观的起始点。位于西20大道和22大道之间的切尔西灌木丛中，种植了多种多样的植物，例如，美洲冬青、紫荆和其他美国本土常绿植物，它们能够一年四季不间断地为公园提供丰富的色彩变化。而另外一些较为低矮的植物，如苔草和耐阴性灌木，则强调了从草地向灌木丛的转换。

（4）第26大道。悬吊在高线公园东侧原有铁路线上方的观景台位于西26大道，这个设计旨在让人们回想起原来布置在公园上的户外广告牌。高大的灌木丛和树丛位于观景台侧面，同时参观者还可以在木质的观景平台上坐下休息，欣赏第10大道和切尔西的风景。

（5）第23大道草坪和阶梯座椅。在西22大道和西23大道之间的高线公园拥有着更宽阔的面积，这里原来是铁路线的备用站点，用来装卸旁边仓库的货物。这个额外的空间被设计成一个聚会场所，并安置了一组阶梯座椅，这些座椅是用回收来的柚木制成，并锚固在一片面积达455平方米的草坪上。草坪的最北端向上“卷起”，把台阶座椅上的参观者抬升到几米高的空中，以享受布鲁克林以东地区和哈得孙河的美丽风光（见图7–4、图7–5、7–6）。

图 7-4　木质的观景平台

图 7-5　能够感受到城市穿行的阶梯座椅观景台

图 7-6 站在高线公园步道上远眺哈得孙河

3. 非营利性组织高线之友成为更新计划的重要推动者

高线之友初期负责统筹高线公园的规划设计，包括与铁路拥有者 CSX 以及纽约市政府、议会的谈判交流，高线公园正式对外开放后，效仿中央公园的营运模式，纽约市公园管理局给高线之友颁发执照，由其负责管理公园，管理局只做监管，权力完全下放。高线之友担任公园的管理人，负担年度运营和维修的七成费用，其余三成由纽约市政府公园管理局负责。

目前高线之友的组织架构有社区发展组、设计组、营运组、艺术组、饮食收入组、游憩服务组及行政支援单位，工作人员约 70 人。

4. 社会捐赠和物业增值收益是重要资金来源和回笼途径

初期，高线之友的负责人用区域构想的概念以及专家协助估算公园可能带来的经济效益，成功说服了当时的市政府团队和议会，获得当时市长的首肯。市长布隆伯格（Bloomberg）成为第一个喊出留住高架铁路线的市政府官员，并从私人账户拨出200万美元资助高线公园的前期工作。接着高线之友的负责人汉蒙和大卫继续游说，获得媒体大亨IAC（互动公司）总裁巴里·狄勒（Barry Diller）连同其夫人、知名服装设计师芙斯丁堡（Frstenberg）高达1500万美元的捐赠。高线公园第一期的规划营造费用有了着落。

高线之友的公私合营始于20世纪90年代，开公私合营模式领域之先河。这种公私合营管理方式现在已经广泛运用在许多城市的市政建设方面。翻开高线之友的财务报告，可以看出2013年高线公园的总收入为3169万美元，其中捐赠收入达到3000万美元（高线公园实行会员制，不同等级的会员年费从40美元到750美元不等），场地收入为45万美元，财政拨款仅为8.7万美元。社会捐赠对高线公园更新起到重要作用。

同时，物业增值收益也是重要资金回笼途径。坂茂建筑设计的金属卷帘之家成为2009年度纽约市中心最贵的住宅项目之一，顶层套间490平方米，当时售价约1300万美元；已故女设计师扎哈·哈迪德（Zaha Hadid）的作品纽约西28街520号于2017年落成，套房价格从500万美元至5000万美元不等（见图7–7）。

5. 以容积率奖励作为重要支持政策推动更新计划实施

在高线之友的游说下，纽约市政府于2005年正式制定《西切尔西特别地区更新计划》，以高线公园为中心修改既有的城市计划，引导建商共同参与铁道保存及高线公园周边的区域更新。计划目的包括：鼓励西切尔西地区邻里单元的多元混合使用；鼓励住宅适当用

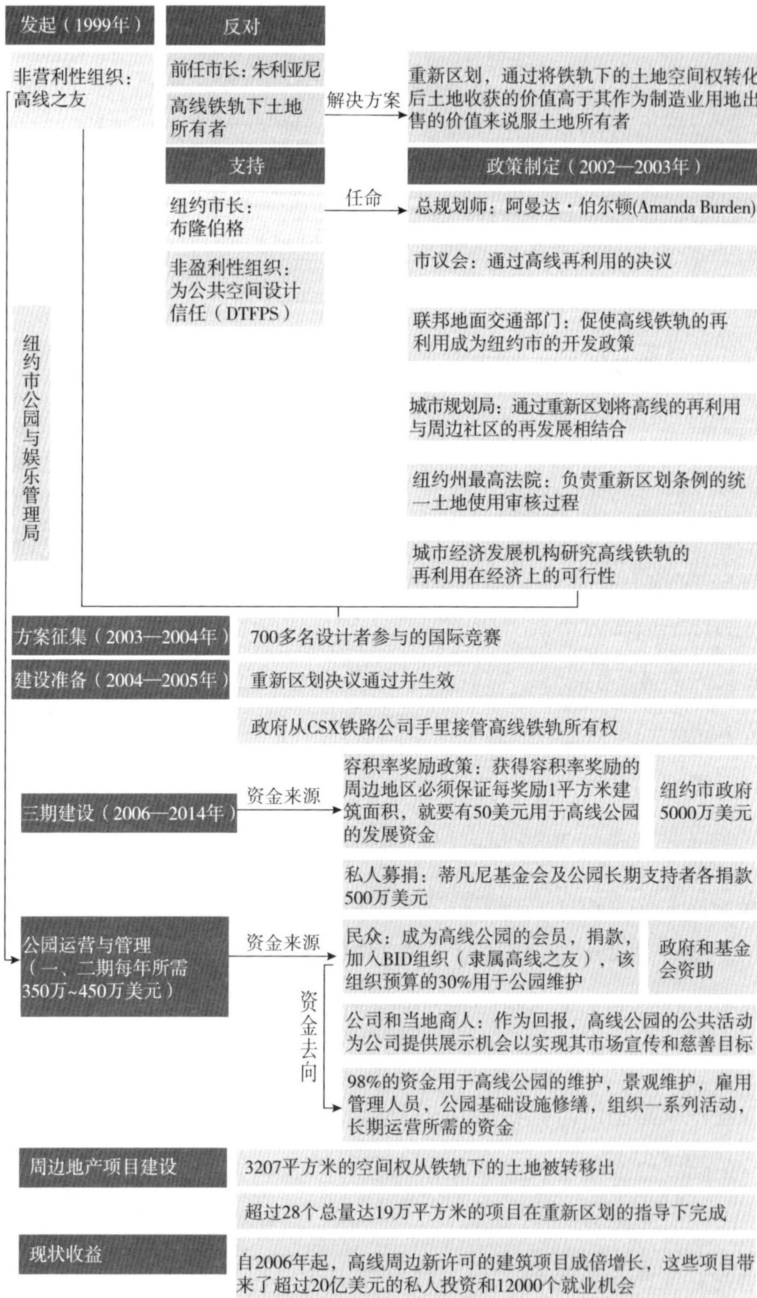

图 7-7 高线公园改造历程、内容及资金情况

于地区发展；支持艺术相关产业在西切尔西地区的发展；通过高线公园周边环境的建筑退缩和特殊高度限制，以及高线公园容积率转移制度，使高线公园再利用成为可达性高的公共开放空间；创造西切尔西历史街区以东的中低街道尺度，以及塑造哈得孙河岸边以北的街道尺度。

相关政策重点包括以下几点。

（1）介于第 10 大道和 11 大道间的 17 街、18 街的开发方案，若设计有助于高线公园的空间结构整理可获得容积率奖励（见图 7–8）。若与高线公园容积率指定移出区合作，建筑物依照管制规则兴建（与高线公园紧邻的地基需退缩 4.5 米兴建）并提供楼梯或其他电梯设施的负责人，可获得最高 2.5 的容积率奖励（基准法定容积率为 5.0）。

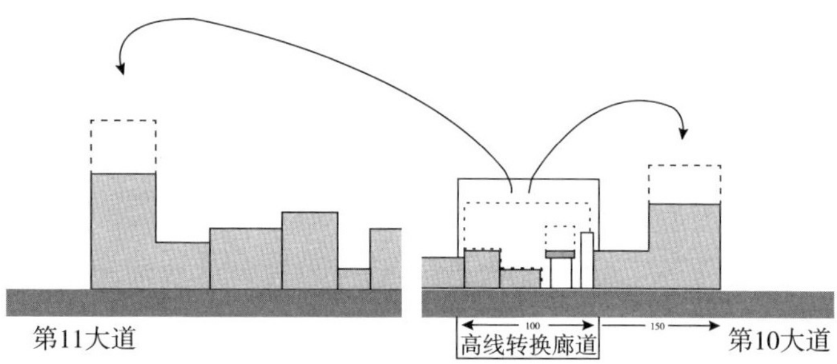

图 7–8　高线公园土地空间权及容积率转移示意图

（2）广告招牌设置管制。为了确保西切尔西地区以东的中低街道尺度，紧邻高线公园 15 米范围内，高度在高线公园的高度以上的建筑物不得设置广告招牌（城市天际线见图 7–9）。

（3）平价住宅奖励。为了增进多元混合使用，在计划范围内一定的街区提供平价住宅，将获得最高的容积奖励。

图 7–9　错落有致的城市天际线

（4）高线公园营运基金奖励。建筑地基位于第 10 大道以西的 16 街至 19 街，若能计提部分经费至纽约市政府开设的高线公园基金账户，或是以其他方式捐助高线之友，可获得最高 2.5 的容积率奖励（基准法定容积率为 5.0）。

综合来看，纽约市政府通过完善的制度对建筑体量和布局进行控制，保证开发的公平性和有序性。如施行公共空间建设补偿性激励措施，若开发商在底层贡献一定的开放空间和公共设施，如广场、拱廊及花园等，即可获得一定的楼层面积奖励。并规定了奖励上限为 20%，即在容积率 2.0 的分区，奖励后最大容积率可达到 2.4。再如施行开发商项目容积率转移平衡的鼓励政策，在高线公园的前期建设阶段，由于涉及多位土地业主，进行了容积率转移平衡，保障了项目的顺利实施。

五、美国旧金山吉瑞德利广场更新案例——旧工业遗产保护与带动区域整体经济复兴

1. 更新目标

吉瑞德利（Ghirardelli）广场（见图 7-10）更新的主要目标是实现旧工业遗产（原吉瑞德利巧克力工厂）的建筑物保护和整体区域经济复兴。

图 7-10　吉瑞德利广场正面照

19 世纪初，加利福尼亚属于西班牙前殖民地墨西哥，有许多欧洲移民及墨西哥人到此定居，来往的外国使船让旧金山成为太平洋东岸繁忙的港口。直到 19 世纪的美墨战争后，墨西哥签订投降协定，加州成为美国联邦第 31 个州，旧金山成为加州第一座城市。1859 年的银矿的开采创造了旧金山的繁荣。1858 年，四层高的先锋羊毛广场（Poineer Woolen Mill Building）已经建立在今天吉瑞德利广场地基上，直到 1889 年业务停止后于 1893 年转卖给意大利人多尼克·吉瑞德利（Domenico Ghirardelli），成立吉瑞德利公司。在 1900—1911 年，巧克力工厂基本建成。

1963 年，因巧克力工厂搬迁到圣莱安德鲁（San Leandro）地区，并将旧金山的公司卖给了金色小麦意面（Golden Grain Macaroni）公司，土地上所有的财产也准备出售，公众听证会计划要在此地盖复合公寓建筑，当地士绅威廉·罗斯（William Ross ）担心这些具有历史价值的旧工厂被拆，便以 250 万美元竞标这里的产权，将整个街道买下，并以产业转型再利用的方式进行整体开发。这种再利用不涉及大规模的街道系统调整或城市交通系统的改变，仅对于小规模的建筑物或几块土地进行调整，往往是以建筑物保存或整修的方式进行。在 1962—1967 年，改建成为美国第一个以工厂再利用且最具特色的购物中心。

吉瑞德利广场位于旧金山渔人码头区内，属于滨海型的工业码头。20 世纪 60 年代渔人码头因渔业逐渐没落，旅游业兴起，渔港逐渐被围在商场、购物中心、饭店和博物馆之间。现在渔港仍然保持地中海沿海地区特有的风情和气氛，除了滨水地区可从事各种海上活动外，陆地上还有许多商业设施。1963 年，巧克力工厂与罐头工厂同时转变为商场，这也影响了距离渔人码头只有两条街的

39 号码头，在 1978 年成立了集餐馆与商店于一体的超级市场，还有因电影而出名的恶魔岛，以及附近的海事博物馆、蜡像馆、机械博物馆、金门大桥等景点。这片地区现在是旧金山最负盛名的观光地区。

商场成功的关键因素之一是便利的交通。除了原本的道路系统，还可以搭乘轻轨运输线及电缆车线到达渔人码头，再徒步到达吉瑞德利广场。1972 年建立的湾区高速捷运铁轨系统（Bay Area Rapid Transit），是旧金山和湾区其他城市相连的重要交通运输工具，将大城市的主要商业区与郊区商业中心连接起来，让其他城市的人也容易到达。

旧金山湾也提供了吉瑞德利广场良好的视野，从海湾处能清楚地看见这群建筑，广场内的建筑顺应地形高低配置，钟塔为制高点。依据地势设立了四层停车场，也解决了停车问题。

2. 因势对旧建筑进行增减改扩，塑造优美天际线

保存与拆除。保留了原本巧克力工厂的大量建筑物，属于局部保存的做法。最终规划结果是合资广场。由于建筑法规、防火规划和其他法令必须拆除重建，在原址新建沃斯特大楼，或称新合资广场。几座矗立的烟囱也被拆除了，原有建筑物内部空间再利用作商业使用，还增建了许多小型的商店在广场内，串联各个空间，配合地势景观设计增加了许多阶梯与平台（见图 7–11）。

新建部分。沃斯特大楼是广场内最大的新建建筑物，作为商店和餐厅的楼面面积约 2300 平方米，大楼的东边部分在 1964 年完成，西边部分在 1968 年完成，这种新大楼与原有的工厂体量规模相似，沿用旧建筑的红色调，让沃斯特大楼看起来像是与其他建筑同时建

造的，建筑物的北边面对旧金山湾，重复的窗户形成的韵律也是一大特色，使现代材料如玻璃和金属墙与传统的工厂进行对比。一楼廊道使用的拱形也和旁边原有的动力室的立面语言相一致，形成和谐的景象。

图 7-11　原建筑与新建筑的巧妙融合

增减部分。大楼增加了二楼的窗户平台连接到钟楼，是属于外部的水平增建。另外为了解决商业人流停车的需求，根据地基环境，建筑师设计了地下四层的停车场，有多个方向可以停车，消除了原本工厂单一出入口的限制，又可保持工厂既有的天际线。

改建部分。钟塔和公寓的部分不同以往的功能，都扩大了窗户和入口，变成办公室与商店，作为地标的钟塔经过清洗与油漆，外加上灯光，在夜晚成为旧金山天际线特色的一部分。公寓部分改建为餐厅，考虑面对广场的视线，将一楼座位区的窗户扩大，而在后期又将原本的侧面变成主入口的正面，增建了阶梯。

3. 保留原有设备，精妙还原巧克力制作工艺

钟楼下方地下室至今保留着生产巧克力的研磨机等设备，展示巧克力的制造过程（巧克力产品展示见图 7-12）。

图 7-12　吉瑞德利巧克力产品展示

4. 巧妙运用植物特质，促进古老和现代建筑完美融合

吉瑞德利广场中原来制造巧克力的厂房建筑拥有比较厚重的历史感，再利用后的建筑内部设计强调轻巧、现代，通风良好。建筑师在景观设计上也使用轻巧的手法，选用叶片较小的植物与之对比，主要入口位于北侧海湾处，入口有两个拱门的老鹰图案，是公司的标志，也是巧克力工厂时代的重要特征。由低处扶街上中庭广场，

精巧的中庭空间与喷泉（见图 7-13）是设计主体，三个主要广场也是人流的焦点，将活动的动线空间串联在一起。

图 7-13　吉瑞德利广场中庭喷泉

5. 定期举办各类活动，促进产业融合发展

吉瑞德利巧克力工厂的产权属于私人产业，经过转卖，现在产权属于开发商。业主利用原本优良的区位优势，在适当的经营管理下，使此地区成为许多观光客的必经之处。经营者每年举办巧克力嘉年华会、葡萄酒节等，都延续了巧克力工厂的活力。这种结合有利于巧克力传统产业的发展。通过保存老工厂，以现代设备改善内部空间，引进极具特色的餐饮、艺术、休闲、零售等行业的做法，将工业遗产进行包装，实施将产业文化保存于观光业的经营策略。吉瑞德利工厂更新案例可视作工业遗产建筑物保存与城市更新的双赢典范。

第八章　日本城市更新及案例

一、日本城市更新发展历程

二战后，日本的城市更新从对违建户和贫民窟更新开始，逐渐过渡到市中心复苏与小区更新。近年来扩大至大城市地区内的更新，规划设计涉及更为广大的地区。同时，在城市更新中也逐步注重发挥民间资本等社会力量，在有效发挥政府支持作用的同时，不断吸引社会力量和民间资本投入城市更新项目。

总体来看，日本的城市更新经历了从拆除贫民窟到整治市中心及老旧小区的环境，再到大面积的城市有机更新，也经历了一条由点到面的发展历程。

1. 发展阶段

日本城市更新的发展历程，具体可以分为以下几个阶段。

（1）20 世纪 60—70 年代，从清除贫民区到反思城市化。为改善居民居住环境。日本政府从安全及改善环境的角度考虑，在 20 世纪 60 年代开始有计划地对年久失修的、存在危险隐患的建筑物进行拆除，系统性地清除贫民区，为城市化带动住宅区和新城的开发建设。20 世纪 70 年代，经济快速发展，而城市开发建设却进入一个瓶颈阶段，城市问题也不断凸显，人们开始反思高速城市化建设和造城运动带来的不利影响，造城运动逐步趋于理性。

（2）20世纪80—90年代，进入住宅更新改造，并开始逐步探索更新新模式。结合人们对城市开发的反思，城市建设开始更注重城市化质量，同时开始结合轨道交通对第一代新城和集中式住宅进行改造，以提升住宅环境和质量。随着城市更新的推进，开始探索新的可持续的城市更新模式。由日本政府主导逐步转向注重多主体协调合作的更新模式，将民间主体和社会资本引入城市再开发。

（3）2000年以后，城市更新进入综合有机更新的新阶段。这一阶段城市更新进入新时期，由城市更新改造逐步向城市综合有机更新转变，并开始注重地域价值提升的可持续城市营造。

2. 更新模式

在城市更新的发展过程中，随着经验的累积，日本城市营造和城市更新政策不断完善，逐渐发展出一套有效的城市计划体系和城市更新制度。

日本城市更新事业在推进过程中，基于不同产权模式，逐步形成了三种主要更新路径，即“团地再生”、“民间复合开发”和“自发社区更新”。

（1）团地再生——现代化社区复兴再造

团地的产生得益于日本战后经济的高速发展。20世纪60年代，随着经济发展带来的城市人口增加，住宅的需求量激增。为了缓解住房问题，日本住宅公团开始大规模兴建住宅团地，主要针对的是三四口的小家庭。到20世纪80年代，这些老旧团地中住房老龄化、商业凋敝、基础设施老化的问题十分凸显，政府开始启动团地更新计划。

从内容看，这一时期的团地再生主要内容是社区生活再造、配套服务的完善、交通及环境景观的优化改善等。从更新模式看，团地再生主要由当地居民的自治团体发起，并由专业团体协同，通过制定地区规划和管理方针，以创造多元功能和更丰富的社区活动、提高生活环境品质，以及实现可持续发展为目标。另外，由于团地问题的普遍性，众多大学社团和非政府组织在团地举行一系列活动，带动团地居民参与文化活动，提升社区文化氛围。

（2）民间复合开发——多方联合的公私合营模式架构

20 世纪 80 年代，随着城市更新的推进，日本政府出台政策允许私有部门参与日本城市中心区的规划和开发，并在 1988 年将此政策写入城市更新法。城市更新进入民间多方联合的城市更新阶段。

日本政府出台政策对大规模再开发给予支持，再加上土地私有制度，促成了各区与私人资本联合推动城市更新的进程。而与此同时，由于缺乏相应的财政支持、政策资源和制度框架，采用其他模式的更新事业成效并不明显，特别是以供应住宅和塑造公共空间为主导的小规模更新。由此可见，在城市更新过程中主体市场化、引入市场机制是十分重要的。

（3）自发社区更新——自下而上的良性改造

探究日本城市发展的整个过程，自下而上的民间力量的参与贯穿始终。20 世纪 70 年代，日本经济飞速增长带来的城市病开始显现，以自治会为代表的市民自发组织开始进行反对城市建设运动，最后逐渐向改善社区环境、振兴城市经济和保护历史文化的方向发展。随着相关政策体系的不断完善，城市规划的权力也不断下放至地方政府，政府也通过颁布社区营造条例等形式将其制度化，出现了所谓的“地区规划”，即通过社区营造的方式进行组织操作。

另外，日本针对郊区住宅地区和市中心商业地区，积极推进“地域管理”。主要依靠居民委员会、非政府组织、城市规划组织和各类协会团体，政府仅起到协助支持的作用。这些社会组织，为了提升地区价值，或防止该地区价值降低，通过建立彼此的信赖关系，制定城市规划导引和居住区章程，规范社区的行为准则。

二、制度保障

1. 完善的法律法规制度

日本为推动城市更新，从中央到地方制定了诸多相关法律来保障城市更新的顺利推进。城市更新法律法规体系以《城市计划法》《城市再开发法》的订立和修订为核心支撑，同时辅以其他涉及公营住宅、土地使用、土地区划、国土整治、地方分权、民间开发促进等各专门法的制定和修订作为实施构架，使市民参与权、地方规划权逐步得到强化，法律体系不断完善，不断推动着更新机制的变迁。

具体来看，1969 年颁布实施《城市再开发法》，2002 年颁布实施《城市再生特别措置法》，至 2010 年主要法规经历了多次修正。到目前为止，已经形成了比较完善的政策体系。

在不断立法的过程中，市民参与权、地方规划权逐步得到强化。1999 年《地方分权法》颁布的同时，《城市计划法》也明确了城市规划作为地方自治事务的性质，并大幅增加市町村能够决定的规划内容。2002 年修改中，又增设城市规划提案制度，规定土地所有者、非营利机构及私人开发商只有得到 2/3 及以上的土地所有者同意，才可以修订市镇规划。

2. 国家补助及奖励制度

完善国家奖励制度。包含容积率奖励、税收优惠及其他补助措施等。其中最重要的是：所有再开发的项目都可被纳入“国库补助制度”，补助费用占整个街区改善费用的 20%~40%。

创立了基于等价交换原则的权利变换机制，即通过提高容积率，重新界定地上建筑物所有权，腾出空间进行必要的公共设施建设和公共空间更新。

3. 明确更新事业组织机构

为适应城市更新事业的发展需要，更新组织机构适时变化，从 1955 年设立的专注于新建公共住宅的日本住宅公团开始，到 1999 年成长为专注于提高城市整体机能的住宅基盘整备公团，再至 2004 年又变身为城市再生本部，全权负责统理、协调城市更新事务。

4. 确定更新事业实施主体

多元化的法定更新主体。日本城市更新政策规定的法定实施主体包括两类：一类是公共团体，包括地方政府、城市机构、住宅供给社等；另一类是原业主团体，包括原业主个人（原业主人数少于 5 人）和城市更新会、城市更新公司（原业主专门为更新改造成立的社团和公司）。

明确开发商定位。开发商并不是法定的实施主体，只是在法定实施主体（公共团体和原业主团体）觉得有必要引入开发商的资金、技术及运作能力时，才以合作伙伴的形式引入。

5. 实施土地重划制度

针对建筑物密集、难以通过提高建筑量就能够更新等难题，创新提出土地重划制度，但要求其实施必须取得土地权利人的同意。同时结合容积率调整政策。在土地高度利用的地区，法律上实行允许按比例增加容积率的制度，通过调整容积率推动城市更新顺利展开。

另外，城市更新区域不断扩展，由单一“高度利用地区”逐步拓展到其他类型的区划类型，如“再开发地区”“防灾街区整备地区”“沿街地区”等，由点到面逐步展开。

6. 实行土地分区管制弹性制度

日本实行土地使用分区管制与开发许可制。20 世纪 60 年代末，日本对土地用途管制实行分区管制与开发许可制并重的方法。一方面，在严格分区管制的基础上，通过重新修订《城市计划法》，进一步完善全国性的规划体系，把城市土地划分为市街化区域和市街化调整区，并进一步决定功能区和用途区，有计划、有步骤地发展城市。另一方面，在土地分区管制中引入开发许可制，要求市街化区域内一定面积以上的土地开发行为均需申请开发许可；而市街化调整区域因抑制其市街化，原则上禁止开发，以此来确保城市土地利用的秩序。

此外，日本设置了特定街区制，在被指定的街区之间允许容积率的转移，以此推进城市再开发，也增加了分区管制的弹性。

土地用途变更与用途决定的程序相同。在日本，要进行土地用途变更须给出用途变更后的新规划，而且新规划的提出要建立在准确、科学的资料之上，再由各方专家反复论证，并直接听取市民意见，最后再经过各种审批程序才能予以通过。这些程序与当初土地用途的决定过程无异。

7. 因地制宜的多样化更新方式

日本城市更新采用因地制宜的多样化更新方式，如对于团地，由于其土地所有权为政府，所以更新的推动者也是政府。政府主要通过三种方式进行更新。第一，推倒重建，清理老旧的多层团地住宅，建造高层公寓住宅。第二，通过出让土地来吸引私人资本投资于福利设施和生活设施。第三，仅改善原有的存量住宅。近年来，政府采用较多的是第二种方式，将过去持有的公有用地，如城市房屋地盘，在重建城市房屋后出售，随后在定期批租制度下，向私营开发商或民间事业团体招标，并且通常以滚动式开发，保证回迁居民的利益。

在更新和重建过程中，物质空间改造聚焦于设施的加建，特别是医疗和教育设施的增建，以及空间品质的提升，如在拆除建筑的空地上增加绿化，规划系统的绿化网格等。针对老龄化现象，政府推出房屋收购和置换项目，将高龄家庭的独立式住宅进行收购和更新，并转卖给年轻的育儿家庭，吸引年龄较低的新人口的流入。同时建设适应老年人居住的住宅，并引入养老和医疗机构，提供养护和医疗服务。

8. 更新事业资金来源渠道多元化

日本开展城市更新项目的主要措施是土地重划。在项目实施进程中，大多数情况下主要由国家政府、地方政府及保留地销售收入负担所需成本。其中对于项目的实施成本，一般主要也由国家政府、地方政府、保留地销售收入共同承担，其中，国家政府补贴 30%，地方政府出资 30%，保留地销售的收入承担 30%。

据统计，在日本 1998 年至 2002 年完成的城市更新项目中，各项目的平均面积为 1.19 万平方米，每个项目的平均投资约为 179 亿日元。其城市更新的资金来源和支出如表 8–1 所示。

表8–1　更新事业执行经费项目比例

项目	总额（百万日元）	渠道	总额（百万日元）	占比（%）
收入	17903	补助费	3273	18.3
		公共设施负担金	3108	17.4
		保留面积处分收入	11010	61.5
		其他收入	512	2.8
支出	17903	调查设计费	840	4.7
		工程费	11269	62.9
		补偿费	4278	23.9
		事务费等	1516	8.5

更新项目一般都涉及产权的变更或交换，而且变更或交换的不仅仅是土地产权，还有地上建筑物的建筑面积。日本对于产权的变更或交换的具体方法是：按照一定比例将更新域内的土地面积和建筑总面积进行折算，并将剩余的土地当作保留地。保留地可以出售，所得收入用以补偿政府的前期投入。

补助费主要用于：补助调查规划、设计费用；既有建筑物拆除、临时安置费用；广场、开放空间等兴建费用；停车场等公共设施兴建费用。在项目具体的补助比例上，以补助项目所需费用 2/3 为原则，由中央政府和地方政府平摊。

同时，根据成本收益匹配的原则，既然成本是分摊的，那么收益也是分摊的，对于政府也是如此，国家政府和地方政府出钱给予城市更新事业补贴，更新改造后原有土地得以增值，政府也可因此获得收益。

三、东京六本木——21 世纪理想的东京风貌

1. 待开发的六本木之丘

六本木之丘位于东京港区的六本木地区，总面积 11.6 万平方米，紧邻新桥－虎门商务区、霞关行政区、青山－赤板商业区以及麻布－广尾高档住宅区，前后历经近 17 年，终于 2003 年开发完成，曾是日本最大的城市再开发项目之一，也是当时世界上最大规模的民间更新改建案，总投资约 2864 亿日元。

该地区交通便利，有四条地下轨道交通线通过，另外有环线 3 号线、六本木大道等与全市其他区域连接，而且区内停车场及停车位充足。区内有榉树坂商住街区、山边街区、西街街区、M/H 街区、地带大厦等五大商业区。区内办公面积 38 万平方米，住宅面积 15 万平方米，总建筑面积达到 72.4 万平方米。区内功能齐全，分布有办公、住宅、酒店、百货商场等设施，以及诸多公共文化设施，如美术馆、电影院、学校、寺院等。

2. 艰苦的更新改造历程

该项目由森大厦株式会社牵头，吸引了约 400 家企业、团体及个人共同投资参与开发，是日本国内最大的由民间力量为主体实施的城市综合体开发项目（更新历程见表 8–2）。

表 8-2　六本木之丘的更新历程

时间	更新内容
1986 年	该地区被东京都政府设为城市改造示范区域，改造开始酝酿
1993 年	开始对周边区域进行估价，该区域被东京都政府定为一类改建项目再开发区块
1995 年	东京都政府发布城市计划决定，提高规划、设计标准
1997 年	港区政府正式发布改造范围，项目改造正式启动
1998 年	设计工作启动，成立六本木六丁目地区市中心改建委员会
1999 年	设计工作基本完成，同时政府完成土地权利变更的申请、报批
2000 年	改造项目正式动工，并命名为六本木之丘
2003 年	改造项目竣工，同年 4 月正式开放

首先项目建立了一个由国家与地方政府官员、学术和商业界人士共同组成的专业委员会，制定了一个详细的城市更新设计方案。然后，设计方案对人均住宅面积和办公面积做出了相应的指导，并根据各个区块的不同特征和功能，设定了每个区域居住与工作人口的规划比例，同时还在区域内建设了一个集工作、居住、娱乐于一体的综合公共场所。最后，建立了一个高效的行政和法律开发管理支持系统，行政机构对经多人同意的决定予以支持。

项目从 1986 年开始酝酿改造，到 1997 年项目启动，2000 年项目动工，再到 2003 年项目竣工，前后经历了近 17 年时间，但施工时间仅为 3 年，成为世界城市改造项目成功的典范，最终使其焕发出新的生机和活力，成为东京都内的文化高地和商业地标。

3. 21 世纪理想东京风貌的诞生

项目规划定位为：充分利用城市的纵向空间，并将小区块土地合并利用、高强度开发，实现居住区、办公区和必要配套功能设施的有机整合，通过为人们提供更多的城市空间和私人空间来组织更丰富的城市生活。

坚持企业主导、政府支持的原则。项目采用官民合作的改造模式，由森大厦株式会社主导、东京都政府协助完成。改造进程中明确各主体的责任，协同推进。公共部门与私人部门分工明确，政府发挥其优势协调企业与原居民之间的关系，缓解各利益主体之间的矛盾；企业也从自身优势出发，提供资金支持和知识保障，通过发挥双方优势保证了项目的顺利完成。

尊重自然环境质量。从地形上看，该区域位于上岗之上，为尊重自然环境状态，改造规划时有意保留了原有地形，从而可以避免平整土地带来的较高成本。同时，在保有原有地形的基础上建设出蜿蜒曲折的道路，形成迷人的别样景观。

注重打造立体化交通。为营造畅捷的交通，充分考虑人的流动性，优化地铁、人行道、天桥、山坡路、高速车道和立交桥等交通设施的设置，将地铁交通系统与城市交通系统相结合，充分利用原有的高低起伏的地形，以垂直流动线来思考建筑的构成，打造出立体化的通畅的交通网络系统，使整体空间充满了层次变化感。努力将城市的生活流动线由横向改为纵向，建设一个“垂直”的而非“水平”的城市，改变人们的行为模式。

坚持环保绿色理念。借助有利的地形，营造出垂直的绿化景观，如将商场屋顶打造成传统的日式庭院，用绿色道路把整个街区连接起来，使绿化效果最大化（见图 8-1）。域内每栋建筑的绿化比率都高达 40%。另外，通过增加大楼的高度来增加绿地面积和公共空间，同时规划充分考虑缩短办公室与居住区之间的距离，最大限度地减少人们的通勤时间。

坚持多功能的城市建设原则。为避免由于功能单一带来的枯燥乏味，在更新改造中努力践行艺术智能、艺术生活的理念。同时优化公共空间，增加文化娱乐设施的比重。设计半开放式玻璃穹顶、圆形舞台（见图 8–2）、木栈道等，提供娱乐休息空间（见图 8–3、图 8–4）。另外，规划包含了为满足一般市民在衣、食、住、行的需求，建立了另一种新的城市生活的形态指标。同时，通过合理设计及开放空间的规划，塑造出更为艺术化与人性化的整体空间。

坚持以人为本的可持续发展理念。在规划、设计以及与拆迁户的沟通上，历时近 17 年时间，而施工时间仅为 3 年。同时，努力构筑一个具有高端文化品位的，集日本传统文化、现代艺术及娱乐休闲等元素为一体的城中区。按照“21 世纪理想的东京风貌”的标准，努力打造巨大的社会生态系统，满足公司职员、居民及游客各方面的需求。

图 8–1　优美的自然环境与心形雕塑

图 8-2　半开放式玻璃穹顶、圆形舞台

图 8-3　室外艺术雕塑

图 8–4　室外广场一角

四、东京霞关中央合署厅舍之城市再生——霞关 7 号馆更新

1. 霞关 7 号馆的更新背景

日本霞关中央合署厅舍集中分布于东京霞关、永田町一带。霞关共分三大块区，也就是三个丁目。

霞关中央合署厅舍 7 号馆的更新，在 2001 年 6 月经指定为城市再生计划后，文部科学省及会计检查院决定采取私人主动融资活动，通过建设—移交—运营模式，连同街廓内的官厅设施及私有土地进行整体规划建设。霞关三丁目南地区，是第一类城市再开发项目的实施场所，位于外堀干道与首都高速道路都心环状线所辖的三角形街廓内。地区内线路纵横交错。项目实施面积约 2.4 万平方米，包括官厅设施、财团法人霞山会馆及住友不动产公司的私有土地。霞关三丁目南地区造街协议会成立，并积极商讨拟订更新地区计划，据以征集业主的开发计划建议，期望达到最大效益（见表 8–3）。

表 8–3　项目规划情况

项目规划情况	面积	24232 平方米，其中国有土地 23122 平方米，私有土地 1110 平方米
	使用分区	商业区、防灾地域
	城市计划	霞关三丁目南地区再开发等促进区计划
	容积率	950%（更新前国有地容积率为 500%，私有地容积率为 700%）

2. 更新工程的顺利开展

2002 年 7 月，霞关中央厅舍 7 号馆的更新确定通过私人主动融资事业方式实施，随后开始办理公开招标事宜。最终由新日本制铁公司中标，并设立特定目的公司，于 2003 年 6 月与中央行政机关签订事业契约，契约规定特定目的公司负责设计兴建必要的厅舍设施，并管理营运至 2021 年。同时，私人主动融资事业所附带事业中属收益型的设施，由特定目的公司自行设计、兴建后，持有并营运至 2034 年（项目更新历程见表 8–4）。

表 8–4　项目更新历程

项目更新改造历程	该项目确定为城市再生计划	2001 年 6 月
	私人主动融资事业中标	2003 年 4 月
	中标者与中央政府签订基本协议	2003 年 5 月
	更新事业核准实施	2003 年 6 月
	权利变换计划核定	2004 年 12 月
	项目正式开工	2005 年 1 月
	项目完工并移交	2007 年 9 月

续表

	官建设施启用，私人主动融资相关管理运营开始操作	2008 年
	私人主动融资事业终止	2021 年 3 月
	私人主动融资事业的附带民间收益设施终止	2034 年

私人主动融资事业经公开征选于 2003 年 4 月决标，得标者于同年 6 月设立霞关 7 号馆私人主动融资股份公司，与中央政府签订财产租赁契约，确定保留楼地面积由霞关开发特定目的公司取得。2004 年 12 月权利变换计划核定后即行开工。

3. 完善的更新组织架构

（1）事业组织架构。城市再生机构（独立的行政法人）担任更新项目的实施者；项目中官厅设施建设业务的特定建筑者为中央政府，实际改造业务由特定目的公司具体负责执行；特定目的公司负责更新改造建筑物设计、兴建及完工后的营运管理；私人主动融资附带事业属于民间收益设施，由特定目的公司与出资的不动产业者签订租赁契约；出资的不动产业者另行设立霞关开发特定目的公司，由该公司向城市再生机构承购保留建筑地块后，以经营不动产租赁业务。

（2）资金筹措架构。项目中，私人主动融资事业与附带事业，根据其使用目的、内容的不同及相应原则加以区分；统一由一家特定目的公司执行，其中私人主动融资事业中的官厅设施，由其负责维护管理 15 年 6 个月。附带事业则由特定目的公司向中央承租土地，兴建收益设施，并由出资特定目的公司的不动产业者（如东京建物等四家公司）承租，经营时限为 30 年；更新事业保留建筑地块由东京建物等四家公司以优先出资方式设立霞关开发特定目的公司，预先（事业计划核定后）承购，于竣工后再行办理出租。

4. 创新的更新模式

本更新改造项目属于个人实施的非城市计划法定更新事业。因其权利人仅为四人，而无法根据再开发法规定组成更新会实施，但是位于更新促进地区内的特定地区计划范围，故可以采取简化程序办理。可以通过请独立行政法人的城市再生机构以个人实施者名义执行（项目更新组织流程见图 8-5）。

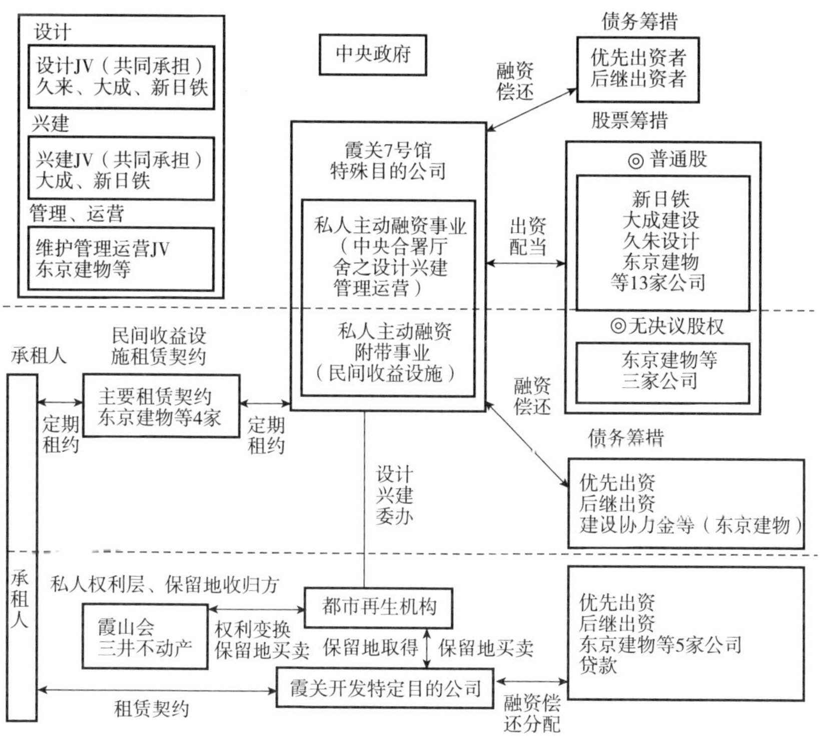

图 8-5　项目更新组织流程

图片来源：http://www.ur.org.tw/classroom/view/145。

采取全体一致规则的权利变换方式。因权利人希望在更新后仍持续保有土地所有权，且政府使用建筑地块拟通过私人主动融资事业的方式进行，故无权利建筑地块的分配问题，通过协商最终达成全部同意。

采取特定建筑者制度，将私人主动融资事业与更新事业相结合。特定建筑者由中央主管机关的国土交通省担任。

采取建设—运营—移交方式。私人主动融资事业作为特定建筑者身份，就其所需的特定建筑采取私人主动融资的方式，并在支付相关兴建成本费用后获得使用权。

综合来看，日本东京霞关中央合署厅舍的更新，是国有土地与公共设施鼓励民间投资兴建开发且与更新事业相结合展开实施的首创。项目开发完成分为行政设施及收益设施两部分，两部分根据内容和目的的不同，设定了不同期限，并由霞关开发特定目的公司采取统筹营运管理模式，而资金筹措则以成立特定目的公司的方式集资，以此扩大融资渠道、提高融资效率。

五、东京丸之内——从一片荒地到繁华的商业金融区

1. 丸之内的前世今生

丸之内是指日本东京都千代田区皇居外苑与东京车站之间的地区，行政区划分为一丁目至三丁目。18 世纪时的丸之内仍是一片荒地，原为官有地的陆军兵舍、练兵场。当时东京车站尚未建设。而后经过近百年的发展，从一片荒地变成如今日本著名的商业街。同时，丸之内是三菱集团的大本营，也是日本最著名的商业金融区之一，是世界三大金融街之一（见图 8–6 和图 8–7）。

图 8-6 丸之内商务区夜景图

图 8-7 丸之内某古典建筑穹顶内饰

现在的丸之内已成为日本最著名的中心商务区，总面积达到 120 万平方米，共有 100 多座大厦，域内百货公司、大型银行、企业办公大楼林立。例如，丸之内大厦、新丸之内大厦、丸之内公园大厦、东京大厦、新东京大厦等知名的百货大厦，三菱大厦、三菱东京日联银行大厦、三菱商事大厦、美国国际集团大厦等以大型银行与三菱财团为中心的企业办公大厦。

2. 漫长的更新历程

从 19 世纪末期开始，丸之内地区前后经历了三轮开发，历经两个时期近百年建设，才发展到现今的规模。

第一次开发（1890—1950 年）：1890 年开始的第一轮开发以建设办公楼为主，到 1894 年日本第一栋写字楼——三菱一号馆正式对外运营。此时的建筑风格由此前的伦敦风格的砖建筑大楼，转变成美式风格的钢筋大厦，但建筑规制仍较低，仅为 31 米。同时，1914 年东京车站兴建，依托交通枢纽带动周围区域发展。

第二次开发（1960—1980 年）：伴随着经济的恢复，为适应经济发展、商业扩张带来的对办公楼的需求，丸之内地区开始扩建办公大楼，同时提高建筑规制，把建筑规制由 31 米大幅度调整到 100 米以上，同时还拓展了街道宽度。另外，开始在区域内配备银行等服务机构。

第三次开发（2000 年到现在）：前两次开发仅注重了办公功能，使丸之内地区仅可以提供办公场所，导致区域内昼夜人口差异极大。白天热闹晚上凄凉。为了提升区域内的活力，开始引入商业元素，逐步引入了咖啡馆、精品店以及美术馆等各类商业设施。

3. 官民协商的更新模式

多主体共同参与。第三次更新改造由日本东京都政府牵头，联合了千代田区政府、东日本铁路和大丸协议会，四方主体共同参与对丸之内地区的基础设施和建筑物的大规模再开发。

为实现规划设计的最优化，更新建立了公私合营模式的官民协调机制。各相关利益主体，如公众、企业等通过会议的形式，对城市建设的“预期形象”“规则”“方法”等展开讨论，充分发表意见，并将讨论结果汇编成城市建设指导方针，为进行最终的改造实施建言献策。这样使改造方案充分体现消费预期、喜好，最大限度符合实际需求。

4. 废弃荒地的华丽再生

坚持城市多功能开发的理念。为了提升东京的城市魅力，改善就业环境，扩充多样的城市功能，进一步提高经济竞争力。丸之内地区对原有办公大楼进行了新建、改造工程，在进一步巩固办公功能的同时，逐步引入商业、服务、居住等城市功能，促进中央商务区商业服务的提升和转型。

注重建筑物的历史文化传承。在区域商业业态转型升级的同时，也注重对域内具有历史文化价值的建筑物的保护、修复和继承，提高当地居民的归属感，打造具有地区特色的文化品格。如将1894年建设的三菱一号馆复原为美术馆。在保留古典装潢的同时，将馆内明治时期的银行交易室空间改造为音乐咖啡吧，并配合美术馆的展览，于2010年对外开放。

致力于打造立体化便捷的步行体验。为打造优越的步行环境（见图8-8），丸之内区域改造特别注重对地面步行道和地下商业走道的开发。由于原本100多栋大厦都是独立分开的，直接阻断了步道的畅通，此次改造中，在地面上设立了3条特色步道，分别命名为浪漫散步、艺术散步、历史回顾。这3条步道把整个丸之内的大厦全部串联了起来。此外这些步道也不是单调无趣的，道路两边放置了由日本著名艺术家草间弥生、三沢厚彦等创作的景观作品。人们在行走过程中，也能感受到浓厚的艺术气息。另外，在地下，将部分商业大楼与 JR（日本铁路公司）东京站直接贯通，实现在多栋商业大楼与交通枢纽站点内的自由穿梭。

图 8-8　丸之内街区步道绿荫成行

六、东京汐留地区——从废弃货运站到金融商务文化中心

1. 位置优越的废弃货运站

汐留地区位于日本东京市中心，地理位置优越，紧邻银座、筑地、新桥、日本桥等大型商业区以及滨松町、丸之内、霞关、虎门等重要办公区，其东南侧倚靠滨离宫恩赐庭园，与隅田川、东京湾邻近，联系着市中心和滨水地区，属于东京最繁华的核心地带。

1914 年，东京铁路向北延伸建设后，新桥站（最早称新桥停车场）更名为汐留站，负责货物运输。由于公路货物运输的发展，铁路被公路取代，1986 年汐留货运站也正式废止。

为恢复城市活力，汐留地区亟待更新。1987 年，汐留站周边地区综合整备计划调查委员会正式成立，标志着该地区的发展进入更新的新时期。1992 年，汐留地区土地区划整理事业与再开发地区计划获得通过，成为东京城市更新规划项目之一。1999 年，城市更新项目正式开工，并于 2002 年 10 月建设完成首栋建筑——电通公司总部大楼。2002 年 11 月，都营地下铁大江户线与新交通百合鸥号在汐留站通车，使汐留站成为重要的交通枢纽。2002 年至 2006 年，各大企业机构如日本电视台、松下电工、资生堂、共同通信社相继入驻。经过近 20 年更新和再开发，汐留地区已经由一个废弃的货运站，逐步转变成为日本东京新的金融、商业和文化副中心，城市发展焕发出新的生机和活力。汐留地区鸟瞰图如图 8–9 所示。

图 8–9　汐留地区鸟瞰图

2. 官民合作的更新模式

汐留城市更新项目采取了官民合作的经营模式，注重多主体协同合作的方式，在有效发挥政府作用的同时，更加强调民间主体和社会资本的引入。在此基础上，各参与主体根据各自的职能范围合理分工，协同推进更新工作顺利进行。

在土地整备规划方面，主要发挥政府作用。如由日本国土厅、运输省和建设省进行汐留及其周边地区的土地调查，继而经决议通过了汐留地区土地区划整理事业与再开发地区计划，确定了更新城市职能和恢复市中心居住功能的更新理念。土地整理由东京都政府负责，并由原土地所有者——国铁清算部门逐渐把土地所有权出售，新业主则组成了“汐留地区城市联合协会”，在吸收各方意见的基础上，逐步开展街区规划。街区的规划则主要由“汐留地区城市联合协会”负责（整理方案见图 8–10，更新规划图见图 8–11）。

3. 废弃货运站实现完美转变

坚持历史与现代相结合的原则。汐留地区是日本铁路的发源地，拥有丰富的历史遗产和文化资源，在更新改造中既保存历史性，又坚持“安全、安心、舒适”的现代化城市空间的理念。政府在规划时极为注重历史遗迹的保护和修复，发掘出许多汐留地区珍贵的历史资源，结合整理旧有土地，重新规划城市与交通基础设施，统一对汐留站及其周边地区规划建设，优化布局，提升土地利用效率。2003 年，按原图纸重新修建的新桥停车场建设完成。新桥停车场的保存复原具有重要价值，让人们开始关注汐留地区作为日本铁路发源地的历史，提高了当地居民深厚的历史感和归属感。这对汐留地区的复兴也起到了至关重要的作用。

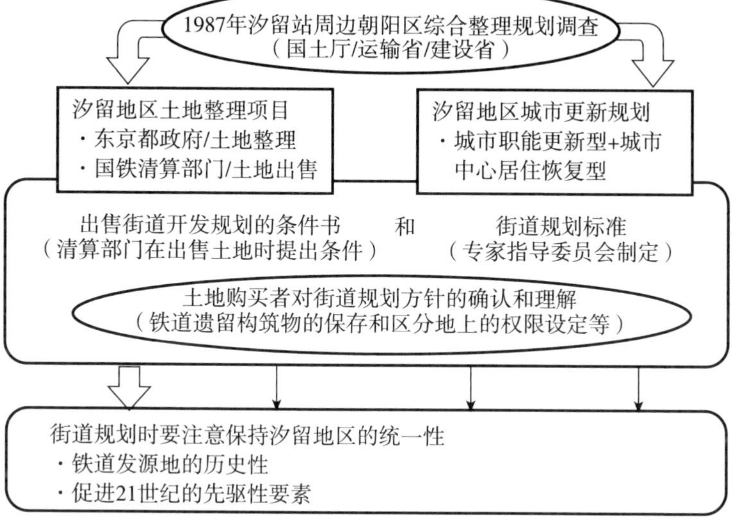

图 8-10　汐留地区整理方案

图片来源：白韵溪，陆伟，刘涟涟 . 基于立体化交通的城市中心区更新规划——以日本东京汐留地区为例［J］. 城市规划，2014（7）。

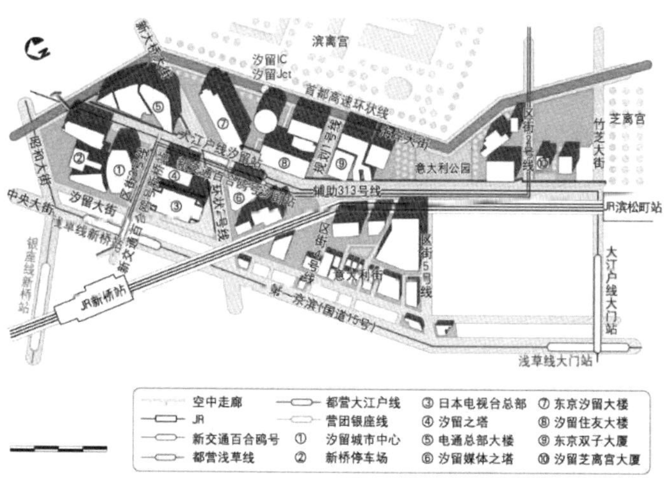

图 8-11　汐留地区城市更新规划图

图片来源：白韵溪，陆伟，刘涟涟 . 基于立体化交通的城市中心区更新规划——以日本东京汐留地区为例［J］. 城市规划，2014（7）。

坚持多元化的土地利用原则。汐留地区的更新规划按照用地界线划分了诸多片区，并根据各自的区位条件与优势赋予商业、办公、文化、居住等功能，形成多样化的土地利用格局（功能区分布见图 8－12）。

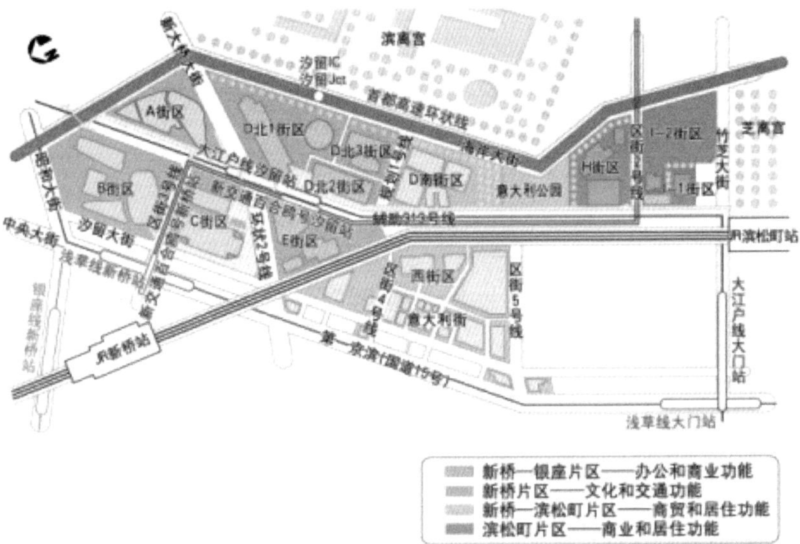

图 8–12　汐留地区城市更新功能分区图

图片来源：白韵溪，陆伟，刘涟涟．基于立体化交通的城市中心区更新规划——以日本东京汐留地区为例［J］．城市规划，2014（7）。

注重打造宜人的城市环境。通过优化公共道路、建筑等，构筑开放的公共空间，提升城市活力和氛围。同时，通过对建筑的控制，营造和谐且有特色的城市空间。如在某功能区内规定建筑密度、建筑高度和容积率，优化空间并创造出特色。同时，要求建筑设计应与建筑户外的主体相匹配，以营造一个优美绿色的城市。另外，还通过控制建筑的高度使城市天际线与更新和建设理念相一致，最终创造一个和谐宜人，与自然和谐相处的城市生活环境。

打造立体化的交通系统。汐留地区立体化交通体现在步行、车行和轨道交通系统的彻底分离上。汐留地区可以十分便捷地到达东京其他重要地区，是市中心重要的交通节点。汐留地区交通系统以轨道交通为主，公共汽车交通为辅，地铁线路主要有都营地铁、营团地铁、JR 线、新交通等 8 条轨道交通线路，此外还有第一京滨、昭和大街、首都高速环状线、海岸大街和竹芝大街等交通干道，同时还有 12 条公共汽车线路和若干来往成田机场的巴士线路，交通便利（交通规划见图 8–13）。另外，还有着多样化和人性化的步行系统，实现了步行平台无障碍，在同一高度且遮风避雨。而且，规划采用人车分流的交通组织方式，建立人性化的交通空间（见图 8–14）。

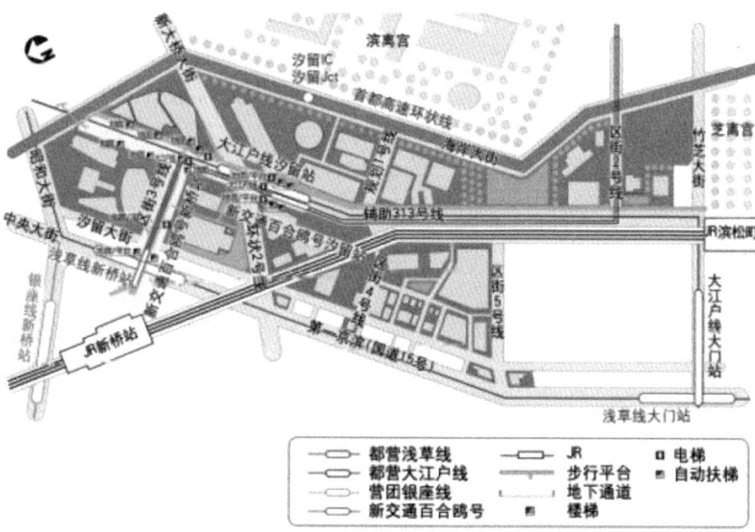

图 8–13　汐留地区立体化的交通规划

图片来源：白韵溪，陆伟，刘涟涟．基于立体化交通的城市中心区更新规划——以日本东京汐留地区为例［J］．城市规划，2014（7）。

图 8-14　立体交通实景图

七、大阪站北区再开发——梦幻大阪站北区的诞生

1. 大阪站北区的前生

大阪站北区位于大阪市北区大深町外，总面积约为 24 万平方米，原先是大阪梅田货物站。从地理位置上看，该项目建设所处的地区，即大梅田地区是大阪市中心区和商务区，同时又与大阪市北部的重要门户，日本西部最大的——由 JR 大阪站及 6 个轨道交通站组成的——铁路交通枢纽相邻，地理位置优越。

2001 年，该项目作为日本政府城市更新计划的大型工程启动。该项目采取了全球征集方案的形式，在 2002 年举办了全球范围的规划设计招标大赛活动，该活动吸引了 52 个国家和地区的设计师参与投标，使项目尚未动工就已吸引了全世界的目光，最终整体设计理念为“大阪站北区之幻想”的方案在国际投标中胜出，获得最优秀设计奖。但是，方案在胜出后又花费了近3年的时间，得到包括政府机关、学术界、金融界、民间开发组织在内的12家合作开发者两个阶段的共同完善，在2006年提交最终提案后，才正式启动。

2. 复杂的更新进程

对大阪站周围地区的投资额约为1.9万亿日元，而梦洲和咲洲地区的投资额约为1.5万亿日元。在关西地区，投资的乘数效应明显，投资期间的投资额总计达到5.1万亿日元。对于大阪市，投资带来的乘数效应所导致的投资总额约为3.9万亿日元。同时，实施税率优惠政策，所得税税率仅为25%，每年吸引私有资本投资额增加1400亿日元。

该项目更新经历了两个阶段，分为一期工程和二期工程（见图8–15）。

该项目一期工程总规划用地约为8.6万平方米，工程的核心是建设知识资本基地，旨在打造“技术”和“感知”的高度结合，并创造新价值。通过高密度复合开发建成了包括3栋172米塔楼、1栋130米塔楼和1栋8层楼的商业设施综合体，为知识资本产业提供写字楼及各种新的建筑载体，创造优越的办公环境体验，同时为约3000人提供学习、研究、办公及交流的场地。具体设施包括：可提供展示和研究场地的The Lab（世界第一研究所），知识沙龙，会议中心，未来生活展示厅，作为艺术作品与知识产品的信息传输演示平台的知识剧院。在高密度开发的同时，注重打造公共开放空间。通过公共屋顶花园、三角形站前广场（水的广场）、银杏树林荫道组成的景观绿轴来形成城市空间与景观的契合，打造优美宜人的公共开放空间。在建筑材料的选择上突出环保理念，倡导高效节能，如采用太阳能广电设施等，并通过网络进行推广，以期影响大众。在运营模式上，建立了双机构运营模式，即一般社团法人和 KMO 公司，其中，一般社团法人负责“知识资本”业务，侧重于知识资本经营企业的管理、推动对外合作和促进公益业务发展；而 KMO 公司侧重于服务与设施管理。

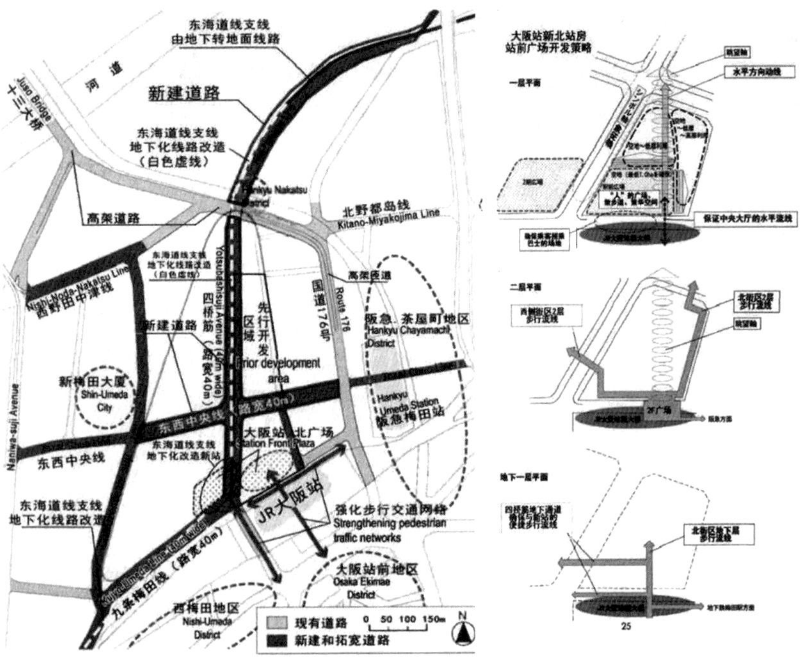

图 8-15　大阪站北区再开发方案

图片来源：胡映东 . 城市更新背景下的枢纽开发模式研究——以大阪站北区再开发为例［J］. 华中建筑，2014（6）。

二期工程更加注重环保理念，强调知识产业与环保理念的结合。邀请了包括新能源和节能领域的民营企业、大学、经济关联团体和行政机构等，经过反复研讨确立了以“领导世界的‘环境先进地区 · 关西'”为目标。重视低碳城市的实践和能源高效利用的管理系统，确立的核心要素包括环境战略、环境革新、环境人才，目标是以创造世界级环境革新的知识中心，推动创新并建设具有国际竞争力的团队，实现知识向产品、产品向产业的转变，并将成果推广至关西乃至亚洲地区。通过发挥区位优势，最终打造成大阪站北区的“城市品牌”，并发挥示范效应。同时坚持从以人为本出发，注重空间使用的灵活性和良好感受，打造集“创造、学习、交流 、展示、营销”为一体的多用途平台，努力创建利于市民亲近的城市空间。

3. 多主体参与的更新模式

大阪站北区城市再开发积极创新开发模式，采用协议会制度和多主体参与的形式，鼓励多主体共同参与。在开发伊始就采用联合开发理念和多主体参与的组织制度，积极争取政府机构、国企与私营企业、项目关系人（土地等当地权利人、商会观察员等）、专家学者、城市设计机构等相关组织参与其中。

同时，为实现多利益主体的参与和利益共享，根据“城市再生紧急整备协议会”制度，由大阪市政府推动相关机构、民间组织、私营企业共同参与再开发。举行了针对日本城市再开发的首次国际招标，吸引国际资源的介入。此举不但可以引入国际知名的规划机构和人员参与规划建设，同时也能极大地提升该地区的国际知名度。

4. 梦幻大阪站北区的诞生

大阪试图将这块“大阪城市心脏地区仅存的上等的大规模再开发用地”建设为有活力、有特色、蕴含无限潜能的 21 世纪城市中心区典范。大阪站北区是关西地区的交通枢纽，除了 JR 的铁路站外，还有 3 条地铁线，此外两家私营铁路公司的线路也进入该站，每天进出该站的乘客量超过 250 万人次。

大阪站北区更新改造的目的是最大限度挖掘其已有的作为日本重要交通枢纽这一地理位置的巨大潜力，同时不断强化提升国际竞争力，使其成为引导关西再生的“火车头”。

总的来看，通过更新改造，要进一步提升该地区的吸引力，汇聚起关西地区的重要知识和人才，不断激发科技和人才的力量及积极性，发挥高校和企业研发机构的独特优势，促进商品研究和开发，不断创造新的商机和经济增长点；同时提高对国际人才的吸引能力，促进科技的交流与合作，聚集起能创造高价值的人才、信息和市场；同时结合环境的整治与优化，不断提升地区环境质量、优化城市空间、提升城市魅力。最终，努力将该地区打造成能够聚集起国内外大型跨国企业和高技术企业的科技创新核心区。

注重突出城市复合功能、连贯的开放空间和减灾避难三大主题。大阪站北区在再开发中，努力探究一种混合功能的土地利用模式，即一块土地汇集了商业、办公、文化、娱乐、住宅等功能，这有利于提高土地利用效率，也有利于提升城市生活效率。同时，为提高步行可达性、建筑连续性等，在规划中将土地利用与公共空间的打造相结合，努力打造包括广场、公园、街道等在内的连贯的开放空间，努力实现公共空间与周边现有城市设施的和谐共存，既提高了现有设施的利用效率，又提升了公共空间的可用性。从社会公共安全角度出发，规划对开放空间的防灾避险功能极为重视，以确保在发生较大规模灾害时能保证市民安全、保证基础设施正常运作、把对城市经济活动的影响降到最低等，实现城市运行安全有序可靠。

倡导绿色更新的新理念。提出了以“绿色”带动城市景观和空间发展的构思概念，致力于打造象征轴、景观轴和娱乐轴。具体来看，从站前广场和新北大楼朝向整个开发区展开的景观轴线，将南北向道路与两侧建筑整体形成统一空间，用绿化和水景创造新景观，使城市重新焕发活力。东西向将一期与二期及相邻的新梅田大厦、阪急商业区联系起来，增强再开发的整体影响力。同时，不拘泥于单一方向开发，将水平开发与垂直开发结合展开。当水平开发受到限制时，就转为垂直开发。同时，注重建筑密度、不断优化建筑布局，利用建筑空间和连廊，创造充满活力的、舒适的步行环境。过渡空间也丰富了城市空间的层次，进一步提升了城市美感和舒适感（见图 8–16）。

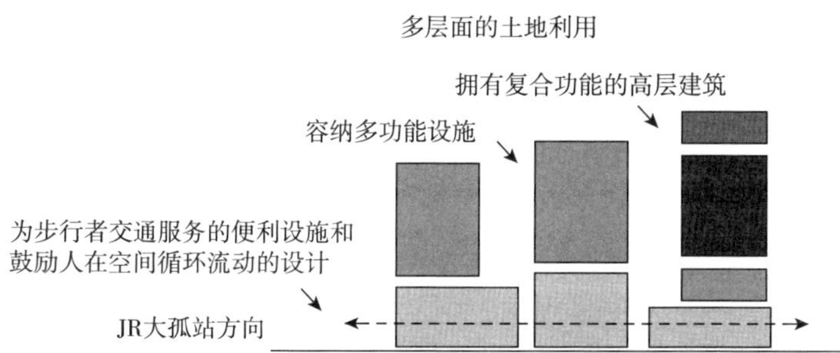

图 8–16　大阪站北区土地利用规划

图片来源：胡映东 . 城市更新背景下的枢纽开发模式研究——以大阪站北区再开发为例［J］. 华中建筑，2014（6）。

八、横滨未来 21 区——从衰败工业区到繁华商业区的蜕变

1. 衰败工业区的历史与现在

横滨未来 21 区曾是三菱重工的造船厂。1983 年底，政府为了促进大首都圈的发展，决定在该区域实施填海改造工程，将三菱造船

厂迁出该地区，开始填海造地和开发建设。

横滨未来 21 区，简称 MM21，位置紧靠横滨市中心，东北濒临大海，面对海湾大桥，景观壮丽，交通便利，有发达的铁路（包括港未来站、新高岛站、樱木町站和横滨站）、公交（包括横滨市营巴士系统和京滨急行巴士系统）、航运系统等。建筑规模 300~400 平方米，项目分布于东京湾横滨港沿线。经历了近 30 年的开发，如今已形成了一个大型滨水区，成为横滨新开发区的代表。区内摩天楼群、会议中心、购物中心、游乐园、酒店等现代化的办公及商业设施林立，成为一个集观光旅游、商务、购物、会议、展览、博物馆于一体的新城市片区综合体（见图 8-17）。

横滨未来 21 区以贸易和国际交流为规划的核心，强调人文、环保、自然等理念，区内配置了商贸大厦、会议中心、展览中心、电信港及多元信息中心、美术馆、海洋博物馆以及滨水步行绿化系统，与原有市中心结合，形成中央商务区，并通过借助先进的信息技术手段，致力于打造国际性的港口城市。

图 8–17　横滨未来21区鸟瞰图

具体来看，横滨未来 21 区依托毗邻的东京商业圈以及横滨港，吸引国内外资源，同时通过大面积的填海造地和将老工业基地迁出该区域，努力打造出 24 小时川流不息的现代化国际港口城市。再开发中坚持绿色环保的理念，注重自然环境和人文景观的保护和打造，使新城成为和谐安定、与自然友好相处的国际城市。建设中坚持采用高新技术，在建筑、通信、交通及节能环保领域均使用先进技术，努力将其打造成科技化的智慧型城市。

2. 漫长艰难的更新规划之路

从规划更新时间上看，横滨未来 21 区在 20 世纪 60 年代进入筹划阶段，1983 年三菱造船厂迁出该区域，项目正式动工，前后经历了近 30 年的建设开发（见图 8-18）。

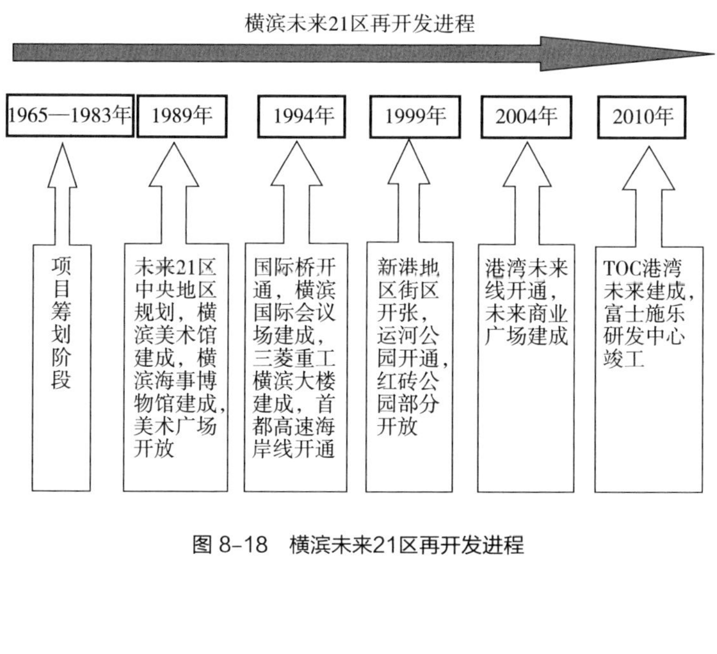

图 8-18　横滨未来21区再开发进程

从更新域内街区分布看，横滨未来21区一共有68个街区，中央地区聚集了大多数产业，而且是以商业办公、文化休闲为主的国际区和商务区（见表8–5）。

表8–5　横滨未来21区业态分布及占比

业态类别	占比（%）	主要内容
国际区	33	汇集公司总部及相关文化、商业辅助设施
商务区	31	博物馆在内的文化设施及购物场所、公园、城市住宅
商业区	7	以酒店、商业、娱乐、会展设施为主
步行区	12	大型的办公、酒店及商业聚集区，主要在火车站、地铁站布置
开放区	17	以开放公园为主

在街区分布的基础上，通过建筑设计突出21区特色，区内建筑景观和生活空间的设计都极为有特点，使其不仅成为高端商务、会展、文娱、创意产业汇集之地，同时也成为横滨乃至整个日本重要的旅游观光之地。

从功能区分布看，21区主要有商业功能、交通运输功能、商务功能、居住功能、酒店功能以及休闲娱乐功能，其中又以交通运输功能、休闲娱乐功能和商务功能为主。从占比上看，交通运输功能占比29%、休闲娱乐设施占比为25%。具体如表8–6所示。

表 8-6　横滨未来21区功能比例分布

层级	类别	内容	占比（%）
主要功能	交通运输	铁路、公共交通和航运系统	29
	休闲娱乐	丰富的文化休闲娱乐设施	25
	商务	先进的办公设施、高档的国际会议中心、展示中心	46
次要功能	商业	购物中心、商业街	
	酒店	五星级高档酒店	
	居住	就业人口规划 19 万人，常住居民仅 3000 户	

3. 公私合作缔造繁华商业区

从开发运营上看，未来 21 区在开发运营中探索公私合作新模式，引入公、私部门合组的第三公证单位，即 MM21 开发公司，通过市场化机制操作，同时兼顾公司利益，提高运营效率。为筹集资金，采取公私合营、多方投资的战略。由政府和社会共同参与，吸引社会资本共同参与，不断拓宽融资渠道。在运作管理过程中以区域环保和交通为依托，主打商贸服务业，并配以办公、酒店的多元管理模式，努力打造集商业、办公、旅游、休闲为一体的港口商业中心。

从投资分工上看，各参与主体明确分工，在明确责任的同时提高效率。具体来看，政府部门主要以基础设施的建设为主，配合行政、立法权的行政协助，以及辅助投资。私营部门主要负责各项商业、住宅设施的开发。第三部门主导公共设施建设运营，并提供资金、营运管理技术，以及负责相关设施建设。具体的横滨项目的投资项目类别及其投资主体见表 8–7。

表 8–7　横滨项目的投资项目类别及其投资主体

项目类别	投资主体
填海造陆、平整土地和基础设施建设	横滨市
兴建贸易和商业大厦	私营公司
兴建艺术博物馆、海事博物馆等公共设施	神奈川县
国际会议中心及未来 21 世纪港的铁路工程	公共部门和地方财政

第九章　韩国城市更新及案例

一、韩国城市更新发展历程

韩国和美国一样，城市更新改造常随住房政策、政治环境和经济状况的改变而变化。许多城市在自己中心城区的改造和更新项目中苦苦寻找市场。对首尔来说，困难在于中心城区的用地和住房的压力激增。这就造成了这样一种局面：城市改造市场化的首要途径变成了如何容纳日趋增加的人口。韩国试图实行降低首尔人口增长速度的首都圈规划，以及一系列为实现人口向别的区域迁移的相关政策，以达到重新分配人口的目的。然而，人们还是继续向首尔城市圈迁移。20 世纪 60 年代首尔市人口约 300 万，1988 年人口增长到 1000 万，面积也从 270 平方千米增加到 630 平方千米，人口约占全国总人口的 20%。首尔城市圈（包括首尔特别市、仁川广域市和京畿道）仅仅占韩国 12% 的土地，却占全国的近 50% 人口和 70% 的 GDP。这种“垄断类型”的城市圈城市更新不同于美国，具有其独特性。

1945—1960 年，被认为是日本和韩国的经济复苏期。由于农业人口的大量迁徙导致城市化进程加快。而此时，韩国政府在城市区域内依靠非官方的形式拨给土地和设置安置区以允许居民自建住宅。

甚至当这些住房还处于危房状态的时候，就可以在实用性和可负担性上满足移民的需求，而且这些住房还提供了一种强有力的社区归属感。在这期间，政府对住房供给计划和城市更新改造的干涉是很少的。韩国城市更新主要分为以下几个阶段。

1. 以寮屋清理为出发点的城市更新改造运动（1960—1975 年）

从 20 世纪 60 年代早期到 70 年代早期，韩国的房屋定点和相关的服务项目为在大城市的郊区地带自主建设住房提供了便利，但是由于一系列重新安置政策的缘故，暴力抗拒与日俱增。在城市的更新和改造过程中，政府对保持可持续发展的关心日趋加重。

在 20 世纪 60 年代晚期，韩国政府致力于为提供和增加商业及办公需求而进行的城市清理运动，尤其表现在首尔地区。这一运动铲平了大量的寮屋，同时将原居民迁往郊区。不过，值得一提的是，在韩国总统大选之前许多项目被停了下来。城市的更新和改造意味着一大早就派出卡车将原居民以家庭为单位尽数迁走，然后立即出动推土机将房屋全部推倒以防止居民回迁。韩国政府同时也推出一系列的经济政策，这也导致了城市土地和住房价格的飞涨。被称为多元化经营的企业集团型的联合大企业开始向房地产领域投入巨资。

为了遏止城市区的持续扩张，韩国政府 1971 年制订了一些主要城市绿带计划。但造成了绿带地区的拆迁居民，受到经济上的剥削，也得不到一个稳定的居住环境，所有居民和 90% 的土地所有者被迫退出，社区网络被彻底摧毁。因此，韩国以市场控制及技术统治论的城市更新方式，根本无法保障居民自愿拆退的权利，饱受各界的批评与质疑。韩国政府为了控制首尔市中心区的人口过度膨胀所产生的压力，于20世纪70年代初期制订国土综合开发计划以促进城市与农村的均衡发展，但成效不佳。

2. 城市中心区环境提升与住房更新改造协同发展时期（1976—2000年）

韩国于1976年颁布《城市更新法》，进行城市中心区的更新，利用老旧建筑物及旧工厂进行生态化与休闲式的更新改造，特别是大城市郊区的再开发。韩国的城市更新一方面加大市中心区的改造，另一方面也强调郊区的再开发，城乡一体的城市更新策略促进城乡关系的协调。20世纪80年代，在韩国，居民的搬迁作为一个社会事件层出不穷。这里主要有两个原因：一是政府大力支持城市的更新和改造为国际性体育比赛等重大事件做准备，二是房屋的所有者逐渐掀起了对承租人的驱逐。

韩国在1983年启动联合住房更新改造项目。为举办1988年奥运会，首尔提出城市再发展计划，扩大城市区范围，改善市容市貌，清除在首尔边缘区被人非法占据的住宅区，破坏首尔城市边缘区的社会网络并逐出原居民。与以前通过暴力手段强行拆迁和重新安置原居民不同，这个项目凭借组织区域内的原居民联合形成具有广泛代表性的协会，当地居民通过这个协会来与开发商们谈判协商最终完成这个项目。大多数发展资金来自开发商，中央政府投入很少。得到授权的开发商创立了一个发展计划并且要依靠当地政府的批准，如果政府全部或部分地拥有发展的土地，那么接下来它就会把这些土地全部卖给当地居民所组成的协会。利益驱使开发商进行了战胜所谓“困难”的高密度开发，同时这个居民联合体的成员也靠出售他们的住房单元或者住房单元的购买权获取利润。这个项目建造了大量高层建筑，从而改变了首尔的天际线。

1989 年政府设立居民居住环境提升项目，是为了避免和调解联合住房更新改造项目所造成的寮屋地区房屋所有者和承租家庭之间的激烈矛盾。这一项目要求当地政府为新迁入和更新改造中的家庭建造大量的基础设施。它使当地居民、当地政府以及韩国国家住房供给联合会协调一致共同更新和改造居民住房。韩国的公共住房项目简单地参照了住房建设中公共拨款的模式。从 1984 年到 1999 年，建成 26 万套住房单元，拆毁 11.5 万间危房。但是这个项目仅仅局限在能保证当地土地所有者和开发商均可获取利润的区域内进行。

3. 注重综合性城市再生与社区营造时期（2000 年至今）

2000 年以来，韩国除新城市开发外，还积极推进国土交通部的城市再生项目、地区开发委员会主导的新农村项目、国民安全处的建设安全的地区社会项目等再生相对衰退或正在衰退的原城市的城市改造项目。

实现对历史住宅区的保护，建设低层租赁住宅，搞活社区共同体。为此，在推进以 1~3 层的低密型租赁住宅为基础设计时，还促进制订租赁住宅管理方案及搞活社区共同体方案。为能开展将历史与生活文化互相融合的“城郭社区保护及管理”，将制订与复原汉阳都城项目等有关工程保持整合性的城郭社区保护管理综合计划，并按阶段逐步推行（9 个区域、20 余个社区）。制订以居民为中心的“蚂蚁社区”再生方案，打造利用历史资源的文化空间（敦义门区域），推进城郭路和周边历史资源发掘与保存、近现代建筑及韩屋类型保存及文化综合形态建设等，树立首尔型城市居住再生模式。推进昌信、崇仁新城区的示范工程，促进首尔型再生模式的树立。利用城郭等资源开发旅游产业，设立展厅宣传地区工程的历史，打造包括纺织业在内的产业竞争力基础，为形成社区共同体鼓励居民参与等。

二、韩国城市更新制度保障

1. 立法方面

韩国城市更新开始于1972年修正的《城市计划法》。随后在1976年制定《城市更新法》，该法制定的目的在于让首尔市能有计划地执行城市更新，加强城市更新事业的发展，以及城市的健全发展与公共福利的增进。

2011年韩国《城市及居住环境整顿法》被重新修订，新增了有关居住环境管理项目和道路住宅整顿项目的制度性规定。此后，居民参与型再生项目的社区营造示范性工程开始推行。根据2013年执行的《推动及支援城市再生特别法》，城市再生项目是指推动城市再生地区，按照推动城市再生计划执行的各种项目，可以是包括《城市及住宅环境整治法》的整治项目（居住环境改善项目、住宅再开发项目、住宅再建筑项目、城市环境整治项目、居住环境管理项目及街道住宅整治项目）和《城市再整治促进特别法》中规定的再整治促进项目的城市改造项目。新提出的城市再生项目与原来全面迁移后进行再开发的开发方式不同，从物理、经济、社会层面综合性地接近开发对象，同时实施保全、整治、改良的开发方式。城市再生项目通过试验区域（昌原市、全州市），确认其方向性之后，2014年选定13个先行地区（经济基础2个，近邻再生11个），2016年选定33个地区（经济基础5个，中心市区9个，一般近邻再生19个）。未来韩国政府计划每年选择35个左右的城市再生项目进行持续推进。

2. 机构设置

韩国在2013年通过《推动及支援城市再生特别法》后，政府清楚界定了与民间团体合作的角色和预算分配的方式。在韩国经济、人口及基础设施都呈现衰退的环境下，由行政院成立跨部委委员会，制订不同层级的计划执行城市再生政策，包括国家城市再生政策方针、地方政府策略计划、地方政府行动计划（包含经济及基础设施行动计划及社区行动计划）、城市更新案例的执行。其中地方政府行动计划的经费一半来自中央政府，另一半来自地方政府，也因此地方政府需要统一整合地方资源及发展困境来申请中央政府的经费。

韩国城市再生政策的关键之一，是将城市再生支持中心作为中央政府与地方政府的中介角色；负责协调专业规划、地方需求及社区经济，如同中国台湾社区规划师的角色。城市再生支持中心由地方政府或民间组织成立，是地方政府向中央政府申请预算的重要伙伴（虽非明文规定，但中央鼓励地方政府设立）。

3. 土地制度

韩国自国家成立之后，陆续制定了关于土地开发和保护的各项法律。对于城市土地开发，韩国政府一方面使住宅区开发等计划成为一项制度化的工作，另一方面还提出了城市改造计划。为了刺激对空地的开发，韩国政府又建立了韩国土地开发事业公团。保护私人产权第一次被写进法律，成为一项制度。但为了限制私人土地所有权，韩国政府又制定了大量维护公共利益的土地法律。

特别是在20世纪70年代，为支持经济的快速发展和后续的城市发展计划，韩国政府出台了比较完善的法律体系。包括《住宅建设促进法》《地方工业开发法》《城市规划法》《农地扩大开发促进法》等。为了抑制投机和房产泡沫，韩国还制定了一些调控措施，如《关于宅地所有上限的法律》《关于开发利益回收的法律》《土地超过得利税法》《关于房地产实际权利者名义登记的法律》。完善的法律体系为城市开发和城市更新土地开发提供了保障。

为了完成韩国“200万套住宅”计划，韩国专门设立了以政府为主导的土地住宅公社，从以往的数据来看，韩国首批5个新城的开发主体都是韩国土地住宅公社。20世纪90年代之后，特别是进入21世纪，社会资金参与城市开发的比例才逐渐增多。韩国土地公社在城市开发过程中，政府主导的开发方式主要是站在公共的立场上促进规划和开发，负责土地的一级开发和出让，包括从所有者手中买入、开发、储备和供给。政府主导的开发模式一定程度上抑制了土地买卖投机行为。韩国中央政府以公共利益的名义征收了大量土地，为城市开发开拓了有效的空间。综合来看，韩国土地公社在城市更新计划中，对土地和房屋方面的征收、拆迁、储备、再开发利用发挥了重要作用。

附：《韩国土地住宅公社法》片段

根据2014年6月3日最新修订颁布，2015年1月1日实施的《韩国土地住宅公社法》第八条规定韩国土地公社的职责：

（一）公社执行以下各项事业

1. 土地取得等有关各项的事业。

a. 土地取得、开发、储备、管理、供给与租赁。

b. 依据《公共土地储备法》规定之土地银行事业。

c. 依据《公共机关地方迁移行政城市建设与支援特别法》规定之土地与建筑物购买。

2. 土地与城市开发有关之各项事业。

a. 住宅建设用地、产业设施用地与总统令所定之公共设施用地之开发事业。

b. 城市开发事业、城市与居住环境整顿事业。

c. 具有居住、产业、教育、研究、文化、观光、休养、行政、信息通信、福利、流通等（以下简称住居等项目）基地与开发设施等综合性的计划开发复合基地的开发事业。

d. 开垦与填海造陆事业。

e. 韩国与朝鲜经济合作事业。

f. 地上权住宅事业。

g. 汽电共生能源供给事业。

3. 住宅（包含福利设施）的建设、改良、购入、储备、供给、租赁与管理。

4. 住宅与公用（公共用）建筑物的建设、改良、购入、储备、供给、租赁与管理。

5. 为了低收入阶层而提供居住福利事业。

6. 受托土地买卖与管理。

7.《公共土地储备法》《土地开发法》《公共住宅建设等特别法》《产业土地与开发法》《住宅法》《地区开发与支援法》《宅

基地开发促进法》等其他法令允许公社执行的事业。

8. 依据第 1 款至第 5 款与第 7 款事业群的规定，依据总统令所定的公共福利设施建设与供给。

9. 有关第 1 款至第 8 款事业群之调查、研究、试验、技术开发、资材开发、设计、监理，提供信息化事业与其劳务。

10. 接受国家、地方自治团体与《国家均衡发展特别法》第 2 条第 9 款规定之公共机关委托而执行该当第 1 款至第 3 款、第 5 款、第 7 款至第 9 款之事业。

11. 第 1 款至第 10 款之事业附带之事业。

（二）公社经理事会议决后，投资或捐助执行该当第（一）项各款之事业与其类似之事业的其他法人。

（三）公社可在国外执行第（一）项的规定事业。

4. 规划制度

韩国原先的《城市再开发法》于 2002 年起更名为《城市与居住环境整备法》，在基本内容中，有政府部门引导规划下的“再开发”与私有部门自行申请的“再建筑”相区别。根据韩国的《城市与居住环境整备法》，可以看出制度设计清楚地区分政府的职责 / 土地拥有者的权利义务关系，以及面向保障小土地拥有者、租户的生计、居住与工作权益方向进行的制度性变迁。

此外，以首尔市目前的自治条例规定为例，前者由政府部门引导规划下的“再开发”所得到的容积率奖励，更新后总楼建筑面积或总容积率有 20% 是作为社会住宅，优先安置住不起的原住户，为其建设公租房。而“再建筑”由于未确定公益性用途，是不得申请容积奖励。

2014年1月，韩国政府在大幅修正新法的行动中，在城市居住环境整备的手段上，就列举了六种城市环境整备事业，如居住环境改善事业、住宅再开发事业、居住环境管理事业、街路环境整备事业等。分别对应解决城市公共设施改善、住宅状况改善等不同类型的需求（更新条例基本内容见图9–1）。

5. 城市更新实施流程

（1）计划阶段。

第一，基本计划的拟订。人口超过一百万的城市市长依据总统令，需向建设部行政机关提出管辖城市计划区域之内的城市更新基本计划。但在施行住宅改良更新时，不需此手续。建设部行政机关在必要时，除了上述所指之外可提出市或郡的城市更新基本计划。第二，城市更新地区的指定。根据韩国城市更新法第四条，建设部长官可指定城市更新地区。第三，城市更新事业计划的拟订及核定。市长或郡守需在城市更新地区指定告事后两年之内，拟订城市更新计划，并向建设部行政机关申请核定。但在必要时，建设部长官可直接拟订城市更新事业计划。

（2）实施者。

根据韩国城市更新法第九条、第十条、第十一条，韩国的城市更新称为“城市再开发制度”，共分为再开发、再建筑和新城镇再开发。实施主体主要有土地所有权人、土地所有人组织的更新合作社、地方自治团体、大韩住宅公社、韩国土地开发公社和以实施城市更新事业为主要业务的特殊法人机构、第三开发者。各更新施行机构拟订更新事业计划后，必须由建设部行政机关权属单位核准执行。

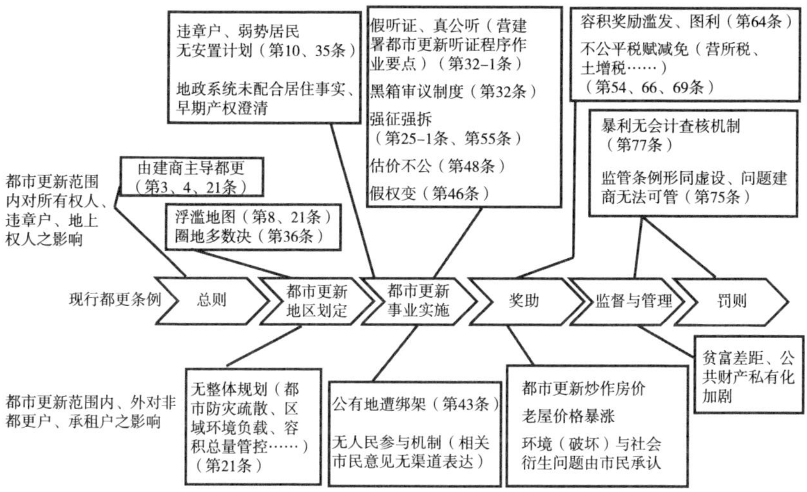

图 9-1　韩国城市更新条例基本内容

三、首尔清溪川城市更新案例——重返清溪历史自然风貌

1. 更新目标

清溪川的改造意味着恢复首尔在长时期内失去的自然面貌，同时也是再现首尔 600 年发展的历史。因此清溪川改造工程的目的就是要将首尔恢复成一座环境优美的城市。

清溪川是自东向西穿越韩国首尔市中心的一条古老的河道。自朝鲜王朝（1392—1910 年）于 1394 年由开城迁都首尔起，伴随着 600 余年的发展，这条古老的河道给人们的生活带来欢乐，同时也给人们的生活带来过辛酸与痛苦。[①] 随着韩国首都的现代化，清溪川逐渐被污染，成为城市发展的一个障碍。日本统治时期，清溪川在历史上第一次被覆盖，以解决环境、洪水以及作为排水系统存在的

① 曹征齐，郭军 . 汉城：还清溪川秀美生态［J］. 中国水利，2014（16），54-56.

环境污染等问题。后来，清溪川的覆盖工程曾经由于缺少资金而停滞下来。1958 年随着首尔市的重建，清溪川覆盖工程又重新上马。从 20 世纪 70 年代开始，韩国经济开始起飞，首尔政府为了解决交通问题，提高城市中心区的道路通行能力，在被覆盖的清溪川上修建了高架桥，桥长 5.8 千米，宽 16 米，是一条双向 4 车道专用汽车道，成为横贯首尔东西的交通主干道，日均交通流量达到 16 万辆，被认为是韩国城市现代化的象征，一度被韩国人引以为豪。由于交通便利，位于城市中心区的清溪川周边地区很快就成为以电子、机械工具、印刷及服装业为主的城市工业及服务业中心。河流沿岸大部分区域也沦为一个批发仓库区。

到 1978 年，经过 20 年时间，覆盖工程完成。清溪川在没有经过治理的情况下被水泥板和高架桥所覆盖。至此，原来存在 600 多年，影响首尔市民生活的清溪川作为开放性城市河流的历史结束了，而被覆盖的清溪川的时代来临了。

然而，高架桥的修建在提高城市交通运输能力的同时也带来许多问题，如桥上的噪声、汽车尾气扬起的灰尘对周边地区产生严重污染，而且高架桥的巨大体量也破坏了首尔传统的街道结构，切断了城市中心区内部的联系。

从 2002 年 7 月起，在时任首尔市长李明博的带领下，宣布了一项拆除高架快车道复兴清溪川的计划。拆除产生的所有钢铁废料和 95% 的混凝土及沥青废料将在复兴过程中回收再利用。重新挖掘河道并灌水，同时修筑河床使清溪川水资源不易流失。为重新美化河流，工程在河岸种植各种植物（见图 9–2）。在河道上通过向社会征集兴建了多座各具特色的桥梁。

整个清溪川更新改造工程总耗资 9000 亿韩元，历经 27 个月，于 2005 年 9 月完成，使历史上的清溪川这个曾经的公众眼中钉变身为公共公园重新开放，成为首尔市中心一个休憩场所（见图 9–3）。

然而，清溪川的设计却具有更远大的抱负：改善首尔市中心的环境和居住条件，缓解城市北部和南部之间的发展差距，恢复在快速城市化过程中失去的自然与文化遗产（见图 9–4），创建新的公共空间和配套设施，加强交通安全性，并促进旅游业发展。环境效益已被证实。清溪川开放四年后，空气微粒污染程度每立方米下降 26 微克，鱼、鸟种类数量增长了 6 倍。在改造前清溪高架道路四周温度高于首尔全市平均气温 5℃以上，改造后则低于全市平均气温 3.6℃，体现出对城市微气候的有效调节。

图 9–2　穿首尔城而过的清溪川

图 9-3　首尔市民在清溪川桥下纳凉

图 9-4　河道两侧墙壁贴着清溪川历史变迁的印记

当地住宅和商业地产实现增值。交通状况也得到了改善，尽管在设计上减少了行车道，但公交巴士服务得以扩容，再加上对私家车的监管，这些措施协力使通行速度得到提升。平均每天有 9 万人次的访客到访清溪川，居民和游客将其作为日常散步和活动的场所。

在长达600年的发展历史过程中，清溪川经历过多次改造，每次改造的目的各有不同。今日的首尔人民正以一个全新的理念和巨大的投资彻底改造和建设清溪川，还其真面貌，创造一个人与自然和谐的新清溪川。

2. 恢复河道历史自然风貌，打造居民亲水乐园

让清溪川的河水清洁起来、流动起来，这意味着恢复其本来的自然环境面貌，将首尔变成一座环境友好型城市。

为城市人民提供一个具有娱乐休闲条件的亲水环境。同时使清溪川变成城市绿化系统的中轴，与周边的历史古迹联系起来，构成首尔的文化中心。

创造出具有商业和工业价值的发展生机的环境，使首尔变成具有国际竞争力的金融中心和东北亚的商业中心。

改造清溪川，将首尔变成具有清洁河道的绿色城市，并增加首尔的整体价值。

典型河道恢复整治工程有恢复历史重要桥梁，挖掘文化资源，为人民创造一个文化空间。改造工程中将已被埋在地下的旧桥恢复其历史原貌。将一座桥迁移到公园。拆除清溪川路面结构以及高架桥。从技术和安全角度看，这些早期建设的工程已经超过了使用寿命，桥梁混凝土表面剥落，部分钢筋裸露并遭到锈蚀等。

首尔需要变成一座以人为本的环境友好型城市。以往进行覆盖清溪川的目的是消灭疾病、减少污染、改善城市交通。从现代发展的角度看，它已完成了其历史使命。现在清溪川为首尔创造一个良好的生态环境（见图9–5），以提高其整体价值。

通过恢复已被忽略的城市中心来平衡地区的经济发展。在过去的 40~50 年里，该地区的人口迅速减少，失去了竞争力。改造清溪川，可以恢复其原有的生机，使其成为国际金融中心、商务活动中心以及高科技信息中心。

图 9-5 清溪川上部步行街喷泉

3. 健全组织架构，吸引公众参与

清溪川复兴改造项目的顺利实施源于较为健全的组织体系，其中由专家和普通市民组成市民委员会进行政策指导，收集和反馈公众意见，召开听证会并提供咨询服务。项目研究组负责前期可行性研究以及项目规划设计。工程总部则负责项目的执行。项目执行过程中接受来自公众、专家及有关组织的意见，并且在可行性研究及设计过程中认真加以考虑。该项目还与政府机构紧密合作，建立了若干临时办公室，以利于加强与地方及公共部门的联系，同时还有

25 个独立团体参加与市民的联系和人员培训等工作（清溪川工程组织架构图见图 9–6）。

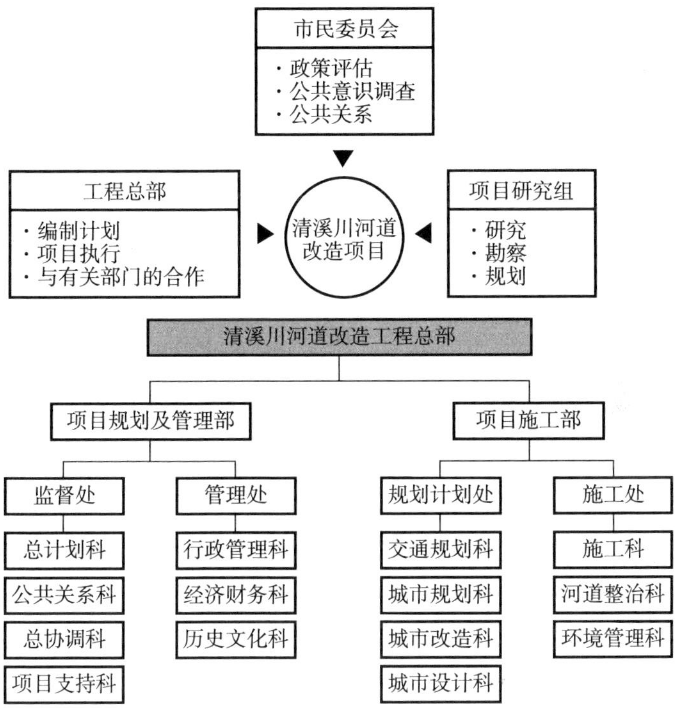

图 9–6 清溪川工程组织架构图

2014 年 2 月，为便于清溪川工程的保护与运营管理，成立了清溪川市民委员会，成为清溪川 2050 总体规划的编制和实施主体。该委员会包括生态环境部（8 名委员）、历史文化部（6 名成员）、城市规划（8 名成员）和实施平台（5 名首尔市政府官员）。

4. 政府削减年度预算筹措资金

专家预测长达 6.3 千米的清溪川河道生态环境恢复工程将耗资 3600 亿韩元，其中用于 2002 年 8 月开始的前期预备性工程投资约为 100 亿韩元。在整个工程中，没有使用公共基金，考虑到筹措资金来源不足的情况，政府将实行削减年度预算。

四、《首尔站 7017 项目》城市更新——韩国版纽约高线公园

1. 更新目标与更新计划

首尔站高架与首尔市荣辱与共 45 年（1970—2015 年），但现在已老旧得不能再使用。首尔市为了重建首尔站高架桥，于 2015 年 1 月 29 日公布了《首尔站 7017 项目》。7017 意味着建于 1970 年，重生于 2017 年的历史性高架桥；从 1970 年的车道转变成人行道；1970 年建成的高 17 米的高架桥等。这条位于空中的步行街全长 938 米，它串起了 17 个景点和设施，一头是万里洞、中林洞、青坡洞，中间是首尔站，另外一头是南大门市场。作为把首尔站高架桥，乃至首尔站一带打造成高附加值地区的城市再生先导项目，其意义深远。①

首尔市政府和市民，希望通过该城市更新项目达到以下目标：

（1）期待通过地区整合创造新的经济活力。可形成城市旅游、会展据点（与南大门市场、北部临站地角进行联动开发）。刷新“国际城市”首尔的窗口形象。确保东西走向的步行连接性（首尔站—万里洞），提供自主再生活力。

（2）利用既有的设施，创造城市创新型绿地空间。打破因城市可用土地不足、地价高等导致的公园扩充局限性，利用城市既有的设施建设新的空中庭院。再利用高架公路，把其打造成历史、文化、

① 参见：http://chinese.seoul.go.kr/。

旅游、生态的核心空间，是把以车辆为中心的城市基础设施转变成步行者专用设施的良好事例，是引领环境范式的城市再生典型项目。

（3）形成连接地区文化资源的新文化。高架下面的空间用作文化项目空间，确保新综合文化空间。形成连接首尔火车站楼旧址、西小门、孙基祯公园、药岘天主教堂、南大门市场、南山、首尔城郭等处的历史文化网络。整顿自行车道路和步行环境，提高可达性。

这条空中步行街还承担着区域活性化的职能。位于道路一头的南大门市场，曾在2003年被认为是最受欢迎的旅游地，如今却面临着建筑物严重老化、空置率增加、转行率提高等问题。曾经的车行道无法给南大门市场带来人流，现在，首尔市把希望寄托在了7017步行街上面，希望它能够重新振兴南大门。

首尔市将把作为车道的938米首尔站高架桥重塑成人行道。这条道路与首尔站广场、北部临站地角等17条人行道相连接。首尔站高架桥是在2006年精密安全诊断安全性评价中获得D级评价的设施。但考虑到它作为工业化时代遗产的历史价值和未来作为欧亚铁路的起点和终点的价值，比起全部拆除不如把它重塑成能让人们休息和行走的空间，创造新的机会。

重塑计划的整体构思是以首尔站高架桥和每天有39万人、75条公交线路穿梭，既是首尔的关门也是国际的关门，以首尔站为中心连接西部站周边与首尔四大门里面的城中心。

通过这种蓝图的整合重塑，让孤立的首尔站变为人们行走、相聚、停留空间的同时，成为人群向周边流动的“沟通之桥”，连接和整合曾经断绝的东西地区，给衰退的地区经济提供了一个注入活力的新模式。如果新设17条人行道，外国游客首选地明洞、南山和首尔站周边将创造将历史、文化、购物融合在一起的新徒步观光时代。首尔市计划把首尔站一带打造成像明洞一样一定要去的首尔胜地。

2015 年 1 月 29 日至 4 月 24 日，首尔市为重建首尔站高架桥进行了国际悬赏设计作品征集，荷兰建筑造景专家威尼·马斯（Winy Maas）的“首尔树木园”（The Seoul Arboretum）获选。威尼·马斯公司是因设计 2000 年汉诺威世博会的荷兰馆、参与展望 2030 年巴黎面貌等项目而闻名的世界建筑与城市规划公司，而威尼·马斯是 MVRDV 建筑设计事务所的创始人和董事长。

该作品以自然为媒介，把混凝土构筑物转换成了有生命的场所，评委评价这种做法是具有未来主导性和创新性的设计。同时，作品提出了把首尔站一带打造成绿色空间的可能性，并重视各类市民及各种主体能够一起构建这一空间的进程，这一点获得了评委的大力支持。

2015 年 5 月，首尔市公布了《首尔站一带综合发展计划》，计划把首尔站一带发展成连接南北方向产业轴和东西方向会展轴的城市中心轴。并利用这些资源把该地区打造成历史、文化和旅游胜地，给衰退的地区经济注入活力。

2. 政府与居民均饱含对城市历史难以割舍之情愫

《首尔站 7017 项目》的主要内容是通过重塑首尔站高架桥大幅提高步行环境，活跃南大门市场和促进城市再生，完善和解决沟通、交通、安全等问题。

此次计划是首尔市通过 100 余次（包括现场沟通 73 次、听取一般市民和专家意见 7 次、相关机构协商 13 次等）与市民沟通，将反对意见也反映到计划中的实施方案。

首尔市将提前实现居民提出的与《首尔站 7017 项目》相关的开发北部临站地角要求事项。根据有效利用北部临站地角的土地和整合建筑计划，首尔市一方面把替代桥梁的建设与北部临站地角开发项目相连接，另一方面设计近距离迂回路线（万里岘路—盐川桥—退溪路），加强东西干线（七牌路—崇礼门）等，促进改善路况的交通措施的实施。

首尔市在实现北部临站地角开发的同时，正在计划构建连接韩国国际会展中心的会展轴。首尔市为振兴持续 10 年低迷不振的南大门市场而不断努力，最终南大门市场在 2015 年 4 月成功获选为“全球名品市场”，中央政府将投入 50 亿韩元。同时，首尔市计划制订符合中林、会贤、青坡洞等各区域的再生发展计划，并与居民共同努力实现这一计划。

3. 高架桥重生后人与自然的相遇，现在与过去的交汇

2017 年 4 月，首尔站高架道路以“沟通的桥梁”重生，由车道变身为步道，拥有 17 条步道，17 米的高度。集休憩、散步等各种体验于一体的高架道路公园，拥有 684 个圆形花圃、20 套便利设施、16 座广场。成为连接历史与文化的新形态步行街，连接首尔的知名景点有首尔站、南大门市场、南山、明洞，在高架道路上欣赏充满魅力的首尔风景。

为与普通的黄色路灯形成对比，7017 步行街特意采用了蓝色的灯光。节假日时，它可以变换色调，为整座城市带来丰富的节日色彩。

4. 设立城市再生总部机构全面推进更新计划

首尔市设立了城市再生总部，其职能是在具体化不用像过去一样拆除全部设施的“首尔型城市再生”新型城市开发模式。同时，

把首尔站高架桥打造成促进首尔站一带再生的城市再生工作的先导模式。

目前，首尔站高架桥经过首尔市与韩国国土交通部、韩国警察厅等各方面长时间的协商，于 2015 年 12 月 13 日正式封闭。随后投入约 42000 次人力、2980 台建设设备、3467 平方米混凝土、419 吨钢筋进行施工。

首尔市当日公开了《首尔站 7017 项目》的收尾工作现场，597 亿韩元项目资金当中 40% 以上将用于保障高架安全，确保抗震达 1 级，安全等级达 B 等级。它能够承受规模达 6.3~6.5 级地震，承重 5 万人次（体重 70 公斤以上）。安全栏杆设计高出外国主要步行道路栏杆（最高 1.2 米），达到 1.4 米，设置 29 个摄像头，在管理室时刻进行监督。

共安排警卫人员 16 人，进行 24 小时巡查，周末及公休日追加 10 人在主要进出口，将摆地摊现象扼杀在摇篮当中。

另外，将栽种 50 种科目的 228 类共 24085 株植物，打造一个空中植物园。

完成市民园艺师课程的 60 余位专业园艺师志愿者，将分为树木组、野生花组、图鉴组等，对植物进行观察及管理。

五、首尔东大门城市更新案例——从传统低廉服饰业向引领时尚流行圈的蜕变

1. 更新目标

通过城市更新计划，实现创意文化产业、服饰业、设计业、批发零售业等产业集聚整合，实现区域整体经济复兴。重建东大门历

史文化公园，实现历史与现代潮流的交融。

东大门位于首尔市中心，是朝鲜王国时期汉城（今首尔）东部的城门，原名兴仁门。以东大门为中心形成的大型购物商场和服饰批发区，统称为东大门市场，已有600年历史的东大门市场是目前亚洲最大的服饰批发及零售市场之一。全区共有30个商场、3万多家商店和5万多家制作厂商，聚集了服装设计、原料供应、生产加工及物流等相关行业。东大门最著名的四栋大楼分属于四家百货公司，专售首尔当地设计师的服饰精品。东大门服饰批发业最吸引人的是他们的设计师群、灵活的小批量生产方式、快速的交货能力，以及合理的价格，构成整个市场的竞争优势，每年营业额高达595亿韩元。①

20世纪70年代，韩国兴起的纺织业以代工为主，东大门地区聚集的服饰业以低价作为主要竞争手段。20世纪90年代初，给国际观光客的旅游指南《韩国手册》这样写道："东大门是丝绸买卖中心，迷宫般的小巷里散布着数以千计的摊点店铺……"虽然纺织品是韩国当时非常重要的输出品，但是在全球服饰市场中韩国品牌是便宜货的代名词，东大门市场更称不上景点。

要理解东大门如何崛起，要先从在全球化经济下受到挤压的韩国如何将传统产业转型为创意产业的过程着手。如此，我们才能理解一个不掌握经济政策的地方政府，如何透过商圈的功能性设计及产业的群聚规划成功整合区域性的纺织和服饰产业。这个商圈的成功不仅活化了周边地区，更带动整体城市更新而发展成为首尔的新城市中心。东大门的成功，缓解了首尔甚至整个韩国纺织业在1997年之后的崩

① 林盛丰. 城市再生的20个故事［M］. 台北：台湾建筑报道杂志社，2014.

溃危机。韩国政府积极向全世界推广东大门的流行风潮，也让首尔及韩国服饰产业的世界地位提升至前所未有的高峰。

在时尚流行圈，首尔东大门俨然已成为时装中心的代名词。对去首尔旅游的人们来说东大门是购物胜地。然而，盛景背后的东大门也曾经历过多次更新改造蝶变。

2. 服饰产业的集聚整合与垂直分工带动区域复兴

东大门的小型服装加工业都有自己的设计师。这些尚未成气候但具有优秀设计能力的年轻设计师，可以立即吸收国际流行资讯，有能力模仿并结合生产线，在最短的时间内复制生产出当季流行风格的产品。由于采取小批量生产策略，所以不会因为量大而降低其设计价值。所以，韩国产服饰在中国台湾和中国大陆或者亚洲其他主要市场，既使售价高过本地产品，仍能获得来自各地中间商的喜爱。

东大门的流行服饰产业之所以成功转型，具备国际竞争优势，有赖于整体产业的群聚整合与垂直分工。

上层的时尚设计：从业者多为年轻设计师，其模仿、设计能力强，及时根据世界潮流推出最新款式。通过每年举办大大小小的设计发布会吸引国际目光，也建立了品牌地位。其中最著名的是从2000 年开始举办的首尔时尚周。通过长期的努力，韩国时尚已在世界占有一席之地，成为国际名牌。

中层的生产制造：因为首尔服饰的品牌定位获得成功，首尔已发展成亚洲地区最重要的服饰批发市场。50% 的纺织从业者和 83% 的批发业者都集中在首尔，形成产业集聚优势。

下层批发零售业：几座大型卖场由于集中且货样齐全，加上合理的价格，在“韩流”文化的影响下，受到更多年轻人追捧。来自中国、东南亚各国的批发商到此购买货物。由于卖场集中，所以人们购物省时而迅速。虽然整个首尔地区除了东大门之外，也有许多能吸引观光客的百货公司及大型卖场，但东大门的独特优势在于集中、垂直分工。

3. 结合观光资源带动城市再生

东大门地区原本是由在 20 世纪 70 年代建造的体育馆，以及周边四五层楼旧建筑物构成的街区。20 世纪 90 年代末期，首尔市政府进行第一波城市更新，将整个地区规划为容积率较高的商业区。在 4 栋以流行服饰为主的百货大楼建成后，群聚效应开始发酵，业务量激增，批发零售业与服饰进出口业不到几年后已经越出了原本东大门市场的地区范围，扩散到清溪川两侧。

东大门的服饰业转型成功之后，带动了整个区域的经济越发繁荣。首尔市政府在后续的政策上，更将东大门的集客效应与知名度转化为观光资源，东大门已不仅是一个流行产业的基地，也是周边地区城市再生的引擎。

由于购物人潮的集中，首尔市政府展开清溪川整治及相关街区更新计划。2005 年清溪川整治完成后，成为首尔的新观光景点，市政府陆续在河岸举办各种服装与时尚秀，并重新规划从岸边到市场间的步道系统，让逛街购物的人群可以在购完物后一路游览清溪川的风景，轻松步行到东大门街区。

在对整个区域环境进行了整治更新后，2007 年首尔市政府进一步提出东大门历史文化公园计划，试图重新找回东大门的历史意义，并且强化首尔的设计产业竞争力。这个计划将东大门运动场重新规划，改建为历史文化公园。2009 年 10 月 27 日开放了首尔城郭与二间水门东侧设施，作为市民休闲的城市空间。在工程进行中，在东大门的运动场旧址发掘出文化遗址，因而设立了两所文化遗物展示馆，更增添了这个区域的历史感。

东大门历史文化公园内的主要亮点是东大门设计广场，由扎哈·哈迪德负责设计。建筑师将东大门的历史、文化与产业环境融入其空间与建筑设计中。以流线与曲面构成的非对称新颖造型，成为首尔的新地标。

东大门设计广场的建筑面积约 30000 平方米，地上 4 层，地下 3 层。整个空间由首尔设计基金会企划与运营，其任务是提升韩国的设计水平，支援韩国的设计产业。东大门设计广场的内部设有多功能展示大厅、以设计为主题的展览馆、设计博物馆、设计体验馆、设计未来馆、咨询教育中心、设计资源中心和数据资源库等设施。开放后可以常年举办与设计相关的国际会展，推动国际设计网络，并开办支持各产业设计师的训练课程。根据首尔设计基金会的规划，东大门设计广场将成为韩国创意产业与设计产品的营销平台。全世界最新的时尚潮流资讯将集中于此，再传播到世界各地。

第十章　中国台湾地区城市更新及案例

一、台湾城市更新历程

1. 城市更新的概念

台湾当局的《城市更新有关规定》中对城市更新有明确的概念：城市更新系指应遵循的程序，在城市计划范围内，实施重建、整建或维护措施应遵循的程序。城市更新是具有公共利益性质的城市开发，其目的不是使开发商或土地产权所有者能够赚钱，而是促进整个城市的土地更有效利用，进而复苏城市机能，促使公共利益和社会价值的提升。

由此可见，台湾地区关于城市更新的内容和处理方式，主要有三种：一是重建，即拆除更新地区内的旧有建筑物，建设新建筑，改进区内公共设施，同时变更土地使用性质或使用密度；二是整建，指改建、修建更新地区内建筑物或完善其配套设备，并改进区内的公共设施；三是维护，加强更新地区内土地使用及建筑管理，改进区内公共设施，以保持其良好状况。

2. 城市更新的发展阶段

台湾城市更新经历了不平凡的发展历程，从参与主体和更新内容来看可以分为以下几个阶段。

（1）1990 年以前，台湾当局承担城市更新时期。

这一时期台湾当局为城市更新的主要实施者，主要集中于 1973—1992 年，遵循传统的行政主导型模式，推行方式以区段征收和市地重划为主。这一时期的更新偏重于城市物理环境的改善，对小区网络的延续性关注不够，在更新过程中极易造成官民关系的紧张。

这一时期制定并出台了诸多规定，明确了城市更新的相关内容。如 1973 年修订了《城市计划有关规定》，明确了城市更新，并对城市更新的处理方式、更新计划的拟订、申请程序、负责管理的部门等做出了明确规定，该规定也成为城市更新最初的依据。1975 年发布实施《居民住宅有关规定》，对城市更新和住宅计划相互配合做出规定。1986 年出台《平均地权有关规定》，增加了旧城市市区施行区段征收的条文规定。

（2）1990—1998 年，奖励民间办理城市更新事业时期。

这一时期的城市更新在继续发挥台湾当局作用的同时，开始积极鼓励民间主体和民间资本参与城市更新事业；更新逐步转变为由开发商主导，偏重于经济发展的模式。但由于过度注重经济发展，忽视了社会其他方面的建设，也带来了一定的社会问题。

这一时期的城市更新以台北市的探索最早。台北市在 1991 年公布的《台北市奖励民间投资兴办城市更新申请须知》中，号召和鼓励社会资本和民间力量积极参与城市更新。1993 年修订《台北市城市更新实施办法》时，增加“奖励私人或团体兴办城市更新建设事业”一章，以容积奖励来鼓励民间投资，并于 11 月修订《城市计划有关规定台北市施行细则》，规定参与城市更新可以奖励性地提高建筑容积，同时又颁布《台北市城市更新基金收支保管及运用办法》，其中对城市更新基金收支的具体保管和运用做出了明确规定。

在具体的申报程序上，台北市设立了由行政机关主管部门的工作人员和来自社会、财务、建筑、环境等不同领域专家学者构成的城市更新审议委员会，负责处理城市更新事业中的建筑容积审议、协调等事项。台湾当局根据各区域具体情况和房屋老旧程度，分区分批进行考察评估，并在采纳公众意见基础上，提出初期建议并报台北市城市更新审议委员会审议，之后公布划定情况。如果划定区域内符合自行申办条件，在取得规定的一定比例的所有权人同意后，可向市政府城市发展局递交申请书、所有权人同意书、城市更新事业计划等相关文件，进行审查，审查通过并按照要求进行修改校正后，最后再由市政府核准实施。

1997 年行政机构通过了《城市更新有关规定》，并成立“城市更新工作小组”展开研究，进而出台一系列文件，如 1998 年《城市更新指导文件》及其相关文件，这些都对台湾城市更新的发展有重要意义。

（3）1998 年以后，公私合作推进城市更新时期。

这一时期的城市更新开始创新更新模式，通过公私合作的形式，充分发挥各参与主体的优势，共同协同推进更新事业；同时城市更新在更新内容上更为注重小区共识的整合。另外，在更新组织程序上，更为注重更新事业的法制化和规范化。

从法律法规上看，建立了相对完善的城市更新法律体系。1998 年 11 月台湾当局通过了《城市更新指导文件》，台湾的城市更新走上了更加规范的道路。而后，又陆续公布了《城市更新条例施行细则》《城市更新权利变换实施办法》《城市更新建筑容积奖励办法》《城市更新审议委员会组织准则》《城市更新团体设立管理及解散办法》《城市更新事业接管办法》《城市更新投资信托公司设置监督及管理办法》《城市更新投资信托基金募集运用及管理办法》等法律。

民众参与度不断提高。由于该时期城市更新事业计划的特点，私人主体的话语权变得更大，更新的自主性更强，而且这一时期城市更新项目获益提升，权利人和实施者都能获得较好的收益，从而实现双赢乃至多赢的局面。因此，这一时期的城市更新民众参与的积极性较为高涨。

从实施效果看，城市更新注重品质的提升。这一时期的民众参与城市更新的目的不再是简单地追求房地面积，而是更多转为追求完善功能、合理布局的片区房地权利，促使城市更新转向城市区块功能的提升和生活品质的改善。

从更新实施办法的创新看，这一时期的最明显特点是构建起了权利变换有关规定，使台湾城市公私协力型城市更新有关规定基本建立。

因此，总体来看，台湾城市更新历程也基本上走出了一条从拆除重建到小区环境整治，再到大规模有机更新的道路。同时，城市更新不断向更深入化发展，也不断有章可循。

二、制度保障

1. 健全的软件配套

台湾城市更新通过不断完善软件配套支持体系，推动城市更新逐步实现规范化。1998年推出了《城市更新条例》，又陆续发布了《城市更新条例实施细则》、《城市更新团体设立管理及解散办法》（1999年3月31日）、《城市更新权利变换实施办法》（1999年3月31日）、《城市更新建筑容积率奖励办法》（1999年3月31日）、《城市更新审议委员会组织准则》（1999年5月21日）、《城市更新事业接管办法》（1999年3月31日）、《城市更新投资信托基金募集运用及管理办法》（1999年5月14日）等几十项配套的城市更新办法。

2. 完善的机制创新保障

台湾城市制定了诸多机制来保证更新事业的推进，如多数决机制、权利变换机制（以更新前的权利价值分担更新成本及分配更新后的建筑物权利）、协议合建机制（通常以更新前的建筑物产权面积分配更新后的建筑物及分别负担更新成本）、城市更新信托机制、社区规划师机制、容积率转移机制等数十个配套机制的建设。

（1）多数决机制。让台湾的城市更新走入一个新的年代。早期的台湾城市更新事业要征得域内所有权利人的同意，否则无法展开。得益于多数决机制的建立，截至目前已完成的城市更新案里面，也存在大量的并没有得到所有权利人同意的方案，但也推动了该项目的进展。

多数决机制，即在划定的城市更新范围内，如果是台湾当局主导的项目，则不必取得权利人同意。而如果是民间主导的，则只要大多数人同意即可实施。

具体来看，只要有1/10的所有权人同意，就可以提出更新事业简单的大概规划。而详细的事业计划（专项规划方案）需取得大多数合法土地建筑物所有权人同意即可。台湾当局划定的更新特区用权利变换的方式来实施，需要获得超过 3/5 的土地权利人、合法建筑物所有权人的同意，且控制的土地跟楼地面面积要超过总面积的 2/3，才可以实施更新事业。

如果是因为重大建设，或者是发生大地震等快速划定的更新单元[①]，则只需要一半的人同意即可实施。如果台湾当局没有划定，但权利人有意愿更新，并通过权利变换实施，则需要获得超过 2/3 的土地权利人、合法建筑物所有权人的同意，所有面积要超过总面积的 3/4。如果是协议合建，各项指标均需要到 4/5 之上。

（2）权利变换机制。台湾通过建立权利变换机制，协调与权利所有人的利益，减少更新事业的阻力。在《城市更新有关规定》第 3 条中将权利变换定义为："更新单元内重建区段之土地所有权人、合法建筑所有权人、他项权利人或实施者，提供土地、建筑物、他项权利或资金，参与或实施城市更新事业，于城市更新事业计划实施完成后，按其更新前权利价值及提供资金比例，分配更新后建筑物及土地之应有部分或权利金。"

（3）容积率奖励机制。台湾城市更新通过容积率奖励，吸引企业积极投入更新事业。在更新事业中大多数的开发商和土地拥有者最在意的就是容积奖励，而最大的上限就是规定容积增加 50%，即如果原来的规定容积是 1，最多只能增加到 1.5。如果建筑物在实施容积奖励机制之前就已经兴建，那可以在保有原有容积基础上再增加规定容积的 30%。

但是这个容积奖励是有条件的，开发商必须要做一些相关的公

① 更新单元：更新地区内可单独实施城市更新事业的分区。

益性贡献才可获得，如企业要协助开辟计划道路或者是兴建公益设施，则该公益设施是不计算容积的。而且，台湾的容积奖励机制具有一定的刚性，几乎不可能被突破，这为城市更新的开发商与土地拥有者谈判时提供了一个利益的平衡点，如果土地拥有者要价偏高，则结果可能是根本没有开发商愿意承接该项目，更新项目也就无法推进。

（4）税赋减免机制。台湾当局通过税赋减免鼓励老旧地区土地拥有者配合更新事业的推进。依据相关规定，每一块土地均需要缴纳地价税，每一栋房屋要缴纳房屋税，每一栋房屋过户移转要缴纳土地增值税。而且，如果土地多年持有而未被转移过，那么其将会有非常高的土地增值税，结果可能是导致老旧地区的土地拥有者不愿意配合更新，通过税赋减免机制，可以降低土地拥有者接受更新的成本以推动城市更新的进程。

在《城市更新有关规定》第 46—49 条有如下规定：更新期间免征地价税或减半征收地价税 2 年；更新后地价税及房屋税减半征收 2 年；依权利变换取得的土地及建筑物，在更新后第一次移转时，减征土地增值税及契税的40%；不愿参加权利变换而领取现金补偿者，减征土地增值税的 40%；实施权利变换应分配之土地未达最小分配面积单元，而改领现金者，或以土地及建筑物抵付权利变换负担者，免征收土地增值税；更新地区内的土地为信托财产，不课征赠予税及土地增值税；股份有限公司投资更新事业，应按投资总额的 20% 抵减营利事业所得税。

3. 规范的组织工作流程

台湾建立了规范的城市更新工作流程，具体为：首先由各级主管机关划定城市更新地区，并编制城市更新计划；随后划定城市更新单元，并拟订城市更新计划；根据计划由主管机关或民间实施更新；最后进行成果备案。

4. 完善的更新组织架构

为保障城市更新事业的顺利展开，台湾地区建立了完善的从上到下的四级组织机构。

（1）主管机关的城市更新处。为发挥主管机关作用，台湾从上到下均成立了城市更新处监管城市更新。根据具体项目特点的不同，分为主管机关主导、开发商主导和业主主导的三类城市更新。

（2）业主城市更新会。台湾鼓励由业主主导的城市更新，业主可以成立自己的城市更新自助组织——城市更新会，作为自己社区城市更新的实施主体。

（3）城市更新股份公司。台湾成立了一批以专业人士为主体，协助原业主进行城市更新的城市更新股份公司，该公司既可以应业主要求协助业主进行城市更新，也可以直接作为城市更新的实施主体参与城市更新项目。

（4）城市更新第三方机构。台湾城市更新存在众多的第三方机构，从半官方的城市更新推动中心，到民间研究机构性质的财团法人城市更新研究基金会、城市更新学会等。另外还有众多的城市更新非政府组织，如城市改革组织、社会住宅推动联盟、城市更新受害者联盟等。这些第三方机构共同构成了推动城市更新的第四极，保障了台湾的城市更新以平稳有序的方式向前发展。

5. 实行土地用途弹性制度

台湾当局规定，在特定区域内可实行土地用途弹性变更制度，来解决城市更新中遇到的规划难题。21世纪初，台湾当局公布了《工业区用地变更规划办法》，其核心思想是增加工业区内土地使用的弹性和规划调整的适应性。

具体来说，为促进产业升级，允许工业区内一定比例的土地的用途变更弹性。比如，办法规定工业区内原生产事业用地可以变更为相关产业用地，做批发零售、运输仓储、餐饮、通信、工商服务、社会与个人服务、金融、保险，以及不动产业使用。但是，用途变更的比例受到严格控制，规定生产事业用地所占面积不得低于全区土地总面积扣除公共设施用地后的50%。社区用地不得超过全区土地总面积的10%。公共设施用地不得低于全区土地总面积的30%。相关产业用地不得超过全区土地总面积扣除前两项公共设施用地及社区用地面积后的50%。

以上措施在严格用途管制的基础上，增加了局部土地用途的弹性，有效地促进了产业的转型升级和城市的可持续发展。

同时，《建筑物使用类组及变更使用办法》中对建筑物使用类组进行了分类，并对变更用途明确了相关规定。如建筑物变更使用类组，应以整层为单位。但不妨害或破坏其他未变更使用部分的防火避难设施，且符合一定条件下，得以该楼层局部范围变更用途。建筑物于同一使用单元内申请变更为多种使用类组者，应同时检查符合各该使用类组的项目标准。

用途变更前，须申请变更编定。在中国台湾地区，原有的编定用地在原使用分区范围内，由于社会、经济及环境的变化，可申请变更编定。一旦获得批准，土地的用途也就会发生相应的变化。

6. 多渠道的资金筹措方式

（1）不同发展阶段有不同的融资方式

在资金筹措方面，依推动主体的不同而有区别，在主管机构主导阶段，其经费来源主要是政府编列经费，而后鼓励民间办理，其来源则为开发者自行筹措，政府则针对策略性地以更新基金投资。中国台湾城市更新资金分类投入及担保机制见表 10–1。

第一阶段——主管机构主动办理时期。

城市更新经费来源及用途的依据包括《城市计划有关规定》第 76 条、第 77 条：主管机构为实施城市计划所需经费，应以左列各款筹措之：编列年度预算；工程受益费之收入；土地增值税部分收入之调拨；私人团体之捐献；主管机构之补助；其他办理城市计划事业之盈余；城市建设捐之收入。第 78 条：主管机构为实施城市计划或土地征收，得发行公债。

《平均地权有关规定》第 5 条：依本条例照价收买或区段征收土地所需之资金，得由省（市）政府发行土地债券。

《平均地权有关规定施行细则》第 75 条、《台北市实施平均地权基金设置管理办法》、《台北市城市更新实施办法》第 20 条和第 21 条等。

第二阶段——奖励民间投资办理时期。

本阶段办理城市更新资金筹措主要为私人团体自行筹措办理。主管机构为了办理公有土地更新改建，也出台了规定，如台北市在 1993 年 11 月 5 日公告实施了《台北市城市更新基金收支保管及运用办法》，并组建了台北市城市更新基金，其主要财源来自市政府按年编列的年度预算。

表 10-1　中国台湾城市更新资金分类投入及担保机制

项目	方式	资金来源渠道
项目推动经费	政府补助	开发基金或经济社会发展基金以补助、投资或贷款方式
	低利贷款融资	1995—1998 年，框定新台币 20 亿元，以低利贷款融资各级城市更新事业机构
	直接投资	开发基金或经济社会发展基金直接投资于城市更新事业机构，行政机构基金亦可策略性投资指标性更新个案
周边公共工程经费	公共预算	各级行政机构编列相关公共建设预算，配合本方案办理城市更新地区周边公共工程
更新事业资金	低利贷款	提供中长期融通资金至少新台币 2000 亿元，低利贷给实施者，实施城市更新事业
	不动产证券化	实施者依法进行不动产证券化，募集开发资金
保证机制	信用担保	由中小企业信用保证基金为城市更新事业实施者贷款提供信用保证
	信用保证基金	公务预算编列专款投注中小企业信用保证基金

第三阶段——公私合作办理时期。

本阶段资金筹措依《城市更新条例》第 18 条规定，设置城市更新基金，补助以整建或维护方式实施的城市更新事业的规划设计及实施经费。

市政府依据该条文修订《台北市城市更新基金收支保管及运用办法》为《台北市城市更新基金收支保管运用自治条例》，并扩大其经费来源，扩充了城市计划变更利得回馈、出售容积率收入等部分。

《城市更新条例》第 50 条、第 51 条规定证券管理机关视城市更新事业计划资金筹措需要，核准设立更新投资信托公司，发行城市更新投资信托受益凭证，募集城市更新投资信托基金。

2009 年 2 月 1 日，台湾当局设立城市更新基金管理会，投资于各地要推动的城市更新事业。

（2）健全资金投入及担保机制

在积极拓宽资金筹措渠道的同时，为保障资金得到合理有效的利用，提高资金使用效率，台湾还明确了城市更新推进不同阶段的资金投入方式。同时考虑到更新时可能面临的风险，为降低投资者的顾虑，建立了资金担保机制。

三、文林苑更新[①]——从老旧社区到无障碍新型社区

1. 文林苑的衰落与纳入更新

文林苑位于台北市士林区的城市更新地区内，占地面积 1923 平方米，属于商业区，因位于士林桥与捷运淡水线高架桥间，长年受来往车辆及捷运高架侧噪声和振动影响。更新重建前，区内建筑多为三至四层楼，屋龄超过 30 年，缺乏电梯设备，单元内有一条无尾巷，存在消防安全隐患，为适应社会需要，该地区亟待更新。

2002 年台北市在经过调查后，认定本地区建筑物因年代久远有倾颓或朽坏的危险。而且由于建筑物排列不良或道路弯曲狭小，给公共运输或公共安全带来隐患，因而划定此区为城市更新地区。

---

① 相关案例资料来自台湾城市更新研究发展基金会网站：http://www.ur.org.tw/。

2007 年 3 月由赖姓土地权利人提交申请事业概要，同年 5 月得到核准。经过半年的整合，2008 年 1 月由乐扬建设担任实施者，举办更新事业及权利变换计划公听会，6 月申请事业计划及权变计划报核。经过一年的干事会、两次的审议会审议，于 2009 年 6 月 16 日更新事业及权利变换计划得以核定。

2. 协调各方需求的更新之路

突破区域局限、通过建筑设计改善地区消防功能。文林苑位于士林旧时通往淡水的要道旁，受限于士林桥及捷运淡水线的压缩，文林路可通行的空间只有 3.5 米宽。为了提高防灾能力，西侧临文林路部分，通过建筑设计退缩 1.4 ～ 1.7 米供以加宽车道，再退缩 4.3 ~ 4.6 米作为人行步道，计划道路顺平宽度合计为 5.7 ~ 6.3 米，顺平且无设置任何障碍物的设计，经过改造提供了 8 米净宽的消防救灾通道及空间，对于西北侧未纳入单元的 5 层和 6 层建筑物提供更佳的消防安全保障。另外，通过整体规划废除区域内无尾巷，并开辟北侧毗邻后街计划道路，解决社区另一侧的防灾需求，对士林前街、后街地区提供更佳的消防安全保障。

此外，东侧临捷运高架桥段，通过开放空间的留设及建筑物退缩设计，塔楼部分与捷运距离由原来的 2.6 米退缩至 8.6 米（最小距离），并利用捷运既有的绿化空间，与本区其他景观相结合，创造出舒适友善的休憩空间，改善了本区局促的环境，原临捷运侧住家与地界毗邻，而现在可拥有独立庭园，进入住家户外大门尚有庭院转换心情后，再进入室内空间。

充分尊重权利人意愿处理其权益。文林苑采用权利变换方式办理，通过权利变换机制，协助更新后权利价值较小的权利人以合并分配方式分回更新后的房地，不愿参与者皆有以书面方式令其充分表达意愿后确认。另外，更新单元范围内 27 平方米的国有财产署管理的土地，以领取权利金的方式参与文林苑更新，在通知缴交差额价金时领取。

更新后的增值权益按所有人权益进行分配。以建筑物占地面积来看，实质使用面积较更新前违建满布的状况较大且宽广，更新后所有权人的居住面积增大。除此之外，更新前的平均单价较低，在更新改造后实现了增值。还有，更新后由于住宅环境的改善、耐震等级的提高及停车位的供给等附加价值带来的整体效益，提升了地区改造更新后的价值。

3. 多功能综合性社区的诞生

规划设计兼顾住宅及零售业需求多功能配置。文林苑更新重建后，量体与南侧的郭元益博物馆相近且相互协调。兴建地上 15 层、地下 3 层的钢筋混凝土建筑。在量体设计上，充分考量降低建筑量体的压迫感，以及原土地拥有者的需求，低楼层采取分层退缩，有效创造城市空间层次；3 楼以上采用双塔量体配置，运用不同尺度的框架分割型塑的优美比例，并利用材质的深浅表现，以镂空竹叶塑造文林意象，竹叶隔栅上镶有夜间照明，灯光随门德尔松《仲夏夜之梦》的节奏变化，丰富建筑立面变化。整体来看，更新后的建筑物虽采用一栋的设计，可是基座的设计仍将原住户的需求纳入，临捷运线和后街的裙楼，采仿透天厝的形式设计，有独立出入口及庭院。临文林路侧设计店铺并与南侧郭元益博物馆与北侧既有店铺串联，而原骑楼的设计改为人行步道，乃延续南侧郭元益博物馆和提供城市防灾之需求。

秉承德国工艺精神的简约规划。该更新案委托德国 3D 建筑设计，克劳斯建筑师进行规划设计，秉承了德国的工艺精神，以现代化的简约造型，整合周边杂乱无章的城市景观，使往来士林桥及捷运淡水线的民众都能感受到城市环境的改善。建筑物色彩以蓝灰为主，为了避免色调过于沉重，在众多的垂直水平立面分割中，辅以小面积亮橘色缎带，意象上将整个量体看作一个包装精致的礼盒，意喻文林苑是赠予社区的礼物。

打造水景、绿意与花影融合的开放空间。在住宅设计上，集合式住宅与群居透天厝相比，在平面的住户交流空间比较不足。然而文林苑案更新前建蔽率高达 86%，内侧的住户除了文林路 560 巷既有巷道的车行、停车空间外，社区互动交谊的空间十分有限。但更新后建蔽率降至 55%，所有户外空间全面绿化，透过退缩 3~4 米宽的人行步道，东侧人行步道配合禁建区的退缩与捷运高架桥下的开放空间结合，提供社区居民户外交谊空间。社区内大厅则规划为居民可以阅读、交谊、休憩、聚餐的公共空间。

合理优化并开辟计划道路。规划设计充分考虑道路设计，北侧后街原为 6 米未开辟的计划道路，其中公私土地混合，且遭北侧土地所延伸的围墙占用一半路宽。由于 6 米宽以下未开辟计划道路不是政府优先征收对象，初期规划拟由实施者捐赠经费，请求市政府征收，后因实施者认为时间成本过高，因此实施者自行向所有权人购买取得产权后，办理捐赠。后街毗邻段开辟的约 110 平方米的空间，不仅解决了道路占地的土地拥有者长期无法获得征收补偿的困境，也全部打通了毗邻区域的道路，提升了通行效率。

增设停车位缓解地区停车负担。旧街附近的社区原来没有停车位，乱停车现象严重，而且巷弄存在宽度不足问题，加上常停放汽车、机车，街道更加狭窄，同时也带来公共安全隐患，而更新方案规划了停车位而且所有权人基本均可分得一个车位，同时增加了机车及自行车停车位，使停车问题实现内部化，最大限度纾解了周边建筑物密集地区的停车负担，基本解决了停车难题，也提升了道路及行人的安全性。项目改造中向地下挖了三层，搭配全案内部装修的“四季花语”概念，每层地下室都粉刷不同颜色作为各层主题色，体现落英缤纷的概念。同时，在社区主入口、次入口和各层梯厅都可以看到体现这一理念的以不同花卉为主题的装饰。

创建舒适的无障碍居住社区。该社区的老龄化问题比较突出，步入老龄化的社会对于居住的质量应有更高的需求，而且社区中多数人亦期待可通过重建获得较好的居住质量。更新后，建筑物设置了 2 台电梯，社区共有 3 处出入口，其中 2 处设计了无障碍设施，供行动不便人士或高龄老人使用。建筑物退缩再加以植栽阻隔，最后以气密窗阻隔噪声进入室内，让多年来受交通及捷运高架桥噪声之苦的居民，透过城市更新可以享受舒适、安静的环境，同时提高了建筑物的抗震等级，提升了所有权人的居住安全和居住质量。

四、双橡园更新——衰落区域内城市细部的重生

1. 衰落的城市旧聚落

双橡园位于 2000 年被主管机构划定为中山区建国北路、长春路东南侧更新地区内，是建国北路开辟前就存在的旧聚落。该地区土地关系复杂，土地被中兴大学宿舍占用无法开发，周边土地拥有者众多、公私有地夹杂，而且域内违章建筑林立、巷道狭窄且弯曲等问题严重，安全隐患大。该地区历经 40 年以上无法开发。

2. 艰难的更新历程

该更新单元范围内最大土地拥有者是土地银行，占比约为 54%，但被中兴大学及其他违建占用，而且其中还有部分道路用地。虽然土地银行是公营银行，但不适用更新条例第 27 条所规定的公有土地一律参与更新。因此更新必须取得其他土地拥有者的同意，基金会与其他土地拥有者花了一年以上的时间进行协商，但土地银行最终不愿通过权利变换分配。在与中兴大学诉讼拆屋还地胜诉后，土地银行愿以该土地现况标售。大部分开发商看到该区域的复杂情况均不愿投标，流标一次后才由华固建设中标，才顺利展开事业及权利变换计划的规划推动工作。

双橡园更新项目因关系复杂，涉及建造执照变更、所有权转移给一人所有等因素，于 1998 年 9 月取得建筑物使用执照。同年 10 月初办理厘正权利变换图册，接管与差额金找补也于 10 月完成，11 月办理权利变换变更或移转登记完成。1999 年 3 月召开管委会，并于同年 4 月完成成果备查。

3. 城市细部的完美再生

通过公私合作多赢模式。公私多赢的规划方案，得到行政当局都委会、土地拥有者、实施者三方的一致认同。其中的绿地用地负担依照权利变换计划则由全体土地拥有者依更新前权利价值比例共同负担，更新后登记为台北市当局所有。因此，这样不会造成公共设施用地土地拥有者无法参与更新分配的现象，以实现公共利益公平与共享的目标。

合并街廓，合理规划道路。本案范围包括南北两街廓，中间有一条 6 米未开辟计划道路，虽为完整街廓，但因个别街廓深度狭窄不利于规划。规划考虑未开辟之巷道只是提供两街廓供进出通行所需，因此规划提出将两街廓合并，并将计划道路等面积留设于更新单元内东南侧作为绿地使用。这样，整合为较大完整街廓后不但有利于整体城市环境与景观改善，也有利于减少地下室的兴建成本，提高停车效率，改善环境。

增加绿地改造城市环境。为获得建筑间最大栋距及增加绿地面积，更新在建筑规划上主要设计为二栋塔式住宅大楼，建蔽率降低为 37%，空地占 63%，因而可多植栽大树，开挖率低于 65%。城市更新核准容积奖励达到法定容积的 50%，停车奖励达到法定容积的 19.21%，本案奖励总额达到法定容积的 69.21%。其主要奖励来源于协助公共设施开辟及处理占有他人土地的违章建筑物。

通过权利变换处理违建等难题。该案例中每户住户所持有的面积较小，因而所有权人较多，为满足原地居民需求，考虑到原居民的年龄问题，在一楼规划了小坪数单元。部分土地所有权人曾在审议过程中提出反对意见，经实施者与更新处多次协助沟通，最终土地拥有者同意比例在核准通过时高达九成以上。另外，还有约 40 户违章建筑户，因长期侵占私有土地及国有土地，导致土地难以开发。经过实施者长期拜访沟通，最终双方达成共识，住户均愿配合更新搬迁。配合搬迁用户自行安置，但可以获得拆迁补偿费。

协助建设公共设施。更新事业中协助兴建了绿地和区域西侧的计划道路，绿地建设完成后交由市政府办理接收管理。为增加人行空间舒适性，区域四周留设 4 米以上人行步道，同时配合原宽度为 6 米计划道路，提供充分的避难及消防动线需要。另依核准城市更新事业计划内容，作为建筑执照申领依据，并将“申领建照相关配套措施”法制化。

五、筑丰天母更新——台北天母新地标的诞生

1. 台北新地标的前身

筑丰天母坐落于中山北路六段35巷内，地理位置优越，交通便利，向东可以俯视忠诚公园，西向联通捷运芝山站，向北可以直接通往天母SOHO。以前的中山北路六段以东为稻田，以西则为台铁淡水支线（现已改建为捷运淡水线），及部分零星住宅。伴随地区的发展，如今其周边已是一片繁荣，此处位置优越，已成为进入天母的重要入口。

2. 更新的内容和历程

筑丰天母更新改造项目具体范围为士林区中山北路六段35巷以西、福华路128巷以南、福国路以北、福国路56巷以东地区，区域面积2194.88平方米，其中，私有土地2162.08平方米，所有权人为36人，公有土地32.8平方米，所有权人为2人。项目内总共有10栋合法建筑物分布于单元的北侧和东侧，分别为1栋地上的5层钢筋混凝土建筑物及9栋地上2~3层加强砖造建筑物。筑丰天母更新事业进程见表10-2。

表10-2　筑丰天母更新事业进程

更新事业内容	时间
公告（台北市士林区蓝雅段二小段150地号等27笔土地更新单元）	2011年10月21日
自办事业及权利变换计划公听会	2011年10月21日
事业及权利变换计划申请报核	2011年12月1日
事业及权利变换计划书核定	2012年3月15日

续表

更新事业内容	时间
计划书公开展览	2012年6月27日—2012年7月26日
公办事业及权利变换公听会	2012年7月12日
召开干事会	2012年9月28日
召开第一次审议会	2013年5月13日
召开第二次审议会	2013年7月15日
取得建造执照	2013年12月13日
变更事业及权利变换计划申请报核	2015年5月28日
变更事业及权利变换计划书核定	2015年12月29日
取得使用执照	2016年10月3日

六、台北金融中心大楼——从震后废弃建筑到现代金融中心的蜕变

1. 震后废弃物的重生之路

台北金融中心大楼位于台北市敦化北路与南京东路交叉口的西南侧，是重要的办公商圈。在更新改造前，受“九二一”地震的影响受损严重，震后建筑物空置达4年之久，仅出租作为大型广告牌之用，每年因闲置浪费的租金高达3亿新台币，同时也对城市景观造成负面影响。如今经过将近7年的重建，其重新焕发出生机和活力。

2. 创新模式确保更新进程

首创更新信托及代理实施者模式。本更新案讨论之初，针对重建费用支出方式就有不同的意见。一种是由建商的身份进来以折价

抵付的方式支付重建费用，另一种则为由全体所有权人依权利价值比例自行出资。后来考虑本案所有权人大部分是法人机构，自行出资问题不大，且大多数土地拥有者考虑更新后搬回原地营业，欲分回较大的楼地板面积，故决议采用自行出资方案。为了确保本案能顺利执行，本案在基金会的协助下首创将重建资金及土地交付信托，建立资金风险控管机制，并委托给为土地拥有者之一的国泰世华银行及交通银行（现兆丰银行）担任共同受托人。此外，在没有土地拥有者法人机构愿意担任实施者的情况下，为确保工程质量乃委托东亚建筑经理公司担任代理实施者。该实施者不出资也不参与分配，系以专业管理者的身份使重建能顺利进行。台北金融大楼更新进程见表 10–3。

表 10–3 台北金融大楼更新进程

更新事业内容	时间
更新地区划定	2004 年 8 月 26 日
事业计划权利变换公听会	2005 年 1 月 31 日
申请分配	2005 年 4 月 8 日— 2005 年 5 月 7 日
事业计划权利变换申请	2005 年 5 月 23 日
事业计划权利变换发布实施	2006 年 6 月 20 日
工程发包签约	2006 年 9 月 1 日
开工	2006 年 9 月 22 日
变更事业权利变换计划申请	2009 年 8 月 24 日
预计变更事业权利变换计划核定	2010 年 4 月
预计完工取得使用执照	2010 年 4 月

3. 现代金融中心的崛起

通过权利变换方式，做到了公平合理分配。虽然权利变换的方式比较普遍，但根据以往的案例来看，至少需要三家评估机构估值定价后才能得到认可，才能说服各所有权人。通过权利变换的规定来作为更新分配之后的依据，可以最大限度地消除各所有权人之间的矛盾。如在规划初期就曾遇到此类问题：建筑物通过容积率奖励将会使建筑物容积变大，对于容积变大后是应该使建筑物的各层面积增加还是通过增设楼层来实现？经过所有权人的充分讨论，最后以通过增加各层面积的方式作为建筑规划的依据，并以此确定根据原来的位次顺序进行分配。

争取全体同意，顺利整合成功。虽然《“九二一”震灾重建暂行条例》规定，实施城市更新同意条件为超过一半的所有权人同意即可，但在送审事业及权利变换计划前，曾有土地拥有者抵制欲打破原位次分配的原则，此举将造成所有权人选配大乱，可能使原本更新前位于一楼的银行将无法继续营业，严重影响各所有权人之间关系及本案的推进。为求建筑物能顺利重建，在管委会主委、主要土地拥有者及基金会努力沟通、整合协调下，在申请分配公开抽签前一周，终于完成 15 位土地拥有者百分之百同意参与城市更新之任务，以原位次分配，避免举办公开抽签程序，并依《“九二一”震灾重建暂行条例》免除公开展览、公听会等行政程序，让审议时程缩短约一个半月以上。

大幅增加人行空间。该更新案于 2006 年 1 月审议时更新委员会质疑本案，虽为“九二一”震灾受损，但更新后建蔽率由 50%增加到 65%，且又争取了 0.3 倍的原容积奖励，是否对环境产生负面的冲击，在城市更新审议会上曾经讨论，故本案配合修正拓宽人行道宽度，退缩一楼面积供作骑楼用地共 141.58 平方米，以连接敦化北路 4 米带状开放空间、南京东路侧退缩的骑楼空间以及拓宽的人行道，皆有助于疏解台北小巨蛋体育馆办活动时人潮进出及提供有顶盖的开放空间。

更注重增进城市机能。该案更新程序复杂，不只在于重建，更在于增进城市机能。因建造执照变更、办理地籍分割影响各使用分区面积变更，以及所有权人法人公司名称变更等因素，于 2009 年 8 月申请变更事业暨权利变换计划，2010 年 5 月 6 日变更事业暨权利变换计划核定，2010 年 5 月 31 日取得使用执照，并于 2011 年 1 月 12 日完成登记。在松山机场直航上海及东京启动下，本案距离松山机场仅约 1.3 千米，且区域内几乎没有新的办公大楼，大大增进机场周边应有的商办城市机能。

七、士林区华固天铸——崇尚绿色的城市艺术品

1. 现代城市艺术品的前世

华固天铸坐落于天母东路与天母东路 8 巷口，区域南侧邻接台北美国学校，周围土地使用以住宅居多，附近多为快餐店、文具行、眼镜行等一般生活零售业，生活机能充足。前身为圣道儿童之家，更新单元面积约 5717 平方米，由华固建设股份有限公司标售取得原天母圣道儿童之家土地后，投入整合沟通及办理城市更新事业。

2. 艰苦的更新规划之路

在 2010 年 9 月划定更新单元核准，隔年 6 月即申请事业计划报核，并于 2013 年 6 月经台北市政府核定公告实施，直至 2016 年 9

月取得使用执照。本案自划定更新单元核准至兴建完工，历经6年时间终于更新完成。本案因产权单纯，且达100%同意，故采取了协议合建的方式办理更新。通过本次更新，可将2处畸零地予以整合，获得更有效率之运用。华固天铸项目进程见表10-4。

表10-4　华固天铸项目进程

更新事业内容	时间
更新单元划定公告	2010年9月28日
自办事业计划公听会	2011年6月13日
事业计划申请报核	2011年6月14日
公开展览期间	2011年10月26日—2011年11月09日
公办事业计划公听会	2011年11月8日
召开干事会	2011年12月13日
召开第一次审议会	2012年5月14日
召开第二次审议会	2012年8月13日
召开第三次审议会	2013年1月28日
事业计划核定公告	2013年6月10日
取得使用执照	2016年9月20日

3. 绿色城市艺术品的呈现

注重建筑及环境的设计整合。配合城市更新计划要求，注重考量地区人文特色、纹理与环境特色的整体规划，引入生态跳岛、绿色建筑等环保概念，以生态、节能、减废及健康为规划指标，设计人与自然环境永续共生之建筑。另外，为配合更新计划的要求，在更新单元北侧及东侧各留无遮檐人行步道，并充分考虑学校周边交通与人行动线，以延续天母东路商业活动。另外，集中留设法定绿化空间，与区域东南侧公园相互呼应。

合理规划并开辟道路。本次更新，实施者协助开辟东侧天母东路 8 巷及天母东路 8 巷 30 弄部分计划道路，其开辟工程费实施者愿意自行承担，并于更新单元南侧退缩留设 2 米人行步道，补足消防救灾空间，同时解决道路征收及开辟课题，也确保提升更新后的防灾能力。

坚持低建蔽率设计。本更新单元以 33% 超低建蔽率设计，兴建地下 4 层、地上 38 层的集合住宅，拉大更新后建筑物与周边建筑物的距离，视觉上更宽敞，让周边巷弄变得不拥挤。考虑区域的特殊形状、栋距、物理环境，采取集中量体的住宅区配置，在土地使用管制及建筑法令的规定范围内，规划出 38 层楼的集合住宅大楼。并于天母东路侧设置一层商业单元 3 户。在城市关系的配置主轴上，让建筑量体集中于区域后方，前方与外围则以开放公益使用的步道作为配置重点，并依此适宜的设计与大量的绿化设施回应地区城市关系。法定空地部分，以多种高低不同层次的植栽创造城市森林呼吸氛围。

坚持绿色建筑设计。建筑设计上亦因应台湾所属亚热带气候，与当地日照采光等环境关系，建筑物本身也导入大量绿色建筑设计概念，包括通过南北向设计减少东西向高温日照、以深窗创造建筑物外观阴影变化、室内外温差，营造自然风的流动等。其他还包括保水指标、日常节能指标、水资源指标、污水及垃圾改善指标等。透过节能减碳设计及户户通风采光原则，塑造良好的居住环境，以达到绿建筑之外壳节能、昼光运用之照明节能，未来将成为天母地区罕见的钻石级绿色建筑优质好宅。

创造城市特色建筑。建筑设计除掌握外观比例与结构整合运用外，另配合气候与绿色建筑考量原则，并思考建筑物在城市环境的尺度，分段检讨城市、街道、人行之视觉美感。底层对外设立植生墙，种植乔灌木大量绿化立面质感配合绿化植生墙，作为立面实墙外会呼吸的皮层，亦可作为空间软性墙面隐私性遮蔽功能。绿化植生墙设计除延续台北好好看绿美化之本意，更可融合环境，同时也衬托整体建筑物白色基调的主轴。

将城市规划与文化相融合，打造城市艺术品。本案建筑量体设计部分以简约稳定、平实面貌作为设计基础，外观及形式方正，色彩方面以米色、白色、灰白色等基调呈现。整体架构利用结构外露梁与直通柱进行立面造型的形塑，展现水平与垂直分割之比例，并利用结构外露梁与立面深窗等手法，透过阳台变化与深窗形式创造立面丰富的阴影变化，表述现代建筑之词汇。建材上选择接近邻近色彩之米白色系石材，搭配玻璃栏杆，并导入传统窗花纹理，框架搭配窗花的做法，兼具发扬环境人文，成为一件城市的艺术品。透过简明的线条变化，展开城市更新兼具发扬环境人文的契机。

八、森之丘——权利变换加信托融资的典型更新案例

1. 复杂的更新背景

森之丘位于台北市南港区，占地约3600平方米，紧临东新街，交通便利，附近公共设施充足，生活机能完善。但改造前区域内多为1层砖造违章建筑，建筑物老旧，且现有巷道弯曲狭窄，环境差。部分区域更因废弃闲置，杂草丛生，民众又随意弃置垃圾，导致环境卫生极为恶劣，每年登革热流行期间，就被台北市卫生局列为重点消毒地区，因此台北市政府于2002年10月将本区域划定为更新地区。

由于这一地区产权关系复杂，除少数公有土地外，地上有16户违章建筑，占用情况非常严重。更糟糕的是，有20%的土地经查是由已故的蔡姓市民所有，且数十年来都没有办理继承。因此，虽然开发商太平洋建设早在20多年前就取得该地块的大部分土地，但改造一直未开展。

2. 多艰的更新之路

2002年10月本区域划定为更新地区，2007年11月10日，太平洋森之丘的城市更新案终于启动，更新事业计划核准通过取得建照，并且完成近99%的销售佳绩，举行开工礼拜仪式。2010年3月底亦取得使用执照，希冀尽快完成权利变换产权登记（具体更新历程见表10–5）。

3. 创新的更新策略

项目的总占地面积约3600平方米，在台北已经算比较大的城市更新项目，且产权复杂，开发风险很高，再加上当时太平洋建设财务状况不佳，因此大部分银行不愿意贷款。最终，项目采用了权利变换搭配信托融资执行更新的方式。

表10–5　森之丘更新历程

更新事业内容	时间
更新地区划定	2002年10月28日
事业概要公听会	2004年9月22日
事业概要申请	2004年9月30日
事业概要核准	2005年1月17日

续表

更新事业内容	时间
事业暨权利变换公听会	2006 年 5 月 9 日
权利变换申请分配	2006 年 4 月 12 日— 2006 年 5 月 12 日
公开抽签	2006 年 5 月 15 日
事业计划、权利变换计划申请	2006 年 6 月 5 日
公开展览	2006 年 8 月 25 日— 2006 年 9 月 24 日
公办公听会	2006 年 9 月 26 日
计划审议通过	2007 年 1 月 29 日
事业计划、权利变换计划核定实施	2007 年 5 月 18 日
建造执照核准	2007 年 10 月 2 日
动工典礼	2007 年 11 月 10 日
使用执照取得	2010 年 3 月 31 日

首先，太平洋建设将已经取得的土地建筑物全部设定抵押权并信托于银行，银行就提供前期资金给太平洋建设，并代偿原抵押权人欠款，支付各项权利人款项及规划设计费用。

更新案的销售款项必须拨入信托专户，银行配合拨付后期建筑融资。待全部房屋兴建完成之后，实施者所取得全部房屋土地亦先登记于信托专户的名下。经过清算偿还借款后，才返还信托财产余额给太平洋建设。该信托机制确保了专款专用，避免建商有任何财务危机造成更新案无法执行。

经过基金会协助太平洋建设多次的说明与意见交换后，日盛商银终于愿意提供本案更新前期推动及后期营建所需融资，太平洋建设亦得以于 2006 年完成权利人整合。

4. 城市机能的重生

创新资金筹措方式，通过信托融资解决资金筹措难题。资金筹措一直是启动本案最关键的问题。由于本案规模较大，而且产权复杂，开发风险较高，最开始大部分银行在考量风险及债信问题下，均不愿提供更新融资资金。鉴于此，城市更新发展研究基金会受台北市城市更新处委托，进行了以信托方式办理城市更新执行机制实施规划方案之研究，研究出权利变换搭配信托的更新执行机制。

提高建筑使用强度，提升城市机能。通过更新，解决了本域内复杂的土地关系、土地占用问题以及土地所有权人不明确问题导致的土地闲置、土地荒芜，提高了城市土地利用效率。借助容积率奖励，提高了域内的建筑密度。

合理配合地形创造街道景观。该更新案在产品定位上以住宅为主，规划中少数店铺设置的地面层。在量体配置上，单元北侧与东侧退缩留设 4 米人行空间；以 7 层、11 层与 15 层三栋建筑量体由西向东配置，形成连续且逐渐升高之沿街立面，此配置恰与本地区东边山坡较高、西边较平缓的地形有相同的节奏。同时，限制地下室开挖范围，未开挖部分做景观植栽绿化，以保持原地形地貌。

第三部分

制度：城市有机更新的支持和保障

第十一章　部分国家和地区城市更新制度经验

一、因时制宜的法律法规

从各国城市更新发展历程看，因时制宜地制定法律法规是推动城市更新的重要措施。如英国在20世纪40—50年代颁布了一系列法律，如1947年的《城乡规划法》《综合发展地区开发规划法》，1952年的《城市再开发法》，以及1953年的《历史建筑和古老纪念物保护法》等一系列法律以规范和引导城市更新的行为。1980年的《地方政府规划和土地法案》设立了城市开发公司、企业区，提供了城市开发和城市更新资助等。法国在1960年颁布《分区保护法》、1962年颁布《马尔罗法》和1967年颁布《保护历史地区法》，1993年政府发起了“城市规划行动”，旨在恢复12个最困难街区的活力。1995年《规划整治与国土开发指导法》、2000年颁布《社会团结与城市更新法》涉及城市政策、社会住宅、交通、城市规划等方方面面。德国在1971年颁布的《城市更新和开发法》是一项作为旧城区改造更新的综合性法律。同年的《城市建设促进法》也提出了住宅和城市改造的问题。日本在1969年实施《城市再开发法》，2002年通过《城市再生特别措置法》，此外还有《城市再生特别措置法施行令》《城市再生特别措置法施行规则》《城市再生安全确保规划》等。

二、因地制宜的规划管理

城市更新涉及关系复杂，各国都有一定的灵活规划制度给予支持，如用途弹性变更、容积率奖励、发展权转移及多种政策优惠的更新区等。

1. 用途弹性变更

如台湾地区规定，在特定区域内可实行土地用途弹性变更制度，允许工业区内一定比例的土地用途变更弹性，来解决城市更新中遇到的规划难题。新加坡土地利用规划弹性管制区模式，即白色用地模式，通过土地利用规划弹性管制区预留当时功能无法确定的用地，为将来提供更多灵活的建设发展空间。日本实行土地使用分区管制与开发许可制。英国规划中更注重战略化指引的作用，如伦敦按照更新程度不同，将全市分为三大类更新地区，总体规划中并不进行详细的指引，而是明确每类的规划目标，同时指明下级政府需要落实的任务，在空间引导上，强调结构性，不进行详细范围的划分（详情见表 11–1）。

2. 容积率奖励

容积率奖励是吸引社会资本参与城市更新项目的有效措施。如美国，在高线公园更新案例中，土地所有者通过美国的包容性住房奖励政策“高线廊道转换”获得了比拆除铁轨更大的利益和容积率奖励。由于核心区的历史、文化与公共资源得到了充分保护，外围空间的利益补偿使区域城市形态发展趋向于“碗”状。这种形态的差异反映了空间形态落实到服务经济作为主导地位的城市中，是文化资本转化为经济资本的途径（见图 11-1）。

表 11-1　大伦敦规划中各类更新地区的战略指引

分类	内涵	规划要求	布局特点
机遇增长地区	城市成规模更新增长地区	每个区至少可提供 5000 个工作岗位或者 2500 个家庭，总目标是增加 49 万个就业岗位和 23.5 万个家庭	大多为棕地，位于伦敦中心、东伦敦、北伦敦地区，共有 33 个机遇区
集约开发地区	以高强度利用和土地混合使用的方式进行土地开发或更新	较好区位的已建成地区，总目标为全市增加 1.3 万个就业和 1.4 万个家庭	
待复兴地区	综合评定位于伦敦最后 20% 的地区	在地方发展规划中关注、完善设施、提升能级，如果与上述两地区有重叠，在更新中综合考虑	位于东伦敦

资料来源：关烨，葛岩．新一轮总规背景下上海城市更新规划工作方法借鉴与探索［J］．上海城市规划，2015（3）。

日本的容积率制度相对比较完善，鼓励社会力量参与东京城市圈的城市更新建设，在带动大城市圈可持续发展中发挥了重要作用。[①] 日本容积率制度分为特区式管理和定制式管理两种模式。特区式管理是以城市再建特别区制度为基础核定和控制建设项目容积率的管理办法，如日本东京、近畿、中部三大城市圈由政府指定的

① 东京容积率的介绍主要改编于《容积率制度在城市创新建设中的应用——解读东京城市成长战略》一文。春燕．容积率制度在城市创新建设中的应用——解读东京城市成长战略［J］．城市规划学刊，2014（6）.

“城市再建特别区”有65个，其中多数分布在东京城市圈。东京著名的大手町地区、千代田地区的再开发都采用了该政策。定制式管理是为了具体的建设项目独立设计制定容积率标准的管理方法，又细分为三类：公共空间贡献奖励制度、公共设施建设奖励制度、综合开发建设奖励制度（见表11–2、图11–2、图11–3）。

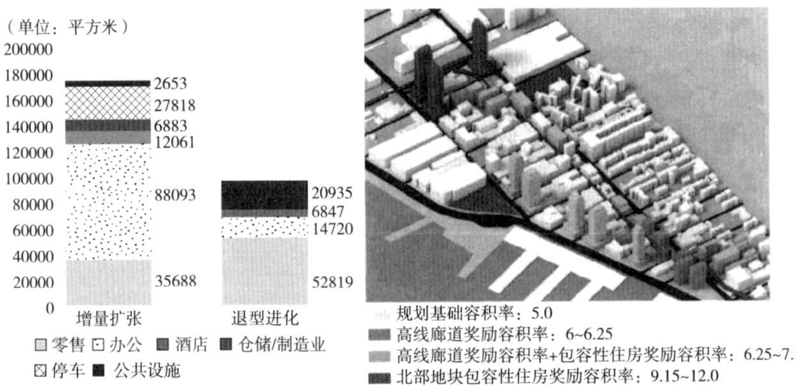

图11–1 美国高线公园的容积率奖励

表11–2 建设目标管理制定项目容积率标准

建设目标	项目	容积率奖励标准
商业街一层活力街区建设	店铺、饮食店、步行街道	→ +50% 或 +100%
地下公共步行街建设	地下步行街道	→ +50% 或 +100%
地下公共空间建设	地铁出入口设施建设	→ +50%
魅力城市街区建设	公共空间与广场建设	→ +50%

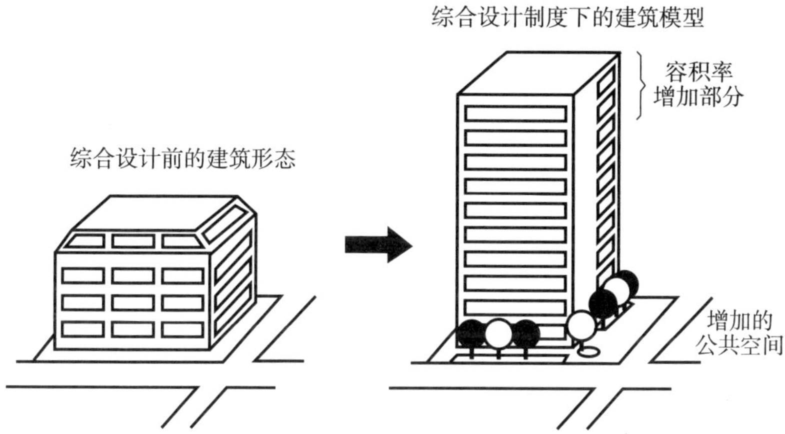

图 11-2 公共空间贡献奖励示意

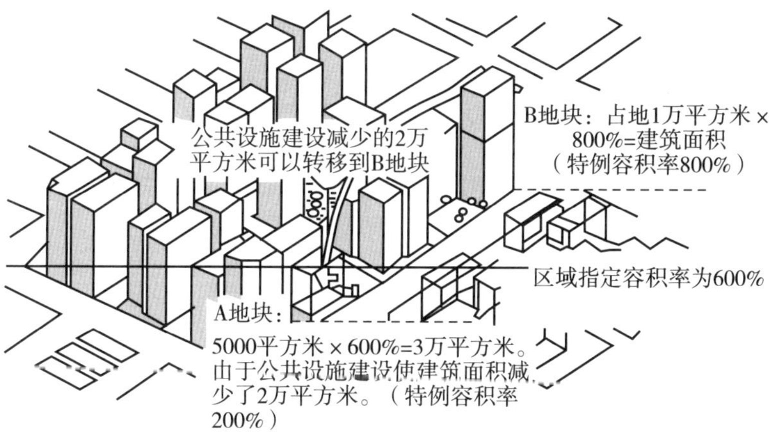

图 11-3 公共设施建设奖励示意

3. 发展转移权

以香港地区为例。发展转移权容许物业权利持有人以土地使用权限制的方法，限定该物业不得用于重建，而将所在地段地块一般规定可使用的，该物业剩下未能使用的容积率面积权益出让。该权益可转移至指定规划区域内，以相同功能用途进行发展。受让权益的可以是房地产开发商、政府土地储备机构、自然人等。

发展转移权从法律权益上对文物保护建筑的经济价值进行了补贴，使原来冻结不能使用的空间发展权利得到释放。该物业的持有人得到收益后，可以有能力对受保护建筑进行修缮。通过发展转移权鼓励和保障文物保存，并使历史建筑所有权人受益，显示出这项权利规定是多方得益的措施，值得借鉴。①

4. 多种政策优惠的更新区

针对城市中某一个具有特别价值的地域（城市中心区、重点开发区、特色功能区或历史文化街区等），通过“目标 + 手段”组合，采用一系列法定的优惠和鼓励措施。这种区域在不同国家称谓不一样，在美国称之为特别目的区，在英国称之为企业区，在中国台湾地区称之为更新地区。

美国在城市建设中“创造性应用了有鼓励性的区划法，以鼓励或促使建设者按规划进行建设”，确立特别目的区是最有效的方法之一，如美国纽约的剧院特别区。1969 年为了避免当时曼哈顿办公建筑开发热潮对纽约市百老汇地区造成威胁，政府设立了特别目的区，提出在该区内开发办公建筑的同时，加建剧院可给予 20% 的附加容积率奖励。尽管该奖励技术是非强制性的，但是在市场机制和诱导政策下，有五个新剧场相继实施，加强了百老汇剧院区的传统特色。

英国在 20 世纪 80 年代对城市更新采取了企业区制度，选择有明显的经济衰退和物质衰败问题的地区、地方乐于参与的地区、有开发需求和开发潜能的地点作为企业区，1981—1996 年共选出了 38

① 黄文炜，魏清泉．香港的城市更新政策［J］．城市问题，2008（9）．

个。在企业区内可以享受各种政策工具的优惠：对建造、改善或扩建商业或工业建筑的建设费用给予100%的税收减免，对工业和商业楼宇免征营业税，简化规划程序，免征工业培训税，快速处理公司关于仓储免关税的申请，政府减少对统计信息的要求。其中三个最重要的政策工具是免征地方税、实行资本补贴、放宽有关土地使用的规划控制。从2011年开始，英国相继又批准了20多个企业区。

我国台湾城市更新相关规定中，“更新地区”也是一种特别目的区的概念，其规定，第六条有下列各款情形之一，直辖市、县（市）主管机构优先划定为更新地区：建筑物简陋且非防火构造或邻栋间隔不足，有妨害公共安全之虞；建筑物因年代久远有倾倒或朽坏之虞、建筑物排列不良或道路弯曲狭小，足以妨害公共交通或公共安全；建筑物未符合城市应有之机能；建筑物未能与重大建设配合；具有历史、文化、艺术、纪念价值，急需办理保存维护；居住环境恶劣，足以妨害公共卫生或社会治安。

三、灵活的财政资金引导

英国在不同历史阶段，财政资金以不同的方式分配给公司、地方政府或者非政府组织，具体主要有三种方式：第一种方式是通过开发公司注入资金，如20世纪80年代，中央政府为城市开发公司注入了大量的资源，在1981—1990年，城市开发公司使用的资金高达180亿英镑；第二种方式是通过竞标方式分配资金，如城市挑战基金；第三种方式是通过发放资助金方式，政府每年提供给住宅协会一定数量的住宅协会资助金。

美国城市更新的资金来源主要基于税收，政府通过提供预付金等措施为城市更新提供支持。在当地方更新工程计划申报批准后，联邦提供资金援助，提供预付金和联邦拨款支持，主要用于联邦应承担的部分纯工程费用，弥补因征地拆迁等工程造成的地方财政损失，根据住房法，联邦将支付纯工程费用的 2/3，其余由地方支付 1/3。如美国俄亥俄州托莱多滨水区在再开发中，配合滨水区开发伙伴的欧文–伊利诺伊公司和托莱多信托公司共同投资 10 亿多美元的开发计划，托莱多市政府投资了 180 万美元启动了滨水区开发建设步行系统和美化环境，由联邦政府投资 1200 万美元进行散步公园的建设和街道的改造。

四、多元化的土地支持

日本土地重划制度。针对建筑物密集，难以通过单纯提高建筑量就能够更新的难题，创新提出了土地重划制度，但要求其实施必须取得土地权利人及建筑物面积占总数 2/3 的同意。

英国的土地赠予制度。在城市更新项目中，土地赠予是一个重要因素，如英国布莱克地区的玛丽山这种规模比较小的项目，再如英国伯明翰的奶油工厂项目，通过赠予式的支持可以降低私人部门参与的门槛，引入关键投资。根据 1980 年的《地方政府规划和土地法》，地方规划局对内城现存的空地和废地实行土地注册政策，从侧面对内城的荒废地、空地加以数量控制，同时设立城市开发公司，建立土地情报制度和城市开发援助金制度。

美国的土地银行和土地信托。在城市更新实践中，地方政府通过建立土地银行进行土地储备，建立存量土地资产的管理体系，专门负责获取、整合辖区内零星的土地资源。城市层面，地方经济发展组织通过土地银行将辖区内零星、低效、闲置的土地被有目标且被投资的计划方式加以整理、征收，并吸引企业参与地方投资。社区层面，由社区活跃人士、商人和相关专业人士（如规划师、房地产经纪人）等组成非营利机构——社区土地信托机构管理运营土地资产。社区信托机构通过借贷购买、获取捐赠或者向政府回购的方式获得闲置土地。信托机构出售部分土地，也保留部分土地以低于市场价转售出租，以满足本社区内低收入家庭或是年轻人的临时性居住需求。

五、多主体合作的开发模式

多主体合作开发主要是采用公私合营模式。这种更新模式是指在城市更新中采取政府与私人组织合作的方式（见图 11–4）。以特许权协议为基础，通过签署合同来明确双方的权利和义务，确保合作的顺利完成，最终使合作各方达到比预期单独行动更为有利的结果。

德国鲁尔区的赫恩市的蒙特–塞尼斯街区城市更新执行公私合营模式。[①] 在该区的更新中，土地拥有者和赫恩市以公私合营模式共同组建了开发公司 EMC。在该公司内，赫恩市作为股东拥有 51% 的股份，土地拥有者拥有 49% 的股份，混合融资方式是公私合伙制模式的典型特征。EMC 使用自己的账户进行交易，负责筹备、规划场地和投资教育学院等。EMC 总共投资了 6000 万欧元，资金来源于 EMC 的预算，以及北莱茵–韦斯特法伦州政府的不同部门和欧盟与赫恩市的资金。

① 汉斯·彼得·诺尔，日尔诺特·帕伦．鲁尔区棕地再开发［J］. 黄剑，译．国际城市规划，2007（3）.

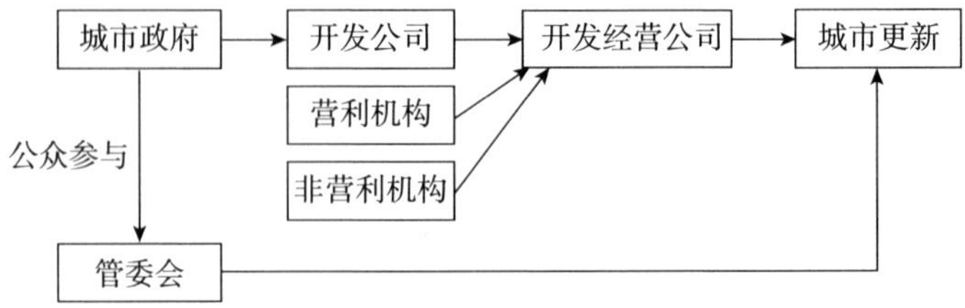

图 11-4 城市更新公私合营模式

英国伯明翰布林德利地区城市更新实行“建造—转移—运营”模式。[①] 布林德利地区位于伯明翰市中心区西部，自工厂和码头关闭后，该地区从此萧条破败。1987 年，市政府就“节日市场”项目向开发商们发出了公开邀请，并从 21 家开发商中挑选了 6 家参加竞标。其中的梅林（Merlin）公司与参加竞标的另外两家公司——专门从事零售业的斯沃特（Shearwater）公司和具有体育馆开发经验的莱恩（Laing）公司联合，组成了实力雄厚的梅林 – 斯沃特 – 莱恩（Merlin-Shearwater-Laing）联合公司，在竞标中一举击败竞争对手，获得了胜利。它们付出了 2330 万英镑，取得了布林德利地区 10 万平方米土地 150 年的开发使用权和室内竞技馆承建权。

六、完善的城市更新管理机制

1. 专门的管理机构

美国在不同的历史时期创建了不同的组织机构以适应城市更新的需要。从城市更新运动初期的城市重建局的建立，到后期的住宅与城市发展局的建立，再到邻里复兴计划时期的内部机构协调委员会，都

① 张险峰，张云峰 . 英国伯明翰布林德利地区——城市更新的范例［J］. 国外城市规划，2003（2）.

是美国城市更新的重要的机制创新，这些机构均在不同时期承担了资金筹措、计划制订、业务管理和多方协调等不同职能和事务。

中国香港地区主要通过市区重建局主导重建，按照重建计划独立实施更新或者联合开发公司主体实施，也有市区重建中介服务、顾问公司等共同组成了城市更新市场企业主体。同时，专门组建市区重建咨询平台、市区重建社区服务队，开展重建项目社会影响评估。另外，依托于公益基金会和科研机构，开展学建关爱义务工作计划、市区更新探知馆、市建网上学院等公益计划或宣传平台，号召更多的市民或社会组织参与到市区更新的过程。

中国台湾地区首先通过投资入股成立财团法人城市更新研究发展基金会、财团法人“九二一”震灾重建基金会等社团，同时引导城市更新建设公司、城市更新民间开发公司等私有企业建设，推动城市更新非政府组织发展。其次，形成城市更新改革组织、台北区“社区规划师”计划等城市更新非政府组织，对城市更新中不当法令、不当方案进行质疑，形成较为专业的公益服务。

2. 协作的实施主体

（1）开发公司类。

美国的开发公司。20 世纪 70 年代后期的重要机制创新，是具有准公共性的开发公司的创建，开发公司由公共和私人部门联合组成，以更有效整合资源，共同为项目规划和实施负责。开发公司是具有准公共性的非营利性企业，具有类似于私人部门的运作模式，却拥有接受和使用公共和私人资金的权力，拥有传统的公共机构特有的权力。例如，土地归集和征用、债券发行、津贴或者贷款管理、通过减税提供投资激励等权力。开发公司是在一般的服务于公共目的非营利企业法的基础上建立的，董事会由公共和私人部门代表组成。这种公司的优势包括：拥有专业的职工；拥有独立预期，是半独立的城市更新机构；不用通过竞争招投标来签发建设合同；比市政府代理更具有弹性，更独立于地方政府的监管；准公共开发公司拥有政府权威机构的部分公共权力，如土地征用、发行免税财政债券、出售或出租资产以获得收入等。

英国的开发公司。英国在 1980 年发布的《地方政府规划与土地法》授权国家环境部建立城市开发公司，并在 1981 年首次在伦敦道克兰和利物浦默西睿德郡建立项目，开始进行这两个老工业城市的更新，其后陆续在其他城市推广。1995—1998 年，政府的财政投入达到 30 亿英镑。而据统计，城市开发公司共吸引了 110 亿英镑的私人投资，如伦敦道克兰开发公司。中央政府宣布伦敦道克兰要进行城市更新，于是划定了 8.5 平方千米的土地作为更新地区，并于 1981 年成立了伦敦道克兰开发公司，这个机构被赋予了重要的资金和权力来更新衰落的社区。政府将三个重要权力授予伦敦道克兰开发公司。第一个权力是土地整合权包括强制购买权，伦敦道克兰开发公司拥有特殊的保留权力，可以快速从其他公共组织获得土地而不需要公众咨询。第二个权力是伦敦道克兰开发公司获得了相关三个区的发展控制权。第三个权力是有权为开发准备土地使用政府资助，并带来物质、社会和经济的更新。同时，政府有义务提供住房和教育，为当地居民提供医疗。中央政府对公司进行投资作为启动，启动后公司的运营经费来自政府和住房、工业和商业开发土地处置产生的收入。①

---

① 易晓峰. 从地产导向到文化导向——20 世纪 80 年代以来的英国城市更新方法［J］. 城市规划，2009（6）.

（2）非政府组织类。

英国城市更新注重非政府组织的作用，政府不直接干预市场及企业行为。如在创意文化行业，从创意企业的培育、审核、认定、监督到人才与资金支持，全部由非政府组织负责实施，政府只是对其进行资格认定、下达任务指标，并实施指导、监督。

英国政府将英格兰所有的城市更新权力和活动都转移到了一个新的机构——英格兰合作组织。它是一个负责获得土地，在衰落、利用不充分或空置的土地上进行城市更新的机构。该机构拥有强制购买的权力，以及在新城范围内测绘和规划的权力。具体进行城市更新操作的是新成立的城市更新公司，其促进新的投资进入经济衰败的城市地区中，并协调它们的城市更新和再开发规划；核心任务是鼓励私人投资，从而有助于地方可持续发展，并充分考虑整个地区的问题和机遇。城市更新公司是由相关的地方当局和区域发展机构设立的，并与英格兰合作组织和其他地方利益相关人合作。

（3）实施模式。

从各国城市更新发展历史阶段看，早期多以政府为主体，随后发挥私营主体的力量，现在多数是公私合营模式（见表 11–3）。

3. 严密的管理程序

在管理程序上，由于城市更新涉及方方面面的利益，涉及众多的产权持有人，有的成为“钉子户”，有的加建等，对于这些国际上的难题，有一些经验值得借鉴。

表 11-3 不同历史阶段的城市更新实施模式

模式	案例	特点	借鉴
政府主体更新模式	美国巴尔的摩	政府把地出售给开发商	政府投资于滨水区基础设施、绿化、给排水等，其他用途土地让渡给开发商或业主
	加拿大格兰维尔岛	以政府开发为主体，其他相关私人机构、非营利机构合作	保证公共空间的开发在城市总体规划下进行，避免私人开发商损害公共利益
私营主体更新模式	加拿大维多利亚滨水区	由私人进行更新改造，以旅游、游憩活动和零售活动为导向	
	伦敦道克兰改造复兴工程	城市开发公司为主体，目标是发挥土地与建筑使用效益，创造一个适合工作、生活的环境	
公私合作更新模式	美国托莱多市	开发商承担主要责任，政府减免税收	公私合作能够考虑政治、经济和社会等方面利益的要求并妥善处理矛盾

资料来源：林琳，等 . 广州珠江滨水区更新模式的思考［J］. 人文地理，2007（6）：67–72。

如中国香港在城市更新时，实行强制性土地售卖。土地强制售卖条例颁布于 1999 年 6 月 7 日，做出如下规定：改造主体收购小区 90% 物业产权后，如出现“钉子户”，改造主体可以用“钉子户”侵犯总体利益为由向法院起诉，要求强制搬迁。2010 年又做出了修订。修订稿将以下三类地段申请强制售卖门槛从 90% 业权下降到 80% 业权：地段上每个单位各占该地段不分割份数的10%以上；位于该地段全部的楼宇，其楼龄超过50年及以上；地段并非坐落于工业地带，但是地段上的所有大厦均为楼龄30年及以上的工业大厦。

再如德国城市更新封锁效力模式。德国的建筑法规定，城市更新程序中，在正式划定更新范围以后，禁止城市更新区域范围内的土地所有权人和土地使用权人，进行事实上或者法律上的处分或者变更，这种效力在理论上被称为封锁效力。封锁效力的主要目的是防止土地状况的变化，导致之后执行城市更新程序变得更加困难复杂。因此在一段时间内，禁止权利人进行违反城市更新目标的土地使用。德国当地乡镇市公所也可以根据实际情况对自治章程进行相应的调整，但是必须遵守相关的通知和公告程序。包括范围内禁止处分和变更，如禁止出租和抵押；土地买卖的价格管理，不得借城市更新抬高出售价格；乡镇市公所享有优先购买权，也可以委托私人团体行使；执行管制措施；禁止土地细分等。有权利必有救济。在自治章程公布产生以上的法律效力，对区域内的权利人的利益加上诸多管理和限制，导致其权利或者利益受损的关系人如土地的所有权人、承租人、抵押权人等，可以向德国的行政法院提起行政诉讼，由该法院对相关管理或是限制的合法性进行审查。

第十二章　我国城市有机更新的制度创新实践

近年来，随着我国对城市更新的关注度越来越高。城市更新进入有机更新的新阶段，各地也积极进行了有益的探索，积累了诸多经验。

一、上海

上海的城市发展道路是在探索和试错中不断前行的。在经历大拆大建、盲目改建之后，上海市政府编制了风貌区保护规划，开始对城市更新的各个要素进行控制，城市更新步入正轨。从 2016 年开始，上海城市更新开展了“四大行动计划”“城市微更新”等行动。“四大行动计划”包括共享社区计划、创新园区计划、魅力风貌计划、休闲网络计划，主要针对“社区服务、创新经济、历史传承、慢性生活”四个市民关注焦点和城市功能的主要短板，开启一场全社会共同参与的城市实践行动，推动建设“卓越的全球城市”。

1. 开展系统性、顶层城市更新制度设计

2014 年，上海推出《关于本市盘活存量工业用地的实施办法（试行）》（沪府办〔2014〕25 号）（2016 年进行了修正），对政策不

断进行微调，通过放宽准入、加强自有物业比例的控制、实行弹性年租制、加强监管等方式鼓励转型。2015 年 5 月 15 日，上海市政府发布了《上海市城市更新实施办法（试行）》，标志着上海已经进入以存量开发为主的“内涵增长”时代。

为有效贯彻落实《上海市城市更新实施办法（试行）》，建立科学、有序的城市更新实施机制，上海市规土局进一步细化和完善了城市更新工作流程、技术要求和相关政策，形成《上海市城市更新规划土地实施细则（试行）》《上海市城市更新规划管理操作规程》《上海市城市更新区域评估报告成果规范》等相关配套文件，涉及规划、土地、建管、权籍等规土管理的各个方面，为全面开展城市更新项目打下了坚实的基础。

2. 注重产业转型升级带动城市更新

上海作为我国开放发达的东部沿海地区，拥有大量工厂、仓库等。同时上海又是国际时尚城市，文化和艺术氛围浓郁。因此，更加注重产业转型升级带动城市更新，注重产业与城市功能的完美融合。如上海宝山区采取了“调整内容、保留建筑、完善功能、就地相融”的策略，不是简简单单地把工厂、仓库搬迁，而是把原有的工厂、仓库业态转型调整为具备适合城市需要、受居民欢迎的功能，从小规模的物理空间“有机”嵌入，对规模适中的 50 多个老工厂、老仓库、老堆场实施转型改造。

3. 建立推动城市更新的体制机制

上海市由市政府及市相关管理部门组成市城市更新工作领导小组，负责领导全市城市更新工作，对全市城市更新工作涉及的重大事项进行决策。市城市更新工作领导小组在市规划国土资源主管部门下设办公室，负责全市城市更新协调推进工作。市规划国土资源主管部门负责协调全市城市更新的日常管理工作，依法制定城市更新规划土地实施细则，编制相关技术和管理规范，推进城市更新的实施。市发改委、住建委、财政局等相关管理部门依法制定相关专业标准和配套政策，履行相应的指导、管理和监督职责。区县政府是推进本行政区城市更新工作的主体。区县政府指定相应部门作为专门的组织实施机构，具体负责组织、协调、督促和管理城市更新工作。

4.“自上而下”和“自下而上”结合推动城市更新

综合来看，上海城市更新案例可以分为两种模式。

第一种模式为“自上而下”，是指由政府主导，有专业人员参与，同时又有部分公众参与的更新。这种模式开发力度大，投入资金充足，成功率高。其中包括外滩滨水区、衡山路、新天地等。

第二种模式为“自下而上”，是指主要由公众发起，政府协调，并由专业人员配合的更新模式，这种模式由于最大限度结合公众意愿，所以开发难度较小，与城市结合度也比较高，如苏州河仓库SOHO区和田子坊创意区就属于这种类型。

5. 设立区域评估制度

按照区域评估制度要求，首先需要根据更新区域的类型和发展目标确定区域评估的范围。按照系统性、整体性的要求开展区域评估，按照控制性详细规划编制单元是开展区域评估的基本范围。对于实施条件成熟、更新规模较小、更新诉求明确的零星城市更新项目，也可以将该项目所在地块的核心，适当扩大到周边区域开展局部评估。

上海市区县规划和土地管理部门会同区县相关部门、街道办事处或镇政府组织开展区域评估，确定地区更新需求，进行地区公共要素评估，划定城市更新单元，明确适用更新政策的范围和要求。更新单元的划定一般符合以下条件：一是地区发展能级亟待提升、目前公共空间环境较差、建筑质量较低、民生需求迫切、公共要素亟待完善的区域；二是根据区域评估结论，所需配置的公共要素布局较为集中的区域；三是近期有条件实施建设的区域，即物业权利主体、市场主体有改造意愿，或政府有投资意向，利益相关人认同度较高，近期可实施性较高的区域。

区域评估工作包括基础准备、编制区域评估报告、审批三个阶段。第一个阶段是基础准备：区县规划和土地管理部门组织相关部门和规划编制单位，启动开展区域评估工作，依据上位规划，以控制性详细规划为基础，研究区域发展背景和趋势，确定评估范围、完成资料整理和汇总工作。第二个阶段是编制区域评估报告：区县规划和土地管理部门组织意见征询，就评估区域的发展需求、公共要素建设需求等，征询各方意见，形成区域评估报告初稿。市城市更新工作领导小组办公室根据区域评估报告初稿出具意见，编制单位据此完善区域评估报告，形成报审稿。第三个阶段是审批：由区县规划和土地管理部门将区域评估报告报审稿报区县人民政府，经区县人民政府常务会议审议通过后，由区县人民政府批准并送城市更新工作领导小组办公室备案。

根据地区发展的目标定位，从四个方面对地区的公共要素开展评估：第一个方面是评估已批控制性详细规划的实施情况，第二个方面是评估相关标准的实施，第三个方面是调研地区发展的实际诉求，第四个方面是研究地区发展的趋势和需求。依据上位规划确定的地区功能定位和发展目标，系统性地提出该地区亟待改善的公共要素类型和规划要求，重点包括：完善城市功能；完善公共服务配套设施；加强历史风貌保护；改善生态环境；完善慢行系统；增加公共开放空间；改善城市基础设施，保障城市安全。

6. 适当的规划调整和建筑面积奖励政策

上海城市更新规划政策的核心是，物业权利人能提供公共设施或公共空间，其用地性质、空间高度、建筑面积，都可在符合法规的前提下进行调整，对于保护历史风貌对象的，给予建筑面积奖励。

在符合区域发展导向和相关规划土地要求的前提下，允许用地性质的兼容与转换，鼓励公共性设施合理复合集约设置。

在同一街道内，对符合相关要求的地块可进行拆分合并等地块边界调整。

在地块所处高度分区的范围内，建筑高度可进行适当调整，超过高度规定，进行规划论证。风貌保护、净空控制等地区按照相关规定执行。

按照城市更新区域评估的要求，为地区提供公共性设施或公共开放空间的，在原有地块建筑总量的基础上，可获得奖励，适当增加经营性建筑面积，鼓励节约集约用地。增加风貌保护对象的，可予建筑面积奖励。

因确有实施困难，在满足消防、安全等要求的前提下，按照规定征询相关利益人意见后，经规划土地管理部门同意，部分地块的建筑密度、建筑退界和间距等可以按照不低于现状水平控制。

在城市更新中采用绿色、低碳、智能技术，实现节能环保高标准，加快低碳智慧城市建设。鼓励对建筑第五立面进行生态化、景观化以及其他有益于增加公共价值的改造利用。

7. 依法让权的土地政策

上海城市更新的土地政策核心是，将创新土地开发方式，按照“存量补地价”的方式，支持现物业权利人依据规划重新取得建设用地使用权；沿用旧区改造出让金返还政策，对于城市更新中“存量补地价”的土地出让收入，在计提后返还区县专项用于城市更新工作。

现有物业权利人或者联合体为主进行更新增加建筑量和改变使用性质，可以采取“存量补地价”的方式。城市更新项目周边不具备独立开发条件的零星土地，可以扩大用地方式结合城市更新项目整体开发。

城市更新项目的土地使用条件根据经批准的控制性详细规划确定。以拆除重建方式实施的，可以重新设定出让年期；以改建扩建方式实施，其中不涉及用途改变的，其出让年期与原出让合同保持一致，涉及用途改变的，增加用途部分的出让年期不得超过相应用途国家规定的最高出让年期。现有物业权利人或者物业权利人组成的联合体，按照新土地使用条件下土地使用权市场价格与原土地使用条件下剩余年期土地使用权市场价格的差额，补缴土地出让价款。

城市更新按照存量补地价方式补缴土地出让金，市、区县政府取得的土地出让收入，在计提国家和本市有关专项资金后，剩余部分由各区县统筹安排，用于城市更新和基础设施建设等。对纳入城市更新的地块，免征城市基础设施配套费等各种行政事业收费，电力、通信、市政公用事业等企业适当降低经营性收费。

城市更新的风貌保护项目，参照旧区改造的相关规定，享受房屋征收、财税扶持等优惠政策。

二、广州

2015年广州市率先在全国成立城市更新局，针对“三旧”改造过程中出现的问题，探索“微改造”模式，强调多元主体参与，创新改造方式，有效提高改造综合效益。从大拆大建到微小处入手的改良。“微改造”正在改变广州的城市面貌。广州的城市更新进行了一系列的制度创新实践，积累了诸多有益经验。

1. 制定城市更新两项法规

2015年9月28日，广州市政府讨论通过了《广州市城市更新办法》，并于2016年1月1日起正式实施。同时，广州市政府还制定这一法规的三个配套办法，即《广州市旧村庄更新实施办法》《广州市旧厂房更新实施办法》《广州市旧城镇更新实施办法》。

2017年6月5日，广州市政府印发《广州市人民政府关于提升城市更新水平促进节约集约用地的实施意见》（穗府规〔2017〕6号）（以下简称《实施意见》）。《实施意见》紧扣《国土资源部关于印发深入推进城镇低效用地再开发的指导意见（试行）的通知》（国土资发〔2016〕147号）和《广东省关于提升“三旧”改造水平促进节约集约用地的通知》（粤府〔2016〕96号）文件精神，与此前的《广州市城市更新办法》总体保持一致，但对《广州市旧村庄更新实施办法》《广州市旧厂房更新实施办法》《广州市旧城镇更新实施办法》的具体规定有不少修改。

2. 成立城市更新基金

《广州市城市更新办法》提出，从城市维护建设税、城镇公用事业附加费、城市基础设施配套费、土地出让收入等渠道中安排一定比例专项资金用于城市更新改造；市、区两级政府对城市更新改造给予贷款贴息；更新改造专项资金可用于存量土地储备与整合，并对全市更新改造项目进行资金统筹平衡。成立广州城市更新基金，重点支持采取政府与社会资本合作模式的老旧小区微改造、历史文化街区保护、公益性项目、土地整备等城市更新项目。

如 2017 年 2 月，广州市政府常务会议审议并原则通过《琶洲互联网创新集聚区及会展物流轮候区政府和社会资本合作项目实施方案》《广州国际金融城起步区基础设施及商业配套项目公私合营模式实施方案》，明确要求采用公开招标方式选择社会资本。2016 年，广州市荔湾区旧城改造项目核心就恩宁路永庆片区微改造修缮和活化利用项目的投资、建设、运营进行招商。该项目的危（旧）房面积约 7200 平方米。

3. 优化更新项目审批流程

为促进事权下放，管理重心下移，推进“放管服”结合，《实施意见》优化控规调整流程，简化审批流程，强化激励约束。

广州市城市规划委员会下设城市更新委员会，负责审议城市更新片区（项目）的控制性详细规划调整方案。纳入城市更新年度计划的项目，可同步启动控规调整。对更新控规调整流程进行优化，将城市更新“1+3”政策片区（项目）控规调整需要组织两轮编制、八个环节，简化为片区策划方案与控规调整方案同步编制、五个环节。

纳入城市更新年度计划的老旧小区微改造、旧村庄微改造、旧厂房微改造和旧楼宇微改造项目，由区政府审定项目实施方案。纳入城市更新年度计划的旧城镇、旧村庄全面改造项目实施方案审核下放至区政府。市发展改革委、国土规划委、住房城乡建设委等部门同时将涉及城市更新项目批后实施的立项、规划、国土等行政审批事权下放区政府。广州“微改造”模式的主要特征见表 12–1。

表 12–1　广州“微改造”模式的主要特征

产权与土地处置	产权不变； 或集体土地转国有补交土地出让金
周期与成效	业主单一； 协商成本低
改造方式	局部拆件、功能置换、整治修缮、保护活化
资金投入	社区微更新——政府投入为主； 特色小镇——业主自筹或政府财政投入； 产业升级——业主 / 村集体自筹； 历史文化保护——政府财政投入

资料来源：姚之浩，田莉 . 21 世纪以来广州城市更新模式的变迁及管治转型研究［J］. 上海城市规划，2017（10）。

4. 鼓励业主自主连片和打包改造

《实施意见》鼓励业主自主连片改造和打包改造。属于同一企业集团、涉及多宗国有土地上旧厂房改造的（总用地面积不低于 12 万平方米），可整体策划改造，应将不少于 42.5% 的权属用地面积交由政府收回，按同地段毛容积率 2.0、商业市场评估价的 40% 实施补偿；剩余非商品住宅规划用地可以协议出让、自行改造。对于 10 万平方米以上集体土地旧厂房，可由区政府统一招商、整体改造。用地面积低于 10 万平方米、不纳入旧村全面改造和微改造的集体旧厂房、村级工业园区可单独改造。

为鼓励土地权属人交地收储，基本按照政府与土地权属人 5∶5 的思路分配土地增值收益（按时交储奖励 10%）。

5. 实施土地出让金优惠支持土地用途变更

《实施意见》允许国有旧厂房临时改变使用功能支持新产业、新业态建设，并给予 5 年过渡期，5 年内免收地价。5 年过渡期满后，经市政府批准，允许按新用途办理用地手续。允许科研、教育、医疗、体育机构利用自有土地转型升级改造，分类别给予土地出让金优惠。

“工改工”可不增收地价。国有土地上旧厂房不改变用地性质，自行改造工业厂房（含科技孵化器）的，不分割出让可不增收土地出让金。

“工改商”按市场评估价缴交地价。按照省政府 96 号文要求，国有土地旧厂房按规划新用途改为商业服务业设施用地的，按商业市场评估价补缴土地出让金。“工改新产业”给予 5 年过渡期。国有土地旧厂房利用工业用地兴办国家支持的新产业、新业态建设的，可按现有工业用地性质自行改造，按照“工改工”政策执行。5 年过渡期后，按新用途办理用地手续。科研、教育、医疗、体育自行改造根据相应地段办公用途市场评估价的一定比例计收地价。

同时，加强成片连片土地整备开发，经市政府批准，可由市城市更新部门组织国有全资企业具体实施成片连片项目的整备。

6. 构建公平公开的更新机制

《实施意见》允许自然村作为改造主体申请全面改造。改造土地登记为自然村（或单个经济社）的，自然村（或单个经济社）可以作为改造主体申请全面改造。土地登记为行政村的，在征得行政村（或经济联社）同意后，自然村（或单个经济社）可作为改造主体申请全面改造。旧村庄改造实施方案可由村民代表表决通过后提交市城市更新工作领导小组审议，在批复后3年内由全体村民（改制居民、祖屋权属人）80%表决通过的，批复生效实施。

《实施意见》同时将引入合作企业的时间提前，旧村庄全面改造基础数据经区政府审核公布后即可通过招标方式引入合作企业，招标时间按《广东省实施〈中华人民共和国招标投标法〉办法》的规定不少于45天。

此外，《实施意见》还针对之前的法律法规出台了一些新规定，如片区策划方案及城市更新项目涉及的控制性详细规划调整方案编制完成后，由市级城市更新部门和市级国土规划部门会同属地区政府等单位成立联合工作小组，共同组织审查，必要时组织专家研究论证。形成审查意见后，由市级城市更新部门提交市城市更新工作领导小组审议。审议通过后，由市级城市更新部门按规定程序进行公示，并结合公众意见修改完善。

三、深圳

深圳市城市更新起步较早，坚持走市场化道路，已步入常态推进、稳步实施、全面提升的阶段，初步形成了一整套保障城市更新有序推进的制度，积累了丰富经验。其突出特点是，城市更新遵循“政府引导、市场运作”的模式，坚持规划统筹、节约集约、保障权益、公众参与的原则，保障和促进科学发展。这种方式充分利用了深圳市场化发育程度和水平较高的优势，让各利益方实现了共赢，尊重了业主权益，通过政策优惠和激励机制，调动了各方参与城市更新的主动性和积极性。

1. 政策制度保障

深圳在城市更新实践中形成了相对完善的政策法规体系。2009年12月颁布了《深圳市城市更新办法》(2016年11月进行了修改)、2012年1月实施了《深圳市城市更新办法实施细则》、2016年12月又发布《关于加强和改进城市更新实施工作的暂行措施》。针对城市更新中出现的土地管理、规划编制、利益分配、实施保障等问题出台相应的配套政策，让城市更新有据可依，推动了深圳城市更新的体制体系构建和城市更新的制度化、规范化、系统化。

2. 规划政策引领

科学编制全市更新规划，并分区落实。规划划定城市更新的标图建库范围和不同更新模式的分区指引，各区政府（含新区管理机构）根据城市规划及相关标准规范、技术指引编制本辖区的城市更新规划（详情见图12–1）。

实行城市更新单元规划和年度计划管理制度。城市更新单元规划是管理城市更新活动的基本依据。城市更新年度计划纳入近期建设规划年度实施计划及土地利用年度计划。

试点重点更新单元开发，探索政府主导的重点更新单元开发。区政府组织编制重点更新单元规划，报市政府批准。重点更新单元原则上整体实施；确需分期实施的，独立占地的城市基础设施和公共服务设施、政策性用房以及用于安置回迁业主的物业应在首期落实。重点更新单元规划经批准后，由区政府组织以公开方式选择一家市场主体实施。

用途变更弹性。实施功能改变类更新项目的土地使用权人按照有关法律法规规定的建筑物改变使用功能的程序，向市规划国土主管部门及相关主管部门申请办理规划许可变更和相关手续。

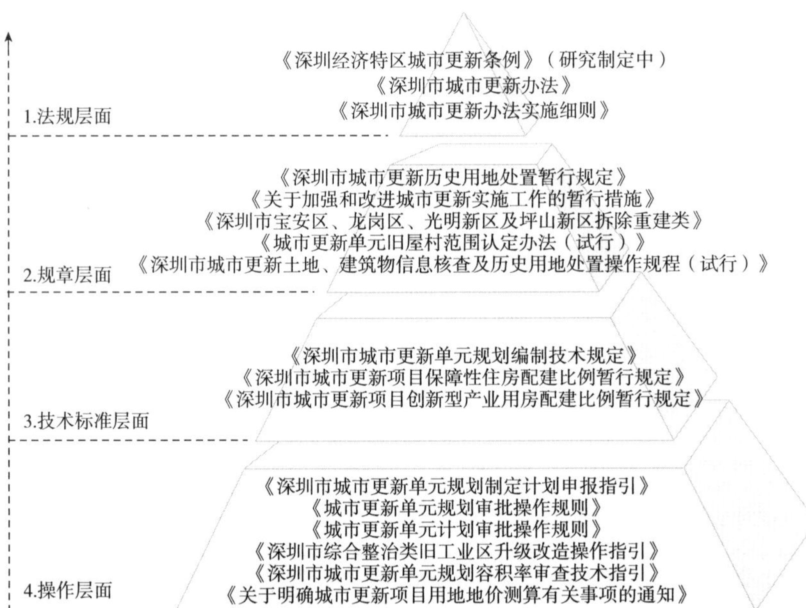

图 12-1　深圳以《办法》及《实施细则》为核心的“1+N”更新政策体系

资料来源：邹兵．存量发展模式的实践、成效与挑战——深圳城市更新实施的评估及延伸思考［J］．城市规划，2017，41（1）：89-94。

3. 土地政策支持

规范土地出让年限。按照城市更新单元规划，项目改造后的一个宗地内包含居住及其他土地用途的，居住部分土地使用权使用年限不超过 70 年。

完善历史用地处置政策。对于旧工业区综合整治类增加生产经营性建筑面积的项目，处置后的土地可以通过协议方式出让给继受单位，使用年限为 30 年。新建建筑面积部分按照暂行措施规定缴纳地价后可按程序登记在继受单位名下。

明确旧工业区综合整治用地政策。旧工业区综合整治项目根据已批准的更新单元规划按规定办理规划、用地手续。其用地土地使用权使用期限按照该宗地原用途使用期限扣除已实际使用时间的剩余期限确定。剩余期限不足 30 年的，最高可按 30 年补足，但剩余期限与该宗地已实际使用时间之和不可超过该宗地的原土地用途法定最高期限。

简化地价测算体系。整合地价标准类别，建立以公告基准地价标准为基础的地价测算体系。在保持城市更新地价水平相对稳定的前提下，城市更新地价测算逐步纳入全市统一的地价测算体系。城市更新项目地价可不计息分期缴交，首次缴交比例不得低于 30%，余款一年内交清。

4. 资金来源保障

深圳市、区政府保障开展组织实施城市更新的工作经费，对城市更新项目提供适当的资金扶持。城市更新涉及的基础设施和公共服务设施建设，从土地出让金中安排相应的项目资金。城市更新涉及政府投资项日的，根据政府投资项目管理的相关规定实施。各用地类别或改造类型适用地价标准及修正系数汇总见表 12–2。

表12-2　各用地类别或改造类型适用地价标准及修正系数汇总表

更新类别	序号	用地类别或改造类型	适用地价标准	地上部分修正系数	备注
功能改变类	1	原有建筑面积部分	公告基准地价	1	按照改变后功能和土地使用权剩余年限以公告基准地价标准计算应缴纳的地价，扣减原土地用途及剩余期限以公告基准地价标准计算的地价
	2	增加建筑面积中工业楼宇及其配套设施部分		自用：0.1 整体转让：0.7 分割转让：工业厂房、新型产业用房为1（工业与办公基准地价的平均值）；配套设施为5	按照改变后功能和土地使用权剩余年限计算
	3	增加建筑面积中非工业楼宇及其配套设施部分		5	
旧工业区综合整治类	1	历史用地处置（地上原有建筑面积部分）	公告基准地价	自用：0.2 整体转让：0.8 分割转让：工业厂房、新型产业用房为1.1(工业与办公基准地价的平均值)；配套设施为1.1（其中0.1为对历史用地行为的处理）	
	2	新建建筑面积部分		自用：0.1 整体转让：0.7 分割转让：工业厂房、新型产业用房为1（工业与办公基准地价的平均值）；配套设施为5	属于城市基础设施、公共服务设施及电梯、连廊、楼梯等辅助性公用设施的，免收地价

资料来源：深圳市人民政府办公厅《关于加强和改进城市更新实施工作的暂行措施》，2016年12月29日。

综合整治类更新项目的费用由所在区政府、权利人或者其他相关人共同承担，费用承担比例由各方协商确定。涉及改善基础设施、公共服务设施和市容环境的费用，费用承担比例按照市、区两级财政负担事权划分的有关规定执行。

功能改变类城市更新项目的申请人办理完成相关规划和用地手续后，可以实施功能改变类城市更新的，实施费用全部由申请人自行承担。

鼓励金融机构创新金融产品、改善金融服务，通过构建融资平台、提供贷款、建立担保机制等方式对城市更新项目予以支持。

5. 组织流程推进

明确各部门职责。深圳市规划国土部门作为市城市更新主管部门，负责组织、协调、指导全市城市更新工作；区政府作为统筹推进本辖区城市更新工作的责任主体，负责本辖区城市更新的具体管理工作。市规划国土部门会同各区政府，建立涵盖城市更新全流程的网上申报及管理系统，所有审查事项均纳入网上办事大厅进行监管，严格按照统一标准和时限进行办理。市发展改革部门负责拟定城市更新相关的产业指导政策，统筹安排涉及政府投资的城市更新年度资金。市财政部门负责按照计划安排核拨城市更新项目资金。

加强宣传引导。深圳市城市更新主管部门、市政府相关职能部门、区政府积极开展城市更新政策的宣传，加强引导。街道办事处、社区工作站、居委会等基层组织维护城市更新活动的正常秩序。

鼓励多方协商。单个城市更新单元涉及多个主体的，各主体应协商一致，共同编制规划草案报批并形成相应可操作的利益分配方案。难以达成一致的，由区政府搭建平台，加强协调，指导完成上述工作。

6. 奖励机制激励

费用及地价免除。城市更新项目免收各种行政事业性收费。综合整治类项目、功能改变类项目一般不增加建筑面积，加建城市基础设施和公共服务设施的，相应的建筑面积部分免收地价。

面积增加。旧工业区出于消除安全隐患、完善现状功能等目的进行综合整治的，可增加面积不超过现状建筑面积 15% 的电梯、连廊、楼梯等辅助性公用设施，不需列入综合整治类城市更新单元计划，由主管部门直接组织实施。

容积率奖励。整治类城市更新单元计划，在符合《深圳市城市规划标准与准则》的前提下，通过加建扩建、功能改变、局部拆建方式增加生产经营性建筑面积。属于在原有建筑结构主体上进行加建的，加建的规模不得导致对原有结构安全和消防安全产生影响；属于空地扩建的，扩建范围内新批准的容积率可最多不超过综合整治范围内现状合法容积率的两倍。

政绩考核。市规划国土部门加强对城市更新项目实施的考核，定期向市查违和城市更新工作领导小组报告项目实施情况。

第十三章　我国城市有机更新的制度创新研究

我国城市有机更新处于起步阶段，各项制度整体上看仍不完善。总结学习借鉴国外及我国部分城市的有益经验，主要可从以下方面研究、补齐我国城市有机更新的制度短板。

一、完善法律法规体系

完善的法律法规体系是推进城市更新的重要保障，虽然我国部分地区或城市对城市更新立法进行了有益的探索，但仍缺乏国家层面的法律法规支持。随着城市有机更新的推进，急需城市有机更新的法律顶层设计。因此，要加强城市有机更新法律法规体系建设，努力建立包括法律、条例、规章、地方法规到实施细则的多层次法律制度体系，研究《城市更新法》或《城市更新条例》立法，为城市有机更新提供法律保障。

二、给予规划政策支持

城市有机更新是在原有建筑基础上的更新，很可能涉及原有用途的改变，如厂房更新为办公楼、工厂更新为商业中心等。因此，城市有机更新应首先制定城市更新专项规划，明确更新的重点区域、更新方向、目标、时序、更新策略等。同时，研究制定土地用途弹性调整制度，允许特定区域内的土地功能弹性变更。另外，借鉴国际经验，可划定城市有机更新功能区或城市有机更新单元，给予一定的政策支持，在实践中探索城市有机更新的有效路径。

三、建立财政资金引导机制

城市有机更新所需资金巨大，仅靠财政资金无法实现可持续发展。因此，重在发挥财政资金的杠杆作用，积极吸引社会资本参与城市有机更新事业。借鉴部分国内城市已有的经验，设立城市更新基金，发挥城市更新基金的引导推动作用。进一步探索应用公私合营模式，通过公私合作、利益共享、风险共担，降低政府负担，同时也减小了社会主体的风险，从而提高社会力量的参与的主动性和积极性。

四、构建多主体共同参与机制

鼓励多主体共同参与、协商推进。城市有机更新涉及主体较多，政府、投资人和民众是最重要、最直接的利益主体，应在符合总体规划的情况下，通过多方协商，平衡各相关利益主体之间的需求，以实现多方共赢。

完善城市有机更新激励机制。借鉴国外和国内城市经验，可给予容积率奖励、税收优惠、补助金等优惠政策，吸引社会力量参与城市更新事业。

五、完善城市有机更新管理

借鉴广州等城市经验，研究设置城市更新专职管理机构。城市有机更新涉及多元的利益主体和复杂的利益关系，通过专职管理机构整合部门政策、协调部门利益，可提高办事效率和政策执行力。

梳理城市有机更新管理程序。理顺有机更新项目，从规划、建设、备案、管理的流程，合理简化审批流程，推进城市更新事业顺利开展。

第四部分

金融：融资模式创新

第十四章　城市有机更新的金融支持方向

长期以来，我国城市更新主要方式以拆除重建、更新后销售、重资产运营为主，与传统的房地产开发使用相同的金融支持体系，随着城市有机更新的发展，原有的金融支持体系已无法满足城市有机更新的融资需求，需要进行适应性的调整。

一、从对拆除重建型的金融支持转向加大对有机更新的支持力度

从金融支持的角度看，拆除重建型的城市更新项目，与房地产开发的流程类似，能够纳入现有的房地产开发融资体系，需要符合房地产开发融资的相关规定，如信贷、信托融资等需满足的“四三二”条件等。而对于不需要拆除重建，对原有物业重新进行功能定位、升级改造的有机更新型项目，则缺乏一套完整的融资支持体系。随着对城市有机更新的重视程度越来越高，城市更新将更多选择“有机”方式，根据存量物业获取、改造和运营的特点，需要相应的融资体系给予支持。

二、从对销售型金融支持转向加大对运营型更新的支持力度

销售型城市更新是指通过收购城市核心地段的物业项目，重新进行设计和更新改造，提升物业价值后通过销售实现前期投资的退出。在缺乏持有型基金的情况下，销售特别是散售，有利于城市更新企业快速收回前期投资，实现盈利。但由于项目出售后分散在多个持有者手中，往往不利于后期的整体运营，在某种程度上对物业价值产生负面影响。

运营型城市有机更新需要企业具备专业的运营能力，通过专业化的运营实现盈利。运营型的城市更新项目如长租公寓、共享办公等。运营型的有机更新往往通过两种方式解决物业获取问题。第一种方法是与投资商或股权基金合作，由其持有物业，运营商进行专业化的运营，通过专业化的运营和服务，提高物业租金，进而提升物业价值，为投资人获取回报；第二种方法是利用长租方式获取物业，企业通过运营和服务提升租金，赚取租金差价和服务费。目前，需要发展持有型基金和长期租赁的融资安排，解决运营型城市更新项目资产获取和改造的资金需求。

三、从对重资产运营的金融支持转向加大对轻资产运营型更新的支持力度

我国城市有机更新领域正在越来越关注轻资产运营模式。轻资产模式的核心理念是用最少的资金（或者最轻的资产）去撬动最大的资源，赚取最多的利润。轻资产模式下，将重资产和非核心业务转让或外包出去，主要利用企业的经验、规范的流程管理、资源获

取和整合能力、企业的品牌、人力资源、企业文化等运营，依靠输出品牌、输出管理扩张。轻资产模式可以获得更强的盈利能力、更快的扩张速度与更持续的增长力。城市有机更新是对城市旧有资产进行更新改造，目标物业一般位于城市核心位置、资产价格普遍较高，更新项目对资金的需求量巨大。而我国城市更新长期以来更多采取重资产运营模式，现有金融支持更多地适应重资产运营，随着城市有机更新越来越多地采取轻资产运营方式，需要加大相应的金融支持力度。

根据笔者的研究结论，城市更新领域的轻资产运营主要包括四种类型：长期租赁型、基金持有型、联合开发型和品牌输出型。长期租赁型是指通过长期租赁方式获取房源，加以改造装修后对外出租，同时提供增值服务。基金持有型是指由基金持有重资产，由专业化运营企业负责实施有机更新和开展运营管理。联合开发型是指城市更新运营企业与资产方或是资金方成立合资公司，通过资源整合和专业运营获取资产增值带来的股权收益，同时获得资产托管费等。品牌输出型是指更新运营企业通过提供城市更新全过程的、系统化、品牌化投资开发服务，按约定比例分享更新项目的经营收益。其中，特别是长期租赁型和基金持有型缺乏相应的资金支持渠道。

第十五章　适应城市有机更新的融资模式

一、投资基金化、建设信贷化、运营证券化

与传统的房地产开发—销售方式相比，城市有机更新下的房地产链条多采用“投资—建设—运营”方式，金融支持需要适应这个链条的每个环节，针对各环节的融资需求特点进行创新，形成适应城市有机更新的融资模式（见图 15-1），即投资基金化、建设信贷化和运营证券化。在城市更新项目改造过程中，项目前期的不确定性和风险较大，更多需要股权方式融资；随着项目改造进程的深入，项目不断成熟、风险点逐渐排除，资产价值会逐渐显现，项目可更多利用债权方式融资；当项目进入运营阶段，随着经营现金流的稳定，可采取资产支持证券的方式进行融资。

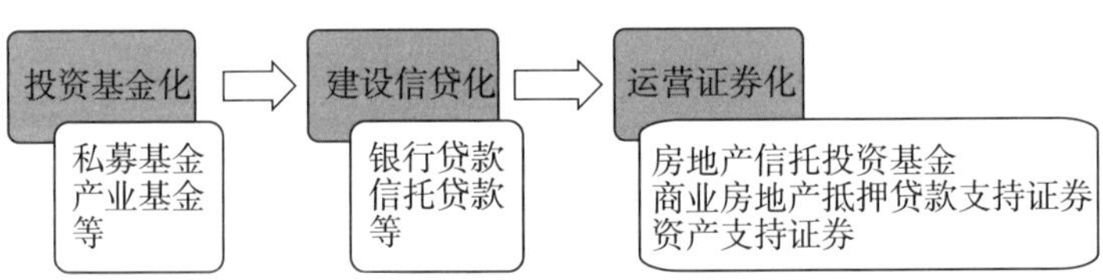

图 15-1　适应城市有机更新的融资模式

二、投资阶段融资工具

城市有机更新项目前期启动阶段的融资相对最难，主要解决资本金问题。通过股权融资达到一定的资本金规模，在此基础上，获取金融机构提供的债权融资。城市有机更新项目前期投资基金主要包括市场的城市更新私募基金和政府背景的城市更新产业基金。

1. 城市更新私募基金

一方面，城市有机更新并购项目需要大量的资本金支持，需要以股权基金的方式筹集并购资金；另一方面，受房地产调控政策的影响，2017 年的城市更新项目融资呈偏紧的态势，银行的旧改贷基本不再发放，信托基本只面向满足“四三二”条件的项目。因此，城市更新私募基金成为目前城市更新项目融资中主要的融资方式。城市更新私募基金是投向城市更新领域的私募股权基金，其设立、募资、投资、退出要点如下。

（1）设立。

城市更新私募基金的性质为私募股权基金，根据证监会《私募投资基金监督管理暂行办法》，私募基金管理人在中国证券投资基金业协会登记，在私募基金募集完成后，办理基金备案手续。

私募基金的组织形式包括公司制、合伙制和契约制。

（2）募资。

合伙制的城市更新私募基金，采用优先级和劣后级的结构化设计募资，一般优先级可对接信托计划等，劣后级多为普通合伙人。

（3）投资。

城市更新私募基金一般采取三种投资方式：第一种是股权投资，

包括股权受让或增资扩股；第二种是债权投资，包括委托贷款、股东借款；第三种是夹层投资，即股权投资加债权投资。

（4）退出。

城市更新私募基金的退出方式主要包括四类。一是收回本息。对债权类投资，通过到期还本付息实现退出。二是出售物业。三是股权回购和转让。四是资产支持证券。对于运营型物业，在运营成熟、有稳定的现金流后，可通过资产支持证券实现退出。在国内REITs（房地产信托投资基金）推出后，可通过REITs实现运营型物业的退出。

案例1：黑石房地产基金

（1）黑石房地产基金概况

黑石集团是全球最大的独立另类资产管理机构之一，其设立的基金主要包括企业股权私募基金、私募地产基金、对冲基金、信贷投资等，其中房地产是黑石主要的投资领域。

黑石地产基金始于1991年，主要包括三个类型（见表15-1）。一是机会型地产基金BREP（Blackstone Real Estate Partners，黑石地产合伙人）。BREP是封闭式股权投资基金，按投资区域分为BREP全球基金系列、BREP欧洲基金系列和BREP亚洲基金系列。二是核心增益型地产基金BPP（Blackstone Property Partners，黑石财产合伙人）。BPP是开放式股权投资基金，兼具私募基金特性和公募基金的流动性。三是不动产债权投资基金BREDS（Blackstone Real Estate Debt Strategies，黑石地产债务策略）。

BREDS 主要包括三个系列：以夹层贷款投资为主的封闭式私募地产基金 BREDS 系列；以商业房地产抵押贷款支持证券投资为主的定期可赎回基金 BRIEF/BSSF 系列；公开上市的商业地产抵押贷款 REITs 公司 BXMT（黑石抵押信托）。

表 15-1　黑石地产基金类别

私募地产基金	系列	运作方式
机会型地产基金 BREP	BREP 全球基金系列 BREP 欧洲基金系列 BREP 亚洲基金系列	封闭式股权投资基金
核心增益型地产基金 BPP		开放式股权投资基金
不动产债权投资基金 BREDS	以夹层贷款投资为主的封闭式私募地产基金 BREDS 系列 以商业地产抵押贷款支持证券投资为主的定期可赎回基金 BRIEF/BSSF 系列 以及公开上市的商业地产抵押贷款 REITs 公司 BXMT	

（2）投资策略

黑石地产基金运用“买入、修复、卖出”的策略进行地产投资。以低于重置成本的价格收购成熟的物业资产。黑石地产基金主要以成熟的能够产生稳定现金流的物业为目标资产，较少涉及开发或培育期的物业。黑石地产基金将其新收购的成熟物业资产都整合到统一的投资管理平台，提升管理。提高杠杆率。收购资产过程中，在相对较少资本投入的基础上，利用高杠杆率来放大资本收益。黑石通过组建管理经验丰富的本地团队对收购物业实施改造和运营管理。在三年内将资产出售给长期投资人。物业资产经过改造和运营管理升值后，黑石将其出售给保险公司或REITs等长期投资人。当投资管理平台物业资产扩张到一定程度后，黑石将投资平台的物业整体出售或分拆上市。

案例2：铁狮门房地产基金

（1）铁狮门地产基金概况

铁狮门是世界著名的地产业主、开发商、运营商及基金管理公司。自1978年成立以来，铁狮门投资、开发和运营了390多个项目，总物业面积超过16万平方米，物业资产组合总值超过810亿美元，投资市场包括美国、印度、中国、欧洲地区和拉美地区等。

铁狮门地产基金的投资包括核心投资、增值投资和机会投资三大战略（铁狮门增值基金系列见表15-2）。其中，增值战略投资的领域即为城市更新。增值投资战略为投资富有增值潜力的既有地产。利用铁狮门的垂直整合平台，参与地产改造、租赁和其他增收投资等提高运营效率的投资。这一投资战略通过重新定位、改造或开发地产项目以实现运营收入的最大化并获取投资回报。核心投资战略是在全球主要市场投资易于租赁、便于维护的办公楼，同时与信誉良好的租户保持稳固的租赁关系。这一战略的目的在于获得稳定、赢利且总投资回报可预期的投资组合。机会性投资战略是通过投资、开发和改造高档办公地产，出售住宅地产和综合地产，以及有针对性地投资未开发地块，实现增值。

表15-2 铁狮门增值基金系列

铁狮门基金系列	投资
铁狮门Ⅵ号欧洲房地产风险投资基金（TSEV）	2007 年进入封闭期，股权资本额为 10 亿欧元的欧洲房地产风险投资基金采用“增值”投资战略，重点投资欧洲高档办公物业和综合物业的重新定位、开发和改造，该基金在巴黎、柏林、慕尼黑、法兰克福、米兰和伦敦等目标市场投资收购了 16 处物业
铁狮门Ⅷ号房地产风险投资基金（Ⅷ号基金）	2012 年进入封闭期，股权资本额为 6.92 亿美元的Ⅷ号基金采用“增值”投资战略，以建筑重新定位 / 再出租、改造和全新开发为重点关注领域，该基金在纽约、华盛顿特区、洛杉矶、芝加哥、波士顿和旧金山等目标市场投资收购了 10 个甲级商用办公项目
铁狮门Ⅶ号房地产风险投资基金（Ⅶ号基金）	2007 年进入封闭期，股权资本额为 15 亿美元的Ⅶ号基金采用“增值”投资战略，重点投资于高档办公物业和多户型物业的重新定位、开发和改造，该基金在纽约、华盛顿特区、洛杉矶、芝加哥、西雅图和旧金山等目标市场投资收购了 17 处物业
铁狮门Ⅵ号房地产风险投资基金（Ⅵ号基金）	2004 年进入封闭期，股权资本为 12 亿美元的 VI 号基金采用“增值”投资战略，以建筑重新定位 / 再出租、改造和全新开发为首要关注领域，该基金在纽约、华盛顿特区、洛杉矶、芝加哥、西雅图和旧金山等目标市场投资收购了 27 处甲级商用办公物业
铁狮门 / 花旗集团国际房地产另类投资风险基金Ⅴ	2001 年进入封闭期，股权资本额为 2.87 亿美元的该基金采用“增值”投资战略，收购了精选一线大城市市场的 11 处办公物业，其中包括伦敦、巴黎、阿姆斯特丹、法兰克福、杜塞尔多夫、汉堡、里约热内卢和圣保罗
铁狮门 / 花旗集团美国房地产另类投资风险基金（Ⅴ号基金）	2001 年进入封闭期，股权资本额为 2.66 亿美元的该基金采用“增值”投资战略，收购了精选美国一线大城市市场的 11 处办公物业，其中包括纽约、旧金山、洛杉矶、芝加哥和华盛顿特区

续表

铁狮门基金系列	投资
铁狮门 / 花旗集团房地产另类投资风险基金（Ⅳ号基金）	2000 年进入封闭期，股权资本额为 3.59 亿美元的Ⅳ号基金采用“增值”投资战略，收购了精选一线城市中央商务区的 12 处办公物业，其中包括伦敦、法兰克福、里约热内卢、圣保罗、纽约、芝加哥、旧金山、洛杉矶和华盛顿特区
铁狮门 / 花旗集团房地产另类投资风险基金（Ⅲ号基金）	1999 年进入封闭期，股权资本额为 2.15 亿美元的Ⅲ号基金采用“增值”投资战略，收购了精选一线城市中央商务区的 10 处办公物业，其中包括旧金山、纽约、巴黎、伦敦和马德里 * 对Ⅱ号基金曾经做出计划，但未向投资者发售，I 号基金投资期限结束后，Ⅲ号基金成为铁狮门提供的增值投资基金
铁狮门 / 花旗集团房地产另类投资风险基金（Ⅰ号基金）	1997 年进入封闭期，股权资本额为 8.5 亿美元的Ⅰ号基金采用“增值”投资战略，收购了精选一线城市和地区的中央商务区的 50 处办公物业，其中包括伦敦、巴黎、纽约、芝加哥、洛杉矶、波士顿和硅谷地区

资料来源：铁狮门中国官网。

（2）投资策略

铁狮门是美国最大的房地产业主、开发商、运营商及基金管理公司。其投资策略是依托于专业的开发和管理能力、投资和金融能力。铁狮门利用其地产基金，以较少的资本投入，通过房地产开发、设计、投资管理、租务、物业管理和风险管理等纵向一体化的专业能力，获取各环节的相关管理费，并参与地产基金超额收益的分成。

案例 3：家居商业地产并购基金

红星美凯龙是全国性家居装饰及家具商场运营商。截至 2017 年 12 月 31 日，在全国共经营 256 家商场。红星美凯龙采取重资产（自营商场）和轻资产（委管商场）双轮驱动的模式。未来大部分新开商场将通过委管商场运营，实现轻资产转型。轻资产模式面临租约不稳定的风险，如业主方遇到资金困境，希望处置物业资产，则会对商场运营产生影响。通过设立并购基金，可以在业主方需要盘活物业资产时，收购物业产权，使商场运营不会受到影响，化解轻资产运营的经营风险。

（1）设立。

红星美凯龙与高和资本共同发起设立国内首只家居商业地产并购基金。红星美凯龙与高和资本作为该基金的联合普通合伙人，发挥各自专业领域的优势，共同进行投资决策。红星美凯龙主要负责寻找优质的目标资产，并运营管理；高和资本负责基金结构搭建、资产管理和退出机制设计等。

（2）募资。

根据有关资料，红星美凯龙和高和资本设立的并购基金规模为 50 亿元，由红星美凯龙和高和资本各自出资首期基金的 10%~15%，其余资金通过外部募资筹集。

（3）投资。

该并购基金前期将以投资红星美凯龙在一、二线城市的委管商场为主，未来也考虑投资红星美凯龙的自营商场和其他品牌的家居商场。通过对目标资产的选择和专业的运营管理实现收益，为投资者提供稳定的投资回报。

（4）退出。

通过资产支持证券的方式实现退出，2017年9月，类REITs的“畅星–高和红星家居商场资产支持专项计划”发行（详见下文案例8），实现了从并购到退出的闭环。

2. 城市更新产业基金

城市更新产业基金是投资城市更新领域的产业基金，主要推动城市基础设施等公益性项目更新。其设立、募资、投资和退出要点如下。

（1）设立。

相对于城市更新私募基金，城市更新产业基金是由政府出资或有政府背景的产业基金，投资于城市更新领域，特别是城市更新的基础设施和公共服务领域。其设立受证监会、发改委和财政部三重监管。第一，城市更新产业基金属于私募投资基金，按照证监会2014年出台的《私募投资基金监督管理暂行办法》（证监会令〔105〕号），在城市更新产业基金募集完成后，在中国证券投资基金业协会办理备案手续。第二，如该基金中有政府出资，则按照国家发改委2016年出台的《政府出资产业投资基金管理暂行办法》（发改财金规〔2016〕2800号），在政府出资产业投资基金信用信息系统登记。政府的资金来源包括财政预算内投资、中央和地方各类专项建设基金及其他财政性资金。自2017年4月1日起施行的《政府出资产业投资基金信用信息登记指引（试行）》中，进一步明确政府出资产业投资基金是指有政府（含所属部门、直属机构）直接或委托出资。第三，按照财政部2015年出台的《政府投资基金暂行管理办法》（财政〔2015〕210号）需进行审批，政府投资基金应当由财政部门或财政部门会同有关行业主管部门报本级政府批准。该办法中，政府出资是指财政部门通过一般公共预算、政府性基金预算、国有资本经营预算等安排的资金。

城市更新产业基金的组织形式包括公司制、合伙制和契约制。

（2）募资。

首先，采用有限合伙制的城市更新产业基金，采取结构化募资，设优先级和劣后级，一般政府作为劣后级，社会资本作为优先级。其次，政府出资的城市更新产业基金，募资可全部由政府出资、与社会资本共同出资或向符合条件的已有产业投资基金投资等。

（3）投资。

首先，城市更新产业基金也包括三种投资方式：第一种是股权投资，包括股权受让或增资扩股；第二种是债权投资，包括委托贷款、股东借款；第三种是夹层投资，即股权投资加债权投资。

其次，政府出资产业投资基金可以综合运用参股基金、联合投资、融资担保、政府出资适当让利等多种方式，引导民间投资。

最后，投资城市更新政府和社会资本合作项目。涉及基础设施和公共服务的城市更新，适合采取政府和社会资本合作的公私合营模式。一方面，2014 年出台的《国务院关于加强地方政府性债务管理的意见》（国发〔2014〕43 号），剥离了政府利用地方政府融资平台的融资功能，政府的资金需要只能通过列入财政预算、发行债券和公私合营模式方式实现。因此，公私合营模式成为今后政府重要的融资手段。在公私合营模式中，所需的资金是以项目公司为主体进行融资，不会增加政府的负债。另一方面，城市有机更新需要专业的操作运营，一般来说，地方政府往往不具备这样专业的运作能力。通过公私合营模式引入社会资本和专业的城市投资建设运营机构，对城市存量资源进行合理有效利用，实现城市有机更新。

城市有机更新公私合营模式，是通过成立项目公司的方式，吸引专业化的企业参与城市有机更新项目建设，既实现了政府城市更新的目标，社会资本方又能够取得一定的投资回报。政府部门通过参股公私合营模式项目公司，在初期对城市更新进行把控，主要负责规划、功能定位等项目前期工作。社会资本方主要负责项目设计、投融资、建设、运营管理等。

城市更新产业基金，通过母基金、子基金的形式，优先级和劣后级的结构化安排，由政府投入少量的资金，撬动企业、金融机构等社会资本方共同参与投资，达到项目启动所需的资金要求，为进一步利用债权融资获取项目建设所需资金创造条件。

（4）退出。

第一，收回本息。对债权类投资，通过到期还本付息实现退出。

第二，股权回购和转让。

第三，通过政府和社会资本合作项目资产支持证券实现社会资本退出，引入机构投资者的资金。政府和社会资本合作项目一般资金需求量大，投资回报周期长，由于缺乏退出机制，对社会资本的吸引力相对有限。通过政府和社会资本合作项目资产支持证券，建立社会资本在实现合理利润后的退出机制。政府和社会资本合作项目投资规模大、期限长、收益稳定等特点，与中长期机构投资者的投资需求相匹配。因此，通过资产支持证券的方式，引入中长期机构投资者，在政府和社会资本合作项目成熟运营后，实现政府和社会资本合作项目社会资本方的退出。

政府和社会资本合作项目资产支持证券的基础资产为收益权。根据2015年出台的《基础设施和公用事业特许经营管理办法》，政府和社会资本合作项目往往涉及特许经营，政府和社会资本合作项目资产支持证券的基础资产与政府特许经营权是紧密联系的，由于我国对特许经营权的受让主体有严格的准入条件，因此，政府和社会资本合作项目资产支持证券一般是将项目收益权作为基础资产进行证券化。根据政府和社会资本合作项目的三种收费模式，收益权可分为使用者付费模式下的收费收益权、政府付费模式下的财政补贴、可行性缺口补助模式下的收费收益权和财政补贴。根据2015年发布的《资产证券化业务基础资产负面清单指引》中“以地方政府为直接或间接债务人的基础资产，但地方政府按照事先公开的收益约定规则，在政府与社会资本合作模式下应当支付或承担的财政补贴除外”的规定，通过财政补贴实现付费的收益权可以作为资产支持证券的基础资产。

案例4：广州城市更新基金

2017年6月，广州市出台《关于提升城市更新水平促进节约集约用地的实施意见》，提出成立广州城市更新基金。2017年7月，由广州市国资委、广州市国土资源和规划委、广州市城市更新局指导，广州城市更新基金成立。

由国有企业越秀产业投资基金管理股份有限公司牵头，联合拥有土地、资金和运营资源的国有企业，以广州市属国企集团和下属从事房地产经营开发的二级企业为主，还包括部分央企和省属国企，成立广州城市更新基金，基金总规模2000亿元。基金充分发挥了国有资本的杠杆撬动作用，引入了社会资本的参与。

重点支持采取政府与社会资本合作的老旧小区微改造、历史文化街区保护、公益性项目、土地整备等城市更新项目。

采用母子基金形式，越秀产业基金是基金管理人，联合部分广州市属企业共同发起母基金，并吸引社会资本参与。

三、建设阶段融资工具

在城市更新项目的建设期，要充分利用债权融资的杠杆效应，满足大规模建设资金的需要。信贷主要包括商业银行、政策性银行等金融机构的旧改贷款、开发贷款等。在项目建成运营的初期，产生一定的现金流作为还款来源，通过抵押、质押等方式取得银行等金融机构发放的经营性物业贷款。

1. 银行贷款

旧改贷款是商业银行对旧工业区、旧商业区、旧住宅区等的综合整治、改变功能等建设提供的信贷融资，用于项目并购、支付前期配套费用、归还股东借款和项目建设等资金需要。目前，在房地产调控政策影响下，对进入房地产领域的债权融资进行严格限制，包括银行贷款、信托、通过私募基金渠道的债权融资等。银行的新增旧改贷已基本停止发放，银行开发贷款基本只针对满足“四三二”条件的项目。就城市更新的长期发展来看，特别是对改变功能的城市有机更新项目，在其改造建设环节，对满足债权融资条件的，需要通过银行贷款等渠道提供贷款满足改造建设资金需要。

2. 信托贷款

城市更新项目利用信托贷款进行融资，具体的融资条件要看监管部门地方银监局是否将城市更新项目认定为房地产项目。如认定城市更新项目属于房地产项目，则需要满足“四三二”条件。即“四证”齐全，四证分别为国有土地使用权证、建设用地规划许可证、建设工程规划许可证、建筑工程施工许可证；项目资本金比例达到30%（保障房20%）；房地产开发资质二级以上。如监管部门将城市更新项目认定不属于房地产项目，则不受“四三二”条件的限制。

城市更新项目信托贷款的还款来源包括项目销售回款和资金置换。当项目成熟、风险进一步降低时，可用更低的融资成本置换信托贷款。

3. 政策性贷款

政策性金融一般是由国家出资、得到政府支持、重点用于实现国家战略目标的政策工具。在不满足商业性金融盈利要求的领域提供金融服务，政策性金融亏损一般会由国家补贴。开发性金融开展的是符合国家发展战略但不亏损的业务。同时，政策性金融机构也要保证资金的安全和可持续的自我发展能力。城市有机更新中的部分项目是国家政策扶持的方向，属于政策性金融的支持对象，可以利用国家开发银行（开发性金融）提供的中长期和低成本融资。

可提供中长期的金融支持。商业金融体系中对中长期融资的支持相对缺乏，开发性金融和政策性金融的资金来源主要为通过发行债券和吸收长期存款等，与发放长期贷款的期限较为匹配。

资金成本相对较低。开发性金融和政策性金融不吸收储蓄存款，主要依靠在银行间市场发行政策性金融债，政府给予一定的增信支持。商业银行吸收存款有经营成本、机构人员开支。所以政策性金融的资金来源成本较低，可发放低息贷款。

四、运营阶段融资工具

运营阶段采取资产支持证券融资，主要可实现如下目的。第一，依托资产信用进行直接融资。对无法依靠主体信用取得低成本融资的企业来说，通过成熟运营、有稳定租金收益的物业资产本身的信用，降低融资成本、拓宽融资渠道。第二，实现前期投资退出和持有运营的长期资金安排。当城市有机更新项目运营进入成熟阶段，能够产生稳定的现金流后，可以通过资产支持证券的方式，实现前期投资的退出，为持续运营提供长期的持有资金。

目前，从城市有机更新领域资产支持证券来看，主要包括类REITs、抵押贷款支持证券和收益权资产支持证券。

1. 类 REITs

REITs 是通过投资购物中心、写字楼、酒店、服务式公寓等可带来经营收入的房地产，对这些资产进行份额化后以证券形式卖给投资者，租金收入和房地产升值作为收益，按照投资者持有的份额进行收益分配。REITs 能够为经营型城市有机更新项目提供长期的持有资金安排，为前期的投资提供退出方式，为社会公众提供投资渠道，促进经营型、轻资产运营型城市有机更新的长足发展。目前，我国尚没有标准 REITs 的发行，运营型的城市有机更新项目可探索发行类 REITs，待政策条件成熟时，通过发行标准 REITs 实现融资。

类 REITs 是在现有法规框架和市场条件下最接近标准 REITs 的金融产品，但其与标准 REITs 相比，主要在以下方面呈现不同。

第一，交易结构不同。类 REITs 实质是“资产支持专项计划”模式，通过设立资产支持专项计划募集资金，投资持有物业资产的项目公司股权，专项计划份额在交易所公开交易。出于税务处理和现金流分配的考虑，往往在专项计划和项目公司股权之间，设立私募契约型基金的特殊目的公司。而标准 REITs 是直接在资本市场上市融资和交易的股票或基金份额。

第二，原始权益人需求不同。对于原始权益人而言，类 REITs 的主要目的是解决融资问题，更多为依托主体信用的债权融资。而标准 REITs 的目的多是通过做动态资产管理，以达到扩张资产规模和提高回报率。对原始权益人来说主要是实现退出，回收资金。

第三，管理方式不同。类 REITs 的基础资产在存续期内相对固定，基金管理人主要进行被动管理。标准 REITs 可根据运营需要购置或出售物业来调整基础资产组合，进行主动管理。

第四，存续期不同。类 REITs 有存续期，如 3 年或 5 年，这些类 REITs 到期后需向投资人还本付息。而标准 REITs 是永久持有某资产组合，在不考虑退市的前提下不存在存续期的问题。

第五，投资人权利性质不同。类 REITs 进行了优先级和次级的结构化设计，其中优先级属于固定收益类产品；标准 REITs 收益通过分红和二级市场交易来实现，是股权性质的产品。

第六，募集对象不同。标准 REITs 的投资人包括机构投资者和中小合格投资者，持股比较分散，个人投资者大规模参与，流动性较好，REITs 是个人投资者投资房地产的一个重要渠道。类 REITs 目前仍以机构投资者为主，尚未对中小合格投资者开放，有待于投资人的多元化以及交易机制的创新来提升流动性。

类 REITs 更多还是原始权益人进行债权融资的一种方式，还未实现真正作为运营资产持有的金融工具。应尽快推出标准 REITs，为城市更新的股权投资提供退出通道。

案例5：新派公寓类REITs

（1）新派公寓类REITs对发展住房租赁具有重要意义

“新派公寓权益型房托资产支持专项计划”于2017年11月3日正式发行，是我国首单公寓类REITs项目，对现阶段我国大力发展住房租赁具有重要意义。

实现并购基金收购、专业化运营和类REITs退出的住房租赁持有经营的闭环。新派公寓国贸店为赛富不动产基金收购、由青年乐公司进行运营的长租公寓，通过类REITs的发行，实现了投资、运营和退出的完整闭环。区别于“二房东”模式，探索出机构持有、机构运营的租赁住房投资经营模式的实践路径。

脱离主体信用获得AAA评级。新派公寓类REITs通过优先级和次级的结构设计，实现内部信用支持；承诺差额补足；安排履约保证金；没有依靠外部担保增信，仅依靠资产质量和运营管理实现优先级的AAA评级。

通过资产支持证券实现融资。新派公寓类REITs分为优先级和劣后级，通过优先级获得相当于债券的融资，回笼资金，进行再投资扩大经营规模，以资产支持证券的方式实现了物业盘活。

（2）底层资产

新派公寓国贸店，土地性质为70年产权的住宅用地，建筑面积6094平方米，共101套公寓，2017年平均每套公寓租金定价8500元/月，出租率99%。评估价值3.15亿元，评估单价5.1万元/平方米，周边二手房均价9.5万元/平方米。经营收入约1000万元/年，净经营现金流约800万元/年。

（3）交易结构

设立特定目的公司进行承债式收购项目公司（通达富）股权，通过设立契约型私募基金向特定目的公司收购股权；设立专项资产支持计划向投资人募集资金，并购买私募基金份额。私募基金在持股的同时，向项目公司发放委托贷款，投放资金（具体交易结构见图 15–2）。

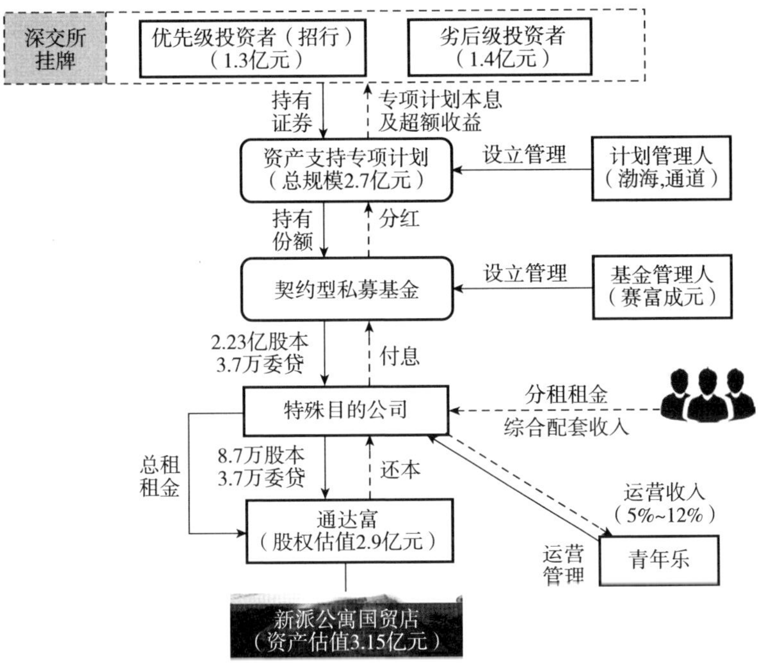

图 15–2　新派公寓类REITs交易结构

（4）证券结构

新派公寓类 REITs 发行规模 2.7 亿元，产品期限 3+2 年。其中优先级 1.3 亿元，获 AAA 评级，发行利率 5.2% 左右，每年固定利息，到期一次性还本；劣后级 1.4 亿元，其间不付息，退出获取 80% 的超额收益。

特定目的公司委派青年乐提供租赁运营管理服务，运营管理费 12%，还可获取退出时资产增值超额收益剩余部分的 20%。

（5）增信措施

第一，结构化信用增级。产品结构分为优先级和次级。一是有助于提高优先级的信用评级，二是可满足优先级的收益率要求。第二，超额覆盖。经营净收入和物业资产价值对投资者本息的超额覆盖。第三，差额补足承诺。如果所产生净现金流低于 800 万元 / 年，青年乐承诺对差额部分进行补足。第四，履约保证金。专项计划成立时，在托管账户中留存约 500 万元作为履约保证金，该笔保证金用于在物业自然现金流不足以支付当期优先级投资人派息时，向优先级投资人付息。

（6）退出安排

新派公寓类 REITs 的退出安排优先对接公募 REITs，其次为类 REITs 进行滚动续发，或进行市场处置，即向市场投资者销售。

案例 6：保利租赁住房类 REITs

（1）底层资产

保利租赁住房类 REITs 的底层资产为位于北京、广州、重庆等城市的瑜璟阁商务公寓、诺雅服务式公寓、N+青年公寓与和熹会共四个品牌的自持租赁物业。采取整租方式，租约期限 20 年，租金按年收取。

（2）交易结构

保利租赁住房类 REITs 采取契约型私募基金 + 专项计划的交易结构。第一，设立私募基金，保利地产实缴基金出资 100 万元，认购全部基金份额。第二，设立专项计划。专项计划设立后即受让全部基金份额，实缴剩余基金出资 16.69 亿元。专项计划间接持有项目公司的股权，并向项目公司增资，以项目公司股东身份向项目公司发放委托贷款。

保利房地产（集团）股份有限公司为原始权益人、资产优先收购权人、资产服务机构，北京保利安平养老产业投资管理有限公司（保利安平）与保利商业地产投资管理有限公司（保利商业）为整租方，各项目公司为底层资产的初始持有人。

（3）证券结构

保利租赁住房类 REITs 总规模为 50 亿元，第一期规模为 16.76 亿元，期限 18 年。采取储架、分期发行机制，储架发行制度是一次核准、多次发行的再融资制度，储架额度期限两年。优先级和次级比例为 9:1。优先级证券评级为 AAA，每年付息，到期一次性还本（每 3 年可选择是否退出或到期）；优先级份额在上交所可公开转让、交易。次级期间不付息；可获得资产处置偿还本金后的部分超额收益。

（4）增信措施

保利租赁住房类 REITs 采取的增信措施主要包括：优先级和次级的结构化设计，现金流超额覆盖，物业抵押，保利集团提供的外部增信。保利集团对该项目的兑付承诺差额支付，并提供保证金等。

（5）退出安排

退出方式为保利地产行使优先收购权，收购优先级资产支持证券。

案例7：高和城市更新类REITs

2018年4月，国内首单城市更新类REITs——“高和城市更新权益型房托一号资产支持专项计划”获上交所无异议函。该类REITs实现了城市更新基金投资人通过资产支持证券方式退出的完整闭环。

高和城市更新类REITs的底层资产为北京西北二环内的新街高和。该项目原用途为小型批发商业物业，高和资本将其改造和升级为金融与科技创新办公物业，项目总面积为2.8万平方米。改造后租金水平从收购前的每天4.5~5元/平方米提高到每天10.2元/平方米。截至2018年第一季度，新街高和出租率达到90%。

高和城市更新类REITs总规模为9.5亿元，其中：优先级A档规模4.3亿元，获AAA评级；优先级B档规模为1.2亿元，获AA+评级；劣后级规模4亿元，占比达到42.1%。

案例8：红星美凯龙家居商场类REITs

2017年9月，国内首个家居行业类REITs——“畅星–高和红星家居商场资产支持专项计划”发布。通过类 REITs，红星美凯龙能够将自营物业资产支持证券后回收资金，用于投资新的商场物业，实现扩张。同时，类 REITs 也成为红星美凯龙与高和资本联合设立的并购基金的退出通道，形成从开发建设到运营、从并购到退出的完整闭环。

红星美凯龙家居商场类 REITs 以天津两家红星美凯龙家居商场为底层资产。该类 REITs 总规模为 26.5 亿元，其中：优先级规模为 18 亿元，由银行、公募基金等机构参与认购；劣后级规模为 8.5 亿元，由高和资本发起的私募基金认购。该类 REITs 的收益主要来自红星美凯龙家居商场的运营收入和资产增值收益。

该类 REITs 采取契约型私募基金＋专项计划的交易结构。高和资本为契约型私募基金的基金管理人、次级投资人和特殊资产服务商。该类 REITs 脱离主体信用兜底，回归了资产支持证券的本质，其权益级证券由专业的私募投资基金以市场化方式认购。

2. 商业地产抵押贷款支持证券 / 商业地产抵押贷款支持票据

商业地产抵押贷款支持证券是商业物业的资产支持证券融资工具，将单个或多个商业物业的抵押贷款组合形成基础资产，通过结构化设计，以证券形式向投资者发行。商业地产抵押贷款支持证券具有发行价格低、流动性强等优点，是商业地产融资的重要选择。以美国为例，目前商业地产抵押贷款支持证券占商业地产融资市场规模的三分之一。

案例 9：高和招商 – 金茂凯晨资产支持专项计划

2016 年 8 月，高和招商 – 金茂凯晨资产支持专项计划发行，是国内首单交易所挂牌的商业地产抵押贷款支持证券产品。

（1）底层资产

该商业地产抵押贷款支持证券的基础资产为信托受益权，底层资产为凯晨世贸中心。凯晨世贸中心大厦底层商业的月租金为 700~1100 元 / 平方米，办公楼月租金为 200~600 元 / 平方米。2013 年到 2015 年出租率达到 99% 左右。

（2）交易结构

采用双特殊目的公司结构。首先，原始权益人上海金茂将 40.01 亿元委托给方正东亚设立单一资金信托计划，方正东亚向凯晨置业发放信托贷款；其次，设立资产支持专项计划，募集资金向原始权益人上海金茂购买信托受益权，并支付转让价款（具体交易结构见图 15–3）。

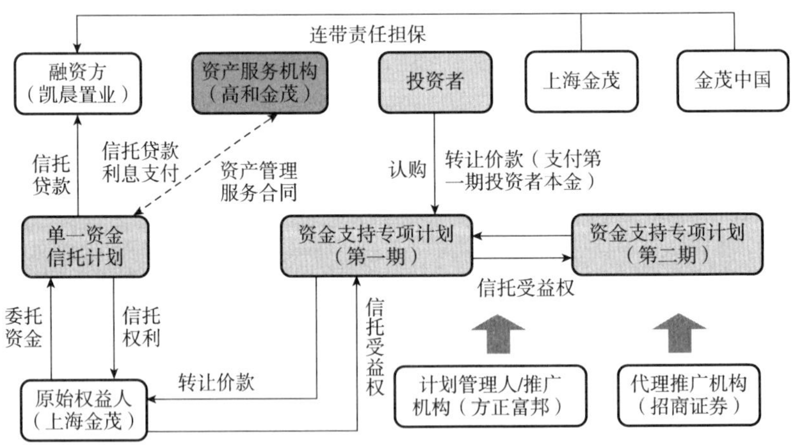

图 15–3　高和招商 – 金茂凯晨资产支持专项计划交易结构

（3）证券结构

"高和招商–金茂凯晨资产支持专项计划"规模为40.01亿元，其中优先级规模为40亿元，期限3年，按年付息，每年摊还本金5000万元，其余本金到期一次性偿还，年化预期收益率3.3%。次级规模为0.01亿元，由凯晨置业认购。

（4）增信措施

该商业地产抵押贷款支持证券的增信措施主要包括优先级和次级的结构化设计。现金流超额覆盖。租金收入对优先级利息及本金的覆盖率较高，达到2倍左右。资产抵押。借款人以其拥有的凯晨世贸中心部分房屋所有权和土地使用权作为信托贷款的抵押担保。2016年4月，该商业地产抵押贷款支持证券的抵押物的评估值为129亿元，优先级证券本金对抵押物价值的抵押率为31%。保证担保。上海金茂和中国金茂为借款人凯晨置业的信托贷款的本息偿付提供连带责任保证担保。

（5）退出安排

该商业地产抵押贷款支持证券的基础资产为18年期单一资金信托计划受益权，专项计划期限为3年，采取到期续发。专项计划到期后，继续以信托受益权为基础资产发行资产支持证券，以续发专项计划募集的资金偿还上一期的剩余本金和利息。如续发不成功，则触发强制还本，资金信托计划提前到期。

（6）第三方资产服务机构

由独立的第三方资产服务机构来进行风险监管和资产管理服务。提供包括前端资产的组建、存续期的信息披露和资产管理服务，增强资产支持证券产品的破产隔离效果。

案例10：世贸天阶2017年度第一期资产支持票据

2017年6月，高和资本与北京奥中兴业房地产开发有限公司在银行间交易商协会注册“世贸天阶2017年度第一期资产支持票据”。

（1）底层资产

该商业地产抵押贷款支持票据的底层资产是位于北京市朝阳区光华路9号的世贸天阶，该项目于2006年建成投入运营，是北京中央商务区内的综合时尚购物场所。

（2）交易结构

该商业地产抵押贷款支持票据发起人为奥中兴业，高和资本为交易安排人、财务顾问、夹层投资人和资产服务机构，中信建投证券和浙商银行为主承销商，江苏银行为非特定原始权益人和优先B级投资人，联合资信为评级机构。

该商业地产抵押贷款支持票据采取了双特殊目的公司结构。首先，设立世贸天阶2017年度第一期资产支持票据集合资金信托计划，向奥中兴业发放信托贷款，江苏银行将其持有的信托受益权作为基础资产，委托方正东亚信托设立世贸天阶2017年度第一期资产支持票据信托募集资金。资产支持票据到期后，由发起机构向投资者支付本金和利息（详情见图15–4）。

（3）证券结构

“世贸天阶2017年度第一期资产支持票据”发行总规模为29亿元，期限18年，每3年开放，主体评级为AA–。该商业地产抵押贷款支持票据采用优先、夹层、次级结构化设计。其中优先级分为两档：优先A评级为AA+，规模为26亿元；优先B评级为AA，规模为1亿元。夹层评级为AA-，规模0.5亿元。次级档无评级，规模为1.5亿元。该商业地产抵押贷款支持票据的还款来源为经营产生的现金流。

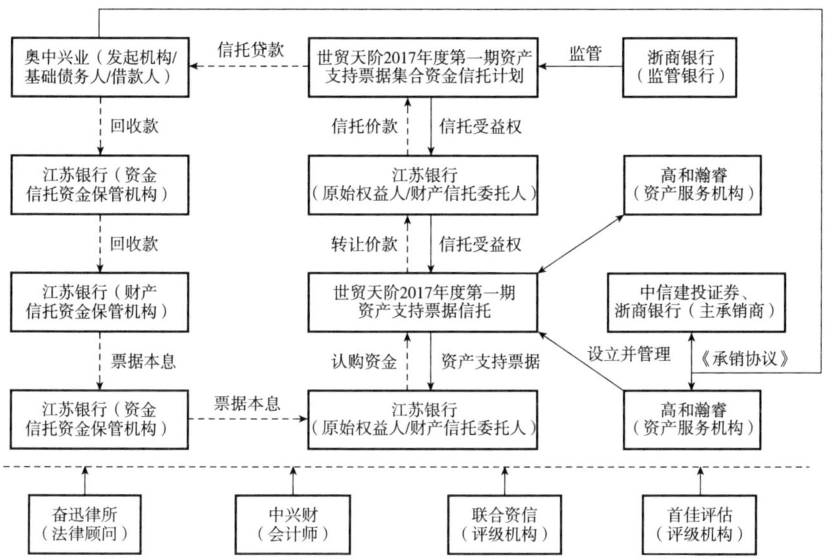

图15-4　世贸天阶2017年度第一期资产支持票据交易结构

（4）增信措施

主要增信措施包括物业抵押、股权质押、应收账款质押和支付备付保证金等。该商业地产抵押贷款支持票据无其他主体增信措施，不依赖主体信用，完全依靠基础资产的稳定现金流。世贸天阶商业地产抵押贷款支持票据突破了以往重主体、轻资产的结构设计，重点看资产质量和资产运营管理能力，真正实现了资产支持证券，能够对主体信用不高、资产质量较好和运营管理较强的商业地产形成激励，有助于推动商业地产的转型发展。

（5）第三方资产服务机构

“世贸天阶 2017 年度第一期资产支持票据”由高和资本作为特殊服务商，高和资本投资了夹层份额，与投资人的利益达成一致，并对底层资产的运营进行持续的监管和风险控制，这种特殊服务商机制有利于较好地实现风险控制。

3. 收益权资产支持证券

采取包租模式获取物业进行更新改造并运营的城市更新项目，不持有租赁物业的产权，但可在成熟运营后，将租金收益权进行资产支持证券，实现融资。

案例 11：魔方公寓信托受益权资产支持专项计划

魔方公寓是提供集中式长租公寓的企业，其通过租赁部分一、二线城市的整栋物业，所租赁物业多为非住宅物业，将其改造为公寓进行出租运营，属于城市有机更新。2017 年 1 月，魔方公寓发行“信托受益权资产支持专项计划”。

（1）底层资产

该计划以信托受益权为基础资产，底层资产为魔方中国及其北京、上海、广州 3 个子公司经营的 30 处物业共 4014 间公寓的从 2016 年 6 月至 2019 年 6 月的租金收入。

（2）交易结构

该计划采取信托计划 + 专项计划的双特定目的公司结构。首先，设立魔方公寓信托贷款单一资金信托计划。北京银行南京分行将3.5亿元资金委托给中航信托设立信托计划，向魔方公寓发放3.5亿元的信托贷款，魔方公寓以其运营管理4014间公寓未来3年的租金应收账款质押给该信托，并以租金及其他收入作为信托贷款的还款来源。然后，设立魔方公寓信托受益权资产支持专项计划。通过专项计划募集资金，购买北京银行持有的信托受益权（具体交易结构见图15-5）。

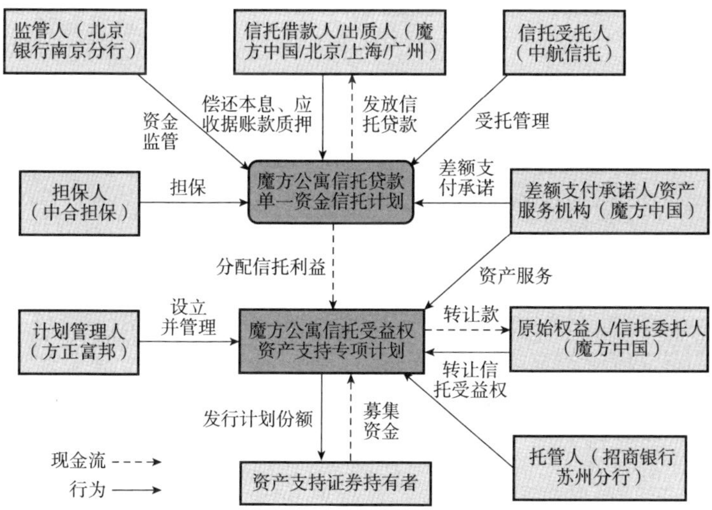

图15-5　魔方公寓资产支持证券交易结构

（3）证券结构

魔方公寓资产支持证券发行规模为3.85亿元，其中：优先级3.5亿元，期限为1~3年，预期收益率为4.8%~5.4%；次级3500万元。

（4）增信措施

魔方公寓资产支持证券采用优先级和次级结构化设计、现金流超额覆盖、保证担保等内外部增信措施。

跋　城市更新，新时代的新主场！

秦虹主任是我非常钦佩的一位懂城市和房地产的学者，这个“懂”字不仅是因为她学术造诣深厚，更是因为她是一位接地气并能“与时俱进”的真专家，相比那些只会照搬西方理论而从未真正关心中国现实的“砖家”，真是云泥之别！

最近中国的房地产圈有些“异样”，以万科、龙湖等龙头企业为代表，一轮“去地产化”的浪潮正在兴起，大批的房地产商开始大举进入城市更新领域，进入存量资产市场，进入租赁市场。这不是偶然的冲动，而是大势使然。

中国的房地产市场高歌猛进、快速扩展的时代何时是个尽头？这其实早已是这两年行业内普遍焦虑的问题。以这几年的数据来看，我们可以知道，中国房地产新房销售额的顶就在14万亿~15万亿元，而2017年的前三强的销售额均已超过了5000亿元，2018年按已经公布的数据看，它们超过8000亿元没有太大问题，破万亿元也就是这一两年的事。这意味着什么？意味着未来房地产增量市场的主要份额大概率会集中在前30强的手中，大量的中小开发商将被淘汰出局！

就算是前三强，破了万亿元以后还能怎样？是接着奔十万亿元级去？我想它们大概自己也没底，先不说人口基数断崖式的下跌，就算市场还能保持现在这么大的蛋糕，要保持同样的销售量，到哪里去补充库存也是一个巨大的问题！一、二线城市已经普遍开始收紧供地，三、四线城市随着“棚改”的结束，去库存行情也将难以为继，再去那里拿地将意味着巨大的市场风险！也许就是在这个大背景下，恒大、万科先后宣布大举进入旧城改造市场，碧桂园则积极投身产业小镇的事业！

随着增量市场增长速度的放缓，紧接着就会产生下一个问题：这能卖掉的叫销售业绩，卖不掉的就变成了库存，变成了存量。进入存量市场这几年我听到最多的反馈是巨大的不解：就零售商业而言，一方面是大量的传统零售商陷入困局纷纷关店，另一方面是不顾现存已经大量过剩的购物中心存在，新的购物中心仍在“大干快上”，而且越建越大。50万平方米量级的购物公园已经很常见，在引入大量酷炫的体验业态之后，接下来要面临的问题是：如何真正提升租金收益，巨量的资金沉淀该如何回收？

另外两大块存量——住宿类和办公类，遇到的问题似乎也一样。一方面，住宅是租售比最差的持有性资产；另一方面，长租公寓却大行其道。一方面，星级酒店呈现全行业亏损；另一方面，轻奢酒店、精品民宿正如雨后春笋。一方面，写字楼市场就算是一线城市也是凉热不均，非核心区大量超供；另一方面，联合办公正在成为传统办公的强势替代者，大量旧厂房改造的园区办公也开始成为主流。一样的问题是，为何明明已经有那么大的存量，新进入者还是层出不穷？

这就是我们面临的新时代，城市更新已经成为新主场！关于什么是“新时代”，党的十九大报告里关于房地产只给了这么两个线索：“房住不炒”和“投资美好生活”。新时代我们能看到的几个明显信号是，地方政府正在努力摆脱“土地财政”，引进高端产业，改善城市面貌，抢夺高端人才正在演变成“抢人大战”，新一代中产阶级正在成为消费主力，他们已经不再盲目跟风，追求个性、追求品质、追求体验的消费习惯正在改变我们对品牌的认知；金融机构从“大资管”的一场春梦醒来，兴风作浪的金融大鳄纷纷现了原形，“去杠杆化”会“革了很多人的命”，却也正在逼金融回归实业、回归价值投资的正途。

留给地产商的选择其实也很清晰：尽快走出已经可以看到尽头的制造业迷局，赶紧加入城市服务商的阵营！这条路我认为就是城市更新。也许干的还是同样砖头瓦块的事，但商业逻辑已经不同，进入城市更新领域就是进入与城市一起生长的轨道，帮助城市进行焕新，与城市一起繁荣。

如何定义城市更新？在这个新战场需要怎样的玩家？怎样的商业逻辑才能在这个新战场上既做对又能玩得转？前不久，我们针对“中国城市更新论坛”的发起理事做了一个调查问卷，这些已经成为“老战士”的头部玩家的回答让我们非常意外，“持续创新的深度服务”而非“借题发挥圈地”成为他们最认可的主题，这也许就是他们成功的关键。

有幸在2017年的“2017中国城市更新大会”之前同秦虹主任一道去伦敦深度考察那里的城市更新，非常震撼，也非常受启发。那么一个成熟完善又处处受私有产权保护的古老城市都能因为城市更新而处处焕发新鲜的活力，我们想象的“地产下半场”“地产白银时代”也许并没有那么悲壮，也许那才是我们真正应该为城市去做的事情，那才是我们真正的主场！

他山之石，可以攻玉！期待秦虹主任的新书给我们以指引，也期待未来中国能共享同样优秀的城市更新案例，期待在新时代的新主场上涌现更多的头部玩家。

陈方勇

城市更新课题组

组长：

秦　虹　苏　鑫

成员：

周　江　浦　湛　钟庭军
刘　锋　王彬武　朱晓龙